Maurice Merleau-Ponty

몸과 살의 철학자 메를로-퐁티

Maurice Merleau-Ponty

몸과 살의 철학자 메를로-퐁티

| 심귀연 지음 |

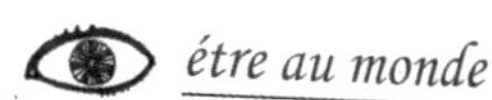

la chair

P 필로소픽

| 일러두기 |

1. 메를로-퐁티의 저서는 한국어판 기준으로 표기했다.
2. 단행본과 정기간행물에는 겹화살괄호(《 》)를, 영화와 연극에는 홑화살괄호(〈 〉)를 사용했다.
3. 인용문에서 대괄호(〔 〕) 안에 들어 있는 내용은 저자가 덧붙인 것이다.

‖ 목차 ‖

제2부 현상학과 메를로-퐁티 철학의 형성 / 85

| 들어가는 말 |

메를로-퐁티Maurice Merleau-Ponty(1908~1961)는 데카르트가 과제로 남겨놓은 근대철학을 극복하는 데 열정을 쏟은 철학자였다. 그는 데카르트적인 의식 중심의 사유를 넘어, 몸과 살을 존재론적 토대로 인간과 세계를 통합적으로 사고하는 탈근대적 사유의 결정적인 단초를 제공하였다. 한마디로 그는 근대철학과 탈근대철학 사이를 잇는 가교 역할을 한 철학자였다. 특히 퐁티의 몸과 살 중심의 사유는 21세기에 이른 오늘날, 근대 휴머니즘 철학의 한계를 극복하려는 포스트휴머니즘이나 심리학, 인지과학과 인공지능학 등의 과학계에서 새롭게 조명되고 있다.

최근 한국에도 퐁티에 관한 관심이 늘고 있다. 이 책은 퐁티의 삶과 철학에 관심을 갖는 이들에게 그의 사유 궤적 전체에 관한 종합적인 이해를 돕기 위해 쓰였다. 특히 고민했던 것은 어떻게 하면 퐁티의 핵심 사유를 놓치지 않으면서 그의 철학을 처음 접하는 독자도 쉽게 이해할 수 있는 친절한 안내서를 낼 수 있을까 하는 점이었다. 이런 문제의식으로 이 책에서는 퐁티의 철학뿐 아니라, 그의 철학을 배양한 전기적인 삶에 관해 많은 부분을 할애하였다. 이 점이 그간에 나온 퐁티에 관한 책들과 다른 지점일 것이다.

사실 그동안 퐁티의 대표작이자 전기철학으로 대변되는《지각의 현상학》과 후기철학을 담고 있는《눈과 마음》의 해설서 등은 여러 권 나왔지만 퐁티의 삶에 대한 이야기는 거의 찾아보기 힘들었다. 고백하기 부끄러운 이야기지만 퐁티로 학위논문[1]을 쓴 필자도 그동안 그의 전기적인 부분에 관한 연구는 소홀히 한 면이 있어 아쉬움을 느꼈다.

그러나 퐁티에 관한 전기 자료를 본격적으로 찾아보니 그의 삶이 마치 두꺼운 베일에 싸인 것처럼 좀체 드러나지 않았다. 심지어 그의 직계 제자였던 클로드 르포르Claude Lefort(1924~2010)조차 자기 스승에 대해 개인적인 회고록을 쓴 적이 없다. 도대체 퐁티는 어떤 철학자였을까? 그의 학문적 치열함의 근원은 어디에 있는 것일까? 이런 질문들을 던지며 국내외 많은 자료를 찾아보았지만, 그의 전기적인 삶에 관해선 여전히 많은 부분이 공백으로 남아 있었다. 그나마 찾아낼 수 있었던 흔적들이란, 학문과 정치 영역에서 퐁티와 함께 활동했던 사르트르와 보부아르 등 퐁티의 지인들의 글과 삶 속에 간접적으로 드러나는 것들뿐이었다. 여기저기 흩어져 있는 그의 삶의 흔적들을 찾아 들여다보는 과정은 내내 즐겁고 설레는 일이었다. 이 과정에서 그가 고민했던 철학적 문제들이 더 명료하게 드러났고 그의 삶과 철학의 내적 연관에 대해서도 더 많은 것을 알 수 있었다.

퐁티는 1908년에 태어나 1961년에 갑작스러운 심장마비로 세상을 떠났다. 그가 고작 53세였던 때였다. 당시 퐁티가 살아있었다면 자신의 철학 전체를 집대성했을, 후기의 대표작《보이는 것과 보이지 않는 것》을 집필하던 중이었다. 그러나 그 원고들은 지금 초고 상태의 유고로 우리에게 남겨져 있다. 그의 철학적 경력과 사유의 절정기에 너무 빨리 찾아온 죽음으로 철학계로서도 커다란 손실을 보게 되었다. 그가 조금만 더 살아서《보이는 것과 보이지 않는 것》를 완성했다면, 지금과는 또 다른 새로운 철학적 지평을 열어주었을지도 모른다.

퐁티는 비록 너무 짧은 생을 살았지만, 그 짧은 생애에 유럽에는 많

---

1 졸저,《메를로-퐁티의 자유 개념》, 경상대학교 대학원 박사논문, 2011.

은 사건들이 있었다. 역사상 유례없는 참상을 빚었던 1, 2차 세계대전이 있었고, 그 결과로 러시아와 중국에 사회주의 정부가 들어섰다. 사회주의는 지식인들에게 새로운 세계를 꿈꾸게 하였다. 2차 세계대전 후엔 사르트르와 카뮈를 중심으로 프랑스를 풍미하게 되는 실존주의 운동이 있었고, 동시에 당시 프랑스 지식인 사회를 커다란 논쟁과 분열로 이끈 한국전쟁과 동서 냉전시대의 개막이 있었다.

퐁티는 바로 이런 들끓는 시대에 유럽의 한복판에 살면서 치열하게 고뇌했다. 나아가 사르트르와 함께 그 유명한《현대Les Temps Modernes》지를 창간하여 프랑스 지식사회의 논쟁 한복판에 서서 투쟁했다. 보부아르는 이들의 우정에 깊이 개입해 있었고, 함께 사랑과 우정이 뒤섞인, 그러면서도 개인적인 열정과 고뇌로 가득한 삶의 무늬를 그려냈다. 퐁티는 무엇보다 철학자로서 그 시대의 근원적인 문제를 끌어안고 극복하고자 내면적인 투쟁을 멈추지 않았다. 그의 치열한 내적 고민의 결과는 당시 철학계에 커다란 충격을 주었고 오늘날 그의 주저로 평가받는《지각의 현상학》으로 나타났던 것이다.

이 책 제목에도 나타나 있듯이, 퐁티는 몸과 살을 화두로 삼아 현상학을 자신의 철학적 방법론으로 받아들였던 철학자이다. 1930년대 프랑스에 본격적으로 소개되기 시작한 후설의 현상학은 당시 프랑스 지식인들에게 커다란 매력으로 다가왔다. 후설의 현상학은 일차적으로는 당시 유럽 학문의 위기에 대한 문제의식에서 출발한 것이지만, 그 문제의식은 이론에만 머무르는 것이 아니라, 당대의 시대적인 문제, 즉 정치사회적 문제들과도 깊은 연관을 맺고 있었다. 독일에서도 하이데거가 현상학적 방법론을 토대로 새로운 철학을 시도하고 있었고, 프랑스에서도 퐁티뿐 아니라 사르트르나 레몽 아롱 같은 철학자들에게 현상학이 깊은 영향을 주기 시작했다. 특히 퐁티나 사르트르의 사유의 핵심에 현상학이 자리 잡게 되었는데, 다만 그 영향이 나타나는 방식은 사뭇 달랐다.

현상학은 프랑스 지식인들에게 당시 유럽의 현실과 사유가 봉착하고 있는 한계와 문제들을 극복할 수 있는 새로운 대안, 새로운 학문으로 열렬히 받아들여졌다. 정치적인 의미에서든 철학적 의미에서든 이분법적 구조 속에서 갈 길을 잃고 삶이 점점 훼손되어가고 있음을 절감할 수밖에 없던 근대의 상황에서, 현상학은 잃어버린 삶의 의미를 되살려내려는 지식인들의 움직임과 일치하고 있었다. 근대로 불리는 시대는 전 근대적 사유 속에 숨겨진 폭력과 야만을 근대적인 도덕성과 합리적 이성으로 대치하면서 삶의 효율성이 강조된다. 그러나 근대적 도덕성과 합리성, 그리고 효율성은 새로운 폭력성으로 나타났다. 더욱이 이전 시대보다 더 치밀하고 교묘한 방식으로 삶 속에 스며들었다. 근대의 폭력성은 전쟁과 산업화 속의 인간성 상실이라는 구체적인 모습으로 나타났다. 현상학은 그러한 폭력성에 전면적으로 문제를 제기한다.

근대 이래 자율적인 개인이 등장하고 자유 개념이 확립되었지만, 그 자유는 또 다른 고정관념으로 자리 잡기도 하였다. 모든 개인은 법 앞에서 자유롭다. 법 앞의 자유란 공적 자유를 말한다. 물론 사적 존재로서의 개인도 자유롭다. 그러나 아쉽게도 이 근대의 자유는 구체를 잃고 추상으로 남았다. 근대는 인간의 자유를 입으로만 외칠 뿐 오히려 획일성을 강조함으로써 자유를 갈망하게 했다. 합리적이고 효율적인 삶의 방식은 삶의 구체성을 외면하고 삶을 추상화시켰다. 구체는 개별적이고 주관적인 특성 때문에 사적인 것으로 간주되면서 객관성을 상실한다. 결과적으로 추상만이 실재의 자리를 차지함으로써 우리의 구체적이고 다양한 삶은 현실성을 잃어버리게 된다. 그리하여 삶과 학문, 이론과 실천, 구체와 추상은 별개의 영역으로 구분될 뿐 아니라 구별되었다. 구별은 차이가 아닌 차별의 형태로 나타나 어느 것이 우위에 있는지 항상 다투기 마련이다. 그래서 이분화된 구조 속에서 종합은 어느 하나로 귀속되는 형태로 나타난다. 이는 당대의 지식인들에게는 해결되기 어려운 딜레마였다. 그런데도 지식인들은 추상에 머물지 않고 구체로 나아갈 수 있다는 희망, 달리 말해 이론에서 실천으로 이어질 수 있다는 희망과 이를 이루기 위한 노력을 멈추지 않았고, 이를 지식인의 책무로 이해했다.

이러한 상황에서 퐁티와 사르트르 같은 지식인들에게 '현상학'은 하나의 출구였고, 피해갈 수 없는 필연적인 길이었다. 그러므로 퐁티를 이해하기 위해서는 그가 현상학을 접하게 된 계기뿐만 아니라, 현상학이 근본적으로 추구하는 것이 무엇인지를 알아야 할 것이다. 이 책에서는 현상학과 당시 프랑스 지식인 사회의 연관관계를 추적하게 될 것이다. 퐁티가 어떤 철학자였는지 알아보기 위해 그의 삶에 대한 전반적인 흐름을 추적하면서 그와 함께 동시대를 살았던 지식인들의 관심사와 학문적 태도 등을 엿볼 것이다.

이 책은 3부로 구성되었다. 1부에서는 그의 전반적인 삶의 궤적을 살펴본다. 1부는 퐁티가 태어난 곳과 그가 다녔던 곳, 그의 우정과 사랑 등에 관한 것이다. 개인적으로 가장 많이 관심 가졌던 부분이기도 하다. 퐁티의 일생에서 알려지지 않은 부분에 대한 호기심이 한몫했다. 그다음 관심을 기울인 부분이 그의 철학적 사유의 출발이자 토대가 되었던 현상학적 분위기였다. 그의 사적인 이야기를 찾기 힘들다는 점은 역설적으로 그의 공적인 삶과 학문이 곧 그의 삶 자체라는 것을 의미하기도 했다. 그에게는 학문과 삶, 이론과 실천 사이의 괴리가 없었다. 현상학은 그의 이러한 삶을 가능하게 하는 학문이었다. 퐁티는 사적인 영역에서 머물지 않고 공적인 영역에서 정치적 의견을 펼쳤고, 학문의 영역에서 또한 실천의 영역을 분리하지 않는 방법론을 택했다. 이 방법론이라는 것이 '현상학적 방법론'이다. 2차 세계대전과 한국전쟁은 퐁티의 삶과 학문의 관점과 태도를 결정하는 두 가지 사건이었다. 전쟁은 지식인이 폭력과 자유에 대해 많은 생각을 하게 했다. 퐁티도 다르지 않았다. 전쟁은 그가 새로운 길을 가게 한 동시에 여러 인간적인 관계를 정리하게 했다. 가장 대표적인 예가 사르트르와 정치적 견해 차이로 결별한 사건이다. 퐁티는 사르트르와 결별한 이후, 자신의 철학적 문제를 재검토하여 더욱 깊이 천착해갔다.

2부와 3부에서는 퐁티의 몸철학이 지각의 문제에서 살의 문제로 이어지는 과정을 살펴볼 것이다.

2부에서는 후설에서 시작된 현상학이 퐁티에 이르러 현상학적 의미를 어떻게 더 분명하게 드러내는지 살펴본다. 퐁티는《지각의 현상학》 서문 '현상학이란 무엇인가'에서 후설 현상학과 자신의 현상학에 어떤 차이가 있는지 설명한다. 여기서는 퐁티의 설명을 따라가면서 현상학의 의미를 파악하고, 퐁티가 후설의 문제점을 어떤 식으로 드러내고 극복하는지 살펴볼 것이다. 또한 퐁티가 현상학적 방법을 선택하게 된 계기가 무엇인지, 그리고 그 과정에 퐁티와 함께 학문적 교류를 이어왔던 사르트르에 대해서도 살펴볼 것이다. 사실상 사르트르와 퐁티의 관계는 학계에서조차 깊은 관심거리였다. 또한 이 두 사람의 우정과 학문적 대립, 정치적 판단과 결정이 무엇이었고 왜 그랬는지를 당시 시대 상황과 연결 지어 살펴볼 것이다.

3부에서는 초기 철학적 사유의 주저였던《지각의 현상학》에서 그가 말하고자 했던 문제들이 후기에서 얼마만큼의 깊이를 가지게 되는지 살펴볼 것이다. 즉 그가 완전히 마무리 짓지 못했던 후기 사유의 궤적을 따라가며 그가 도달하고자 했던 새로운 지대가 어떤 것이었는지 탐구하게 될 것이다.

퐁티는 안타깝게도 자신의 후기 사유를 완성하기도 전에 세상을 떠났지만, 그의 사유는 사후 오히려 더 빛을 발하고 있다. 20세기 후반 사상계에 구조주의라는 커다란 물결을 일으킨 레비-스트로스Claude Lévi-Strauss(1908~2009)는 퐁티를 너무 존경한 나머지 자신의 서재에 퐁티의 사진을 걸어놓고 기릴 정도였다.[2] 퐁티는 데카르트로 대표되는 근대적 사유가 남긴 영혼과 육체, 이성 중심주의 등의 이원론을 극복하고, 몸과 살이라는 구체적인 실존의 근거 위에서 인간과 세계를 통합적으로 사고했다. 그의 철학은 살아있는 몸과 세계, 특히 현대 기술과학이나 생태 환경이 몸과 맺는 관계에 대한 새로운 철학적 성찰을 던져준다. 이 책을 통해 퐁티를 만나는 경험이 독자에게 행복하고 특별한 만남이 되었으면 한다.

2 레비-스트로스는 현상학을 비판했지만 퐁티를 학문적으로 존경한 나머지 자신의 주저인 《야생적 사유*La Pensée sauvage*》를 퐁티에게 바쳤다.

제1부

메를로-퐁티의 삶과 사유의 궤적

Le visible et l'invisible

le corps

Le langage indirect et les voix du silence

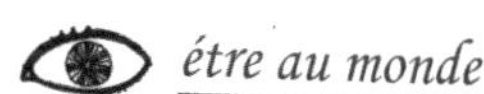

Phénoménologie de la perception

la chair

la perception

1961년 봄, 53세의 퐁티는 남프랑스에 있는 친구의 별장에서 휴가를 보내고 있었다. 말이 휴가였지 사실은 그가 당시에 집필하던 책《보이는 것과 보이지 않는 것*Le visible et l'invisible*》과 관련된 연구에 몰두하던 중이었다. 그러던 도중, 갑자기 그의 심장에 무리가 왔다. 그는 조여드는 심장을 손으로 움켜쥐었지만, 가슴 속 깊이 자리한 심장은 그의 고통에 아랑곳없이 발작을 일으켰다. 그는 작업하던 책상 위로 그대로 쓰러졌고 퐁티라는 이름을 가진 한 위대한 철학자는 그 순간 최후를 맞고 말았다. 5월 4일 밤이었다. 그가 쓰러져 있던 책상 위에는 데카르트의《굴절광학*La Dioptrique*》이 놓여 있었다.

퐁티는 파리 20구에 위치한 페르 라 셰즈Père Lachaise 공동묘지에 묻혔다. 사르트르의 평전을 쓴 베르나르 앙리 레비Bernard Henri Levy가 표현했던 것처럼, 퐁티는 그 시대가 보증하는 가장 진중한 철학자이자 당시 프랑스인들에게 가장 사랑받는 철학자였다. 그래서일까, 장례식에는 수만 명의 추도객이 참석하여 퐁티의 죽음을 애도하였다.

퐁티의 절친한 친구였고, 한때 정치적 동지이기도 했던 사르트르는 퐁티의 죽음을 기리고자《현대》지 10월 특별호에 〈살아있는 메를로-

파리 20구에 위치한 퐁티의 묘지

퐁티Merleau-Ponty Vivant' in Situation〉라는 장문의 글을 발표한다. 그리고 이 글은 나중에 '길목에서'라는 제목으로 사르트르의 《상황IV *Situation, tome 4*》이라는 책에 재수록된다. 그는 이 글에 퐁티의 철학적 업적을 정리하고 기리면서 특히 자신과 나눴던 독특한 우정의 관계에 관해 "동등했고 친구였지만 동류는 아니었다"[3]고 회고하고 있다. 이 말의 맥락을 이해하기 위해 전문의 일부를 인용해보기로 한다.

> 나는 살아 있는 친구들을 많이 잃어버렸다. 그것은 누구의 잘못도 아니었다. 그들의 잘못이기도 했고, 내 잘못이기도 했다. 그러한 일이 우리를 성숙하게 만들어 가깝게 만들기도 했고, 우리를 갈라놓기도 했다. 메를로-퐁티는 자신의 마음을 사로잡았다가 삶을 등져버린 이들을 생각하는 일이 생길 때면, 별다른 말을 하지 않던 사람이다. 그렇지만 그는 한 번도 나를 버린 적이 없었고, 나 역시 그를 버리려면 그의 죽음이 필

3 장 폴 사르트르, 윤정임 역, 《시대의 초상 – 사르트르가 만난 전환기 사람들》, 2009, p. 224.

요했다. 우리는 동등했고 친구였지만 동류同類는 아니었다. 우리는 그 점을 곧 깨우쳤고 처음엔 우리의 분쟁이 서로를 즐겁게 했다.

그러다가 1950년 즈음, 기압계가 떨어졌다. 유럽과 세계에 순풍이 불어왔고, 파고가 우리 둘의 머리를 여기저기 부딪치게 하더니 곧이어 우리를 서로의 대척점에 던져 놓았다. 자주 팽팽해지곤 하던 우리의 관계는 결코 끊어지지 않았다. 왜 그랬는지 물어보면 우리가 너무 운이 좋았다고 말했을 것이고, 때로는 우리에게는 그럴 만한 장점이 있었노라고 대답했을 것이다. 우리는 자신에게나 타자에게 충실하려고 노력했고, 그런 일에 성공했다. 퐁티는 아직도 너무도 생생하여 누구도 그의 전체적인 모습을 그려낼 수 없을 테지만, 있지도 않았던 우리 사이의 불화에 대한 이야기, 즉 우리의 우정을 이야기해보면, 그에게 좀 더 쉽게 다가설 수 있을 것이다. … 그의 운은 너무 일찍 끝나 버렸다. 그럼에도 그는 살아야 했다. 사건이 그를 만들어 놓은 대로, 끝까지 자기를 만들어가는 일이 남아 있었다. 그렇게 혹은 다르게, 황금기를 추구하는 그의 고색창연한 순박함, 그는 그로부터 자신의 신화가 그가 '삶의 스타일'이라고 명명했던 것을 구축했고, 자기가 좋아했던 것들 — 유년의 의식을 떠올리는 전통들에 대한 선호 — 을 제정했고, 일어났던 일로부터 일어나는 일의 의미를 발견했고, 마침내 명세표와 증명서를 예언으로 만들었다. 바로 이것이 젊은 시절의 그가 아직은 표현할 수 없는 채로 느꼈던 것이다. 이것은 그가 어떤 우회로를 거쳐 철학에 이르렀는가를 보여준다.[4]

나중에 다시 살펴보겠지만 퐁티와 사르트르의 관계는 복잡 미묘한 것이었다. 둘은 고등사범학교 시절에 처음 우정을 맺은 후부터 철학적

---

4 위의 책, pp. 224~226.

으로나 정치적으로 매우 내밀한 우정의 관계를 구축했지만, 시대의 격렬한 파고가 어쩔 수 없이 그들이 서로를 분리하거나 긴장관계에 서도록 만들었다. 그럼에도 불구하고 사르트르는 퐁티가 남긴 철학적 업적의 크기와 영향에 대해서는 충분한 존경을 표하고 싶어 했던 것이다.

사르트르의 말처럼 철학사의 관점에서 보자면, 퐁티의 죽음은 너무 이른 것이었다. 미완성 유고작으로 남은《보이는 것과 보이지 않는 것》에서 그가 말하고자 했던, 그러나 미처 말하지 못했던 것은 무엇이었을까? 우리로선 그의 유고를 통해 짐작하거나 추측할 수밖에 없지만, 그의 생 전체 속에서 그가 추구했던 사유의 궤적을 따라가다 보면 어느 정도 실마리를 찾을 수 있을지도 모른다.

한 철학자의 사유는 그의 성장과 학업적 활동, 사람들과 맺은 관계와 교류, 그리고 시대 경험과 무관할 수 없다. 비록 너무 짧게 끝나버린 생이지만, 퐁티의 삶을 형성했던 전기적인 사실들을 어느 정도 구체적으로 살펴보아야 할 필요가 바로 여기에 있는 것이다.

1. 청년시기 사랑과 우정

01 고등사범 시절 사르트르와의 우정

퐁티는 1908년, 프랑스 남서부에 있는 로슈포르 쉬르 메르Rochefort-sur-Mer라는 지역의 한 가톨릭 집안에서 태어났다. 그의 아버지는 1차 세계대전이 일어나기 직전인 1913년, 그가 다섯 살일 때 간질환으로 사망했다.[5] 그러

[5] Sarah Bakewell, *At the Existentialist café*, London; VINTAGE, 2017, p 112 참조.

나 중산층 집안에서 태어난 탓에 비교적 행복한 어린 시절을 보냈다. 퐁티는 학자로서 무신론적 입장을 취했으나 자신의 임종 때는 가톨릭의 장례를 원했다고 한다.

퐁티는 1924년에 고등학교 과정을 끝내고 고등사범학교 입시준비반에 들어가 2년간 공부한 후, 1926년에 파리에 있는 프랑스 최고 엘리트 학교인 고등사범학교 에콜 노르말 쉬페리외르Ecole Normale Supérieure에 입학하였다.[6] 이 학교는 프랑스의 많은 인문학 천재들을 배출한 학교로 유명하다. 이 시기에 퐁티는 사르트르와 보부아르 등을 알게 된다. 그리고 그들과 함께 무신론적 실존주의에 심취하였다.

퐁티는 사르트르의 3년 후배였다. 그들의 연배가 3년 정도밖에 차이나지 않기 때문에 함께 학창시절을 보낸 기간은 그다지 길지 않다.[7] 그렇지만 두 사람은 학창시절 동안 서로 동등한 위치에서 의견을 나누고 토론하며 우정을 유지해갔다. 그런 관계는 나중에 정치 문제로 결별하기 전까지 지속되었다. 그들이 짧은 기간 학창시절을 함께 보낸 후에도 훗날 자연스럽게 재회할 수 있었던 것은 그들 사이에 공통된 관심사가 있었기 때문이다. 두 사람은 모두 추상이나 이념이 아닌 삶의 구체성에 관심을 두고 있었고, 삶의 구체성을 찾는 새로운 철학적 방법에 목말라하고 있었다. 그들이 매개자로 찾은 철학자는 후설과 하이데거였다.

사르트르가 말했듯이 두 사람은 동등했지만, 동류는 아니었다. 두 사람이 동등했다는 것은 학문이나 정치 활동에서 서로 논쟁할 수 있는 친구였다는 뜻이며, 동류가 아니었다고 말하는 것은 그들이 서로 다른

---

[6] 이 학교를 졸업한 학자들로 앙리 베르그송(1879), 에밀 뒤르켐(1879), 장 폴 사르트르(1924), 시몬 베유(1928), 조르주 퐁피두(1931), 루이 알튀세르(1939), 미셸 푸코(1946), 피에르 부르디외(1951) 등이 있다. (출처: http://ko.gravity.wikia.com 참조).

[7] 퐁티는 1926년에 입학하여 1931년에 졸업했으며, 사르트르는 1924년에 입학하여 1928년에 졸업하였다.

방향과 목표를 추구했음을 의미한다. 결과론적이기는 하지만, 이 말은 그들이 같은 길을 갈 수 없는 운명임을 뜻하는 것이기도 하다. 게다가 둘은 기질적으로도 달랐다. 퐁티는 지나치게 진지하였고, 사르트르는 도발적이었다. 보부아르는 퐁티에게 이성적 호감을 느꼈지만, 호감을 지속하기에 그의 지나친 진지함은 매력이 없었다. 보부아르는 점점 그를 친구 또는 형제처럼 느꼈으며, 나중에는 심지어 경멸하기까지 했다. 그러나 이 경멸과 미움은 애정의 다른 모습으로 이해될 수 있다.

보부아르는 사르트르와 퐁티, 그리고 아롱처럼 쉽고 자연스럽게 고등사범학교를 거쳐 소르본 대학에 진학하는 과정을 밟을 수 없었다. 당시 여학생들에게 고등사범학교 입학은 쉽지 않았다. 고등사범학교는 1927년이 되어서야 여학생들의 입학을 정식으로 허용했기 때문이다. 보부아르는 퐁티와 같은 부르주아 출신이었음에도 여성이라는 이유로 '숙녀'[8]로서의 교육을 강요받았고 고등사범학교가 아닌 곳에서 고등교육을 받아야만 했다. 이러한 차이는 보부아르가 투쟁과 자유를 향한 결단 같은 것을 가지게 했다. 보부아르는 19살이던 1927년에 이미 소르본 대학의 학생 신분으로 퐁티를 만났다. 당시 퐁티는 고등사범학교의 학생이었다. 사르트르와 퐁티, 그리고 아롱 등의 친구들은 패거리를 이루며 유쾌하게 지적인 문화를 만들어갔지만, 보부아르는 지난한 학업의 과정을 거쳤기 때문에 그들에 비해 매우 진지하고 무거운 태도로 임했다. 여성이라는 조건은 남성들과 달리 결단과 용기를 필요로 했다. 그녀에게 교육은 그들처럼 자연스럽고 당연하게 주어지는 것이 아니었기 때문이다. 그런 그녀에게 퐁티의 부르주아적 삶의 태도는 불편하게 다가왔고, 오히려 퐁티보다 사르트르에게 더 깊은 호감을 느끼게 했다. 그럼에도

8 부르주아 여성들에게 '숙녀'로서의 덕이 요구되었고, 그들에게 교육은 여성성을 가장 탁월한 방식으로 드러내는 것에 불과했다.

보부아르는 퐁티와 어쩌면 동류였을지도 모른다. 이 말은 그들이 사르트르와는 또 다른 차이점을 갖는다는 의미이다. 이들의 얽힘으로 이들의 삶에 생기가 도는 것인지도 모르겠다.

보부아르는 형이상학적 문제를 매우 구체적인 방식으로 풀어낼 줄 알았고, 퐁티는 이러한 보부아르의 방식에 놀라기까지 했다. 퐁티는 1945년 〈형이상학과 소설〉이라는 에세이에 보부아르의 소설《초대받은 여자*L'Invitée*》[9]를 언급하며 그녀가 어떻게 형이상학적 문제를 구체화했는지 보여주고 있다. 퐁티 철학과 보부아르의 표현 방식은 '구체성'과 '삶'이라는 측면에서 닮았고, 퐁티와 사르트르의 철학은 근대적 사유에 대한 비판적 관점과 현상학적 기반에서 행해지는 학문적 태도에서 닮았다. 그러므로 이들은 서로 닮았으면서도 서로 다르다. 퐁티와 사르트르, 그리고 퐁티와 보부아르의 학문적 기질 차이가 훗날 그들이 결별하는 이유가 된다고 말하기는 어렵다. 그렇게 말한다면 결정론적이기 때문이다. 그들의 기질 차이는 그들이 다른 선택을 하는 계기가 될 수 있지만 선택의 결정적 조건은 되지 않는다. 사르트르는 아마도 퐁티와 보부아르가 구체적 사물에 접근하는 방식, 즉 사물을 탁월하게 표현하는 방식이 부러웠을 것이다. 퐁티는 사르트르의 대범한 성격이 부러웠을 것이다. 사르트르는 퐁티의 진지함에 의지했을지도 모른다. 보부아르는 그들의 자유로움이 부러웠을 것이다. 이들은 서로를 부러워하며 서로에게 자극을 주는 당대의 지식인들이었다.

특히 사르트르의 극단적이면서도 적극적이고 비타협적인 성격은 퐁티가 사르트르를 동료이기 이전에 든든한 형처럼 느끼게 했다. 이와

---

[9] 1949년 보부아르의 첫 장편소설. 보부아르는 필연과 우연의 사랑에 대한 권리의 문제를 실존적 문제에 걸어 형상화하고 있다. 피에르, 프랑스와즈, 크자비에르, 제르베르가 주인공으로 등장한다.

같은 퐁티의 심정을 굳게 하는 하나의 사건이 있다. 이 사건은 그들이 처음 만났을 때 일어난 일이다. 퐁티와 사르트르의 첫 만남은 약간은 드라마틱하다. 사건의 전말은 이렇다.

파리 고등사범학교에 다니던 시절, 당시 퐁티는 통학하였고 사르트르는 기숙사에서 생활하였다. 퐁티와 사르트르는 학교에서 가까워질 만한 상황이 없었는데, 어느 날 퐁티가 에콜 노르말을 거닐고 있을 때, 한쪽에서 몇몇 학생들이 모여 외설적인 노래를 부르고 있었다. 학생들이 부르는 외설적인 노래를 참고 넘길 수 없었던 퐁티는 학생들을 향해 경고하는 휘파람을 불었다. 퐁티의 참견에 화가 난 학생들이 퐁티를 폭행하려 했을 때 마침 이 상황을 목격한 사르트르가 퐁티를 구한 적이 있었다.[10] 이 사건으로 퐁티는 사르트르의 형 같은 면모를 확실히 발견하게 되었다.

늘 진지한 퐁티와 매사에 저돌적이고 적극적인 사르트르, 이 둘의 상반된 성격은 서로의 단점을 보완해주는 역할을 하기도 했다. 이들이 서로에게 끌렸던 것은 자신에게는 없는 상대방의 매력 때문이었다. 사르트르는 저돌적인 성격 때문에 언론과 종교, 정치 영역에서 오는 온갖 공격을 받아내야만 했다. 사르트르와 달리 퐁티는 진중하면서도 한편으로는 매우 결단력 있는 태도를 지녔다. 이러한 퐁티의 면모를 볼 수 있는 대표적인 사건이 위에서 언급한 퐁티와 사르트르의 첫 만남 때의 일이다. 이러한 퐁티의 태도는 훗날 한국전쟁 이후에 그가 단호하게 비공산주의로 전향을 결심하는 모습에서도 찾아볼 수 있다. 퐁티의 이러

10 "20여 년 전 에콜 노르말에서, 당시 나와 친구 한 명이 우리가 듣기에 너무 상스러웠던 노래를 휘파람으로 불렀다고 하여 학교 당국이 분노했던 때였다. 그는 우리들과 우리의 박해자 사이로 슬그머니 다가와 우리에게 아무런 양보나 피해 없이 영웅적이며 한편 우스꽝스러운 상황으로부터 벗어날 수 있는 방법을 가르쳐 주었다." 메를로-퐁티, 권혁면 옮김, 〈스캔들을 일으키는 작가〉, 《의미와 무의미》, 서광사, 1984, p. 65.

한 면모 때문에 퐁티는 지식인들 사이에서 상당한 신뢰를 얻었다.

퐁티는 도대체 어떤 사람일까? 그의 조용한 성격 이면에 숨어있는 단호한 결단력은 어쩌면 사르트르보다 더 강한 힘을 가진 것일지 모른다. 그가 침묵으로 견뎌낸 삶의 편린들은 그의 이러한 면모를 충분히 상상할 수 있게 한다. 그럼에도 뭔가 아쉬운 것은 '인간' 메를로-퐁티에 대한 궁금증과 관심 때문이다. 누군가에게 관심이 간다면, 우리는 그가 무엇을 좋아하며 무엇을 싫어하는지 알고 싶어 한다. 때로는 선택의 상황에서 그가 무엇을 포기하는지, 그 이유가 무엇인지 궁금해지기도 한다. 삶이란 늘 이러저러한 관계 속에 있기 때문이다.

그러므로 퐁티를 이해하기 위해 퐁티의 사진과 그의 철학적 언어들을 오래도록 바라본들 퐁티를 이해하기란 어렵다. 퐁티를 이해하기 위해 그와 가장 오래, 그리고 지속적으로 대화하고 생각을 공유한 사르트르를 이야기하는 것은 사르트르가 바로 퐁티의 삶의 한 부분이기 때문이다. 물론 사르트르만이 그의 삶에 중요한 부분을 차지하는 것은 아니다. 비록 오랜 시간을 함께하지는 않았더라도 그의 삶에 깊은 영향을 준 연인과의 관계에서도, 오랜 시간을 함께했던 가족과 친구들을 통해서도 우리는 그를 조금씩 알아갈 수 있으리라 생각한다. 한 개인이 드러내는 자신의 모습은 세계 속에 거주하는 자신이다. 세계 없는 자신은 없다. 타인은 나의 얼굴이며, 내가 거주하는 환경세계는 나의 모습이기도 하다. 그러니 퐁티가 살아냈던 프랑스의 그때 그 시간, 그리고 퐁티와 함께 한 이들이 퐁티를 이해하는 모티프가 된다는 것은 부정하기 어렵겠다.

'나'는 유아론적 자아가 아니다. 한 개인은 타인과의 관계 맺음 속에서 '무엇을 선택하고 선택한 것을 어떤 방식으로 취하는가'로 드러난다. 유아론에 갇혀버린 데카르트는 그 안에서 빠져나오기 위해 얼마나 괴로웠을까? 퐁티가 데카르트적 문제에서 탈출할 수 있었던 것은 바로 한 개인의 삶이 어떤 식으로 드러나는지에 관심을 두었기 때문이다. 이후 우리는 퐁티가 게슈탈트 이론을 통해 이것을 어떻게 보여주는지 확인하게 될 것이다. 선취하여 말하자면, 드러난 사건은 항상 맥락 속에서 이해되어야 한다. 다시 말해 하나의 사건을 사실 그 자체로 보기 위해서는 상황에 대한 이해가 중요하다.

이쯤 되면, 우리는 퐁티의 특정한 행동을 통해서 그의 다채로운 삶의 한 단면을 파악할 수도 있을 것이다. 물론 그 한 면으로 다른 면면의 모습들이 확연히 드러난다는 의미가 아니다. 퐁티는 학창시절 사르트르가 곤란한 상황에 처했을 때, 사르트르를 그 상황에서 빠져나올 수 있게 도왔다. 퐁티는 성인이 된 후에도 여전히 그의 방식대로 사르트르를 곤란한 상황에서 빠져나올 수 있도록 도왔다. 그의 방식이란 상황을 확연하게 드러내는 방식이다. 그렇다면 퐁티는 위기에 처한 사르트르를 어떻게 보호했을까? 퐁티는 훗날 프랑스 지식인들이 사르트르에게 인신공격에 가까운 비난을 하는 것을 보고 되묻는다.

> "과연 사르트르는 그들 — 당대의 지식인들 — 이 말하듯 과할 정도로 선동적인 사람일까?"

사르트르의 행위가 어떤 사람들에게는 선동하는 행위로 보였을지 모르지만, 퐁티에게 사르트르의 행위는 진정한 자유인의 행위였다. 그는 자신이 살고 있는 세계를 거부하지 않았다. 그는 자신이 딛고 있는 삶 속에서 의미를 찾아갔다. 그래서 사르트르에게 타인은 자신을 물화하려는 메두사와 같은 시선일 수밖에 없었다. 다시 말해 사르트르는 인간을 타인의 시선 속에 묶여 있는 존재로 보았다. 인간은 타인의 시선에 포착된 자신을 발견한다.

사르트르에게 '나'라고 하는 존재는 타인을 염두에 두지 않고 말해질 수 없다. 타인은 끊임없이 나의 자유를 가로막고 나를 사물화하는 존재다. 나는 그런 타인의 속박에서 벗어나기 위해 투쟁한다. 그래서 사르트르에게 타인은 지옥L'enfer, c'est les autres이다. 왜 지옥인가? 왜 타인은 내게 고통인가? 나는 항상 주체적이려고 하지만 타인에 의해 관찰당하고 객관화된다. 나를 사물화하려는 타인의 시선에 얽매이지 않고 싶지만, 타인의 시선을 벗어나기란 힘들다. 이때 나는 타인의 시선에 의해 객체로 전락하지만 동시에 주체적 존재인 타인을 관찰하고 객관화함으로써 나의 주체성을 회복한다. 이렇게 서로에게 얽매여서 결코 벗어날 수 없는 관계가 타인과 나의 관계이다.[11]

퐁티가 보기에 사르트르는 삶의 복잡다단한 상황을 정확히 이해하는 능력을 갖추고 있었고, 그 능력에 따라 행동을 주저하지 않는 강인함을 가졌다. 그래서 퐁티는 다소 공격적으로 보이는 사르트르의 행위와 이에 대한 세간의 비판들을 그리 우려하지 않았다. 오히려 퐁티가 회상하는 사르트르는 다정하고 친절한 사람이었다. 사르트르는 출간되지 않은 자신의 원고를 다른 사람에게 빌려주는 사람이었고 노인들의 이야기에 귀를 기울이는 사람이었다. 사르트르는 다른 사람에게 무한히 친절한 사람이었지만, 동시에 자유주의자이자 개인주의자였다.

학교를 졸업하고 각자의 길을 가던 두 사람은 2차 세계대전이 끝난 후 재회하면서 학문적·정치적 동지로 함께하게 된다. 그들은 1930년에서 1931년까지 군복무를 하였고 2차 세계대전이 일어나자 다시 군

11 이 말의 의미는 사르트르의 저서《닫힌 방》에서 더 분명히 확인할 수 있다. 사르트르는 인간을 삶과 역사, 세계에 대한 주체적 존재로 여겼다. 그는 개인적인 것이 사회적인 것이라 믿었고, 이 믿음에 따라 행동했다. 그는 스피노자가 되고 싶었고, 스탕달이 되고 싶었다. 그는 이 시대의 철학자이자 문학가였다. 그의 문학적 글쓰기는 그 자체로 참여였기 때문이다.

인이 되어 전쟁에 참여하였다. 사르트르는 이등병으로, 퐁티는 장교로 종군하였다. 그러고 나서 다시 만난 그들은 학문과 정치 활동을 병행하며 사르트르는 1943년《존재와 무*L'être et le néant*》를, 퐁티는 1945년《지각의 현상학*Phenoménologie de la Perception*》을 펴낸다. 이 두 책은 퐁티와 사르트르 간의 학문적 대화라고 해도 될 정도다. 그들의 학문에서 공통된 관심사는 새로운 존재론이었고, 그들이 선택한 방법은 현상학이었다.

퐁티와 달리 사르트르는《존재와 무》를 쓴 후, 문학과 예술계뿐 아니라 가톨릭계와 마르크스주의자들에게 공격을 받는다. 사르트르의《존재와 무》는 정치적 신념에서 마르크스주의자들과 충돌하였다. 그가 이 책에서 드러낸 무신론적 실존주의 태도는 그가 가톨릭계와도 충돌하게 한 중요 요인이었다. 특히 실존주의 철학은 마르크스주의자들과 가톨릭 비평가들 모두에게 위험한 사상으로 간주되었다. 프랑스 좌파와 우익의 지식인들은 실존주의 철학을 독약이라고 가르쳤다. 그런데 그들이 사르트르의 '실존주의' 사상을 그토록 경계한 이유가 단순히 정치적 신념과 무신론적 입장 때문일까? 어쩌면 더 근원적인 이유가 있을 것 같다.

실존한다는 것, 그것은 본질 그 이상을 말하는 것이다. 사르트르가 묻는 실존의 의미는 인간과 자연의 관계이다. 이 문제는 사르트르가 처음 제기했던 문제는 아니다. 이 문제는 오랜 철학사적 문제이자 사회정치 문제였기 때문이다. 그들이 두려워했던 것은 사르트르가 이 문제를 풀어가는 방식이다. 퐁티가 주목한 부분은 바로 이 점이다.

퐁티는 먼저 당대 지식인들이 사르트르를 비난하고 공격하는 모습에서 발견한 모순적인 태도를 지적한다. 예를 들어 당시 사람들은 "그의 책들은 온통 추함으로 가득 차 있다"[12]고 말한다. 도대체 그들에게 추함이란 무엇인가? 사르트르가 말하는 것이 기존의 예술적 언어와는 사뭇 다른 데서 오는 충격 때문일까? 만일 그렇다면 그들은 예술이 추구하는 새로움에 대한 열망을 거부하는 것과 같다. 그렇지 않다면 사르트르의 언어가 표현하고 있는 의미의 맥락을 전혀 살펴보지 않는 편협한 태도를 보인 것이다.

사르트르에 대한 그들의 비난이 어느 정도였는지 퐁티의 입을 빌려 더 살펴보자. 비평가 에밀 앙리오는《이성의 시대*L'age de Rasion*》에 표현된 구절, "시큼한 구토 냄새가 그처럼 순수한 그녀의 입에서 새어 나왔다. 마튜에는 열렬히 그 냄새를 들이마셨다"[13]라는 표현을 맹렬히 비난한다. 이 문장만을 읽고 평가한다는 것이 의미 있는 일인가? 퐁티는 전체적인 상황에 대한 이해 없이 사실에 다가갈 수는 없다고 생각한다. 사르트르의 언어를 감당하지 못하는 이들은 상황에 대한 이해 없이 사실을 판단하는 사람들이다. 앙리오뿐 아니라 사르트르의《집행유예*Le Sursis*》의 내용을 도무지 참지 못한 비평가들도 이러한 부류에 속한다. 퐁티는《집행유예》에서 "환자 두 명이 자신들의 병 때문에 느꼈던 부끄러움을 얘기하면서 그들 간에 싹튼 사랑을 묘사하는 대목을 앙리오와 다른 몇몇 작가들에 의해 "참을 수 없는" 것으로 비난받았다"[14]고 말한다.

퐁티는 이들이 자신의 모순을 발견하지 못하고 사르트르를 비난하는 이유를 편견 때문이라고 본다. 이 편견은 세상을 하나의 관점에서만 이해하는 데서 온다. 편견에 빠진 지식인들은 사르트르의 사상이 자신의 삶을 흔들까봐 두려워했다. 퐁티는 위선으로 가득 차 있는 그들의 삶에서 지식인들의 의미 없는 도덕성을 발견한 것이다. 그들의 의식은

12 메를로-퐁티, 〈스캔들을 일으키는 작가〉, 《의미와 무의미》, p. 67.
13 같은 책, p. 67 재인용.
14 같은 책, p. 67.

허위의식이다. 아이러니하게도 그들의 의식은 너무나 고귀해서 폭력적이기까지 하다. 고귀한 의식을 가진 이들에게 사르트르의 표현은 경박스럽고 추했다. 그들이 더욱더 두려워한 것은 사르트르가 미래가 아닌 지금, 현재를 말하고 있는 점이다. 그에 의하면 나의 자유로운 실존적 선택이 미래를 열어갈 것이고, 그 미래는 다시금 현재가 될 것이며, 그 미래의 현재에 또 다른 미래가 열린다. 당대의 지식인들은 사르트르의 말을 이해하지 못했다기보다 그 말 이면에서 사르트르의 강력한 영향력을 발견하고 강한 질투를 느꼈다. 그 질투는 분노로 변해 사르트르를 향한 공격적인 태도로 터져 나왔다. 적어도 인간은 추한 것에서 그리고 야수적인 것에서 멀어져야 한다는 것이 사람들이 원하는 것이었다. 아름다움을 추구하는 예술가라면 더욱더 그렇다. 그러니 그들에게 사르트르는 예술가일 수가 없었다.

퐁티의 물음을 다시 반복해보자, 그 물음은 앞에서도 언급했듯이 사르트르에 대한 비난을 겨냥하듯 던진 '추라는 것이 무엇인가?'이다. 퐁티는 그들이 말하는 추를 '충격'으로 이해한다.[15] 그들이 사르트르에게서 '추'를 보았다면, 그 추는 사실상 '충격'의 다른 표현이었을 것이다. 좀 더 구체적으로 말하자면 '추'는 자연과 충돌하는 데서 생겨난다. 추는 내면적인 것과 외면적인 것 사이의 충돌이기도 하다. 퐁티는 이러한 충돌을 예술이라고 보았다. 그러므로 사르트르의 작품이 추하다고 말한다면, 그 말은 역설적으로 사르트르의 작품이 예술적이라는 의미도 된다.

사람들은 충돌을 싫어한다. 그러나 충돌을 피할 수 없다. 그렇다고 외면과 내면의 완전한 통일의 가능성을 찾지도 못한다. 그렇다면 그들이 할 수 있는 방법은 '회피'다. 그래서 사람들은 스스로 내면으로 들어

---

15 위의 책, p. 67 참조.

가려고 노력한다. 하지만 삶은 충돌의 연속이기 때문에, 사람들은 이러한 충돌을 피하는 데 실패하고 만다. 삶은 늘 격렬하고 치열한 장이다. 만일 예술이 이와 같은 근원적인 삶의 충돌을 거부한다면, 예술은 삶에서 멀어지고 추상으로 남게 된다. 그리하여 예술은 그저 기교적인 아름다움만을 가진 것으로 오인당할 것이다. 우리는 예술 작품에서 위안을 기대하기도 한다. 그러나 위안은 굳이 예술이 아닌 것에서도 가능하다. 예를 들자면, 종교 같은 것에서 말이다. 좀 더 직설적으로 말하자면, 예술은 종교가 아니다. 그러니 예술에 위안을 기댄다는 것 자체가 예술에 합당치 못한 무게를 지우는 것과 같다. 오히려 예술은 인간 삶의 한 표현이라고 말하는 것이 옳을 것이다. 굳이 퐁티의 의견에 귀를 기울이지 않아도 동의할 말이지 않은가.

02 연인 라쿠엥과의 사랑

사르트르와 퐁티는 나치에 대항하며 사회주의 사상에 큰 관심을 가졌다. 그들의 구체적인 행동은 1945년 10월에서 1952년 12월까지 《현대》지에서 함께 활동하면서 나타났다. 그들은 정치 문제에 큰 관심을 가졌다. 그러나 1950년에 일어났던 한국전쟁을 계기로 두 사람은 결별하게 된다. 퐁티는 마르크스주의가 공상이었음을 깨닫고 비사회주의 좌익으로 방향을 바꾸지만, 사르트르는 한층 더 마르크스주의적인 정치 태도를 보이게 되었다. 결국 퐁티는 사르트르의 철학을 울트라 볼셰비즘이라고 냉정하게 판단하였고 1955년에는 《변증법의 모험*Les Aventures de la dialectique*》에서 사르트르를 신랄하게 비난한다. 이에 대해 보부아르는 퐁티를 격렬하게 비판하지만 사르트르는 침묵한다. 둘 사이의 중재 역할을 담당했던 보부아르가 가장 결정적인 때 사르트르의 편에 서서 퐁티를 비난하는 이유를 조금 다르게 생각해볼 필요가 있다. 보부아르의 행동은 자신의 정치적 이념에 근거한 것일 수도 있겠지만, 퐁티의 연인이었던 엘리자벳 라쿠엥Elisabeth Lacoin과의 관계에서도 그 이유를 찾을 수 있기 때문이다.

보부아르가 추억하는 퐁티는 진정한 사랑이 무엇인지 모르는 사람이다. 퐁티에게 한때 이성의 감정을 느꼈고, 그 감정이 사라지고 나서는 자신이 가장 사랑하는 친구 라쿠엥을 소개해주기까지 했던 그녀가 퐁티를 그렇게 평가한 이유는 무엇일까? 퐁티의 침묵이 문제였다. 퐁티의 침묵은 그의 삶의 단면을 보여준다. 평화로웠던 유년 시절을 보냈던 퐁티에게는 자신의 문제를 해결하기 위해 애를 쓸 간절한 이유가 없었다. 늘 사람들에게 칭찬과 호의를 받고 헌신적인 어머니의 사랑을 받으며 자란 퐁티는 받는 것에 익숙한 사람이었다. 그렇다고 퐁티가 타인에게 아무런 관심이 없었다는 말이 아니다.

퐁티의 주저인 《지각의 현상학》에 실어증에 걸린 여자에 관한 이야기가 나온다. 그는 이 책에서 이야기 속 여자가 실어증에 걸린 이유를 부모의 반대로 연인과 헤어져야 했기 때문이라고 서술하고 있다. 왜 여자의 부모는 딸이 사랑하는 사람과 교제하는 것을 허락하지 않았을까? 구체적인 이유가 무엇이건, 여자는 사랑을 잃고 세계를 잃었다. 실어증에 걸린 여자 이야기는 실제 퐁티와 라쿠엥의 이야기를 연상시킨다. 라쿠엥은 퐁티와 결혼하고 싶어 했지만, 퐁티는 라쿠엥 부모의 반대 의사를 따랐다. 보부아르는 이 사실 때문에 퐁티를 사랑을 모르는 남자라고 말한 게 아닐까? 퐁티는 정말 라쿠엥을 사랑하지 않았던 걸까?

보부아르는 라쿠엥이 적극적으로 애정을 보여주는 데도 침묵하는 퐁티를 이해하지 못했다. 하지만 퐁티의 침묵은 어쩌면 더 큰 외침일지도 모른다. 언어로 표현되는 수많은 사실은 때로는 왜곡되기도 하기 때문이다. 퐁티의 사랑은 언어로 담아내기에 너무 벅찼던 것인지도 모르며, 그가 라투엥을 포기할 수밖에 없었던 까닭을 변명하기에는 그녀에 대한 사랑이 너무 컸을지도 모른다. 퐁티는《지각의 현상학》에서 마치 변명하듯 사랑이라는 감정에 대해서 말하고 있지 않은가. 이 책에서 퐁티는 사랑은 사랑한다는 생각이 아니라 사랑함 자체라고, 사랑에 대해 적극적으로 말하고 있다. 보부아르는 퐁티의 침묵의 의미를 알고 싶어 하지 않았는지도 모른다. 사르트르가 추도사에서도 밝혔듯이 퐁티는 침묵에 익숙한 사람이었다. 그에게 침묵은 부정이 아니라 간접적 언어이다. 그는 침묵으로 말을 하고 있었다. 퐁티에게 사랑은 판단되는 것이 아니라, 사랑함으로 완성되었다는 것을 의미한다.

우리는 보부아르의《처녀시절》(1958)에서 표현된 두 사람의 사랑 이야기를 조금 더 엿들어보려 한다. 이 소설에서 라쿠엥은 자자zaza로, 퐁티는 프라델Pradelle로 등장한다. 보부아르가 10살이 되던 해 만났던 라쿠엥과의 우정은 보부아르의 인생에서 아주 중요한 위치를 차지하고 있었다. 보부아르가 너 없이 "난 살 수 없어"라고 자자를 향해 고백한 것만 봐도 그녀들 사이의 우정이 평범함을 넘어서고 있음을 짐작할 수 있다.[16] 신실한 가톨릭 신앙을 가진 부르주아 집안에서 태어난 라쿠엥은 책을 좋아하고 예술을 좋아했다. 라쿠엥은 또래보다 피아노를 잘 연주했고 바이올린도 배웠다. 이러한 라쿠엥을 보부아르는 매우 좋아했다. 보부아르에게 라쿠엥은 정말 특별한 존재였다. 보부아르는 자신의 형편없는 서체와 비교되는 라쿠엥의 우아한 서체를 사랑했다. 라쿠엥은 소녀다운 우아함을 지닌 동시에 대담성도 가지고 있었다.[17] 보부아르의 라쿠엥을 향한 감정은 보통의 동성끼리 나누는 우

---

16 시몬느 드 보부아르, 권영사 옮김,《나의 처녀시절》, 현대여성교양대전집 24권, 범우사, 1981, pp. 109~114.

정을 넘어서 있었는지도 모른다.

이렇게나 좋아하는 라쿠엥을 보부아르는 퐁티에게 소개해 주었다. 퐁티가 라쿠엥을 처음 만난 후 보부아르에게 "그 친구도 좀 데려오지 그래요"라고 말했던 것에서 우리는 그녀를 향한 퐁티의 마음을 어느 정도 짐작할 수 있다. 보부아르는 자기가 좋아하는 두 사람이 서로 사랑하며 행복하게 살아가기를 바랐다.

라쿠엥에게 마음을 빼앗긴 퐁티는 보부아르에게 다음과 같이 라쿠엥을 향한 찬사를 보낸다.

> 그녀는 자기가 잘 알고 있는 것이 아니면, 그리고 진정으로 느끼는 것이 아니라면 이야기하지 않는다고. 그래서 흔히 침묵을 지킨다고. 그렇지만 그녀의 말 하나하나에는 무게가 있다고. 그는 또 자자가 곤란한 경우에도 의연한 태도를 취하고 있는데 감동했다고…[18]

라쿠엥은 퐁티와 결혼하고 싶어 했고 그의 청혼을 기다렸다. 청혼을 기다린 이유는 퐁티의 마음도 자기와 같을 것으로 생각했기 때문이다. 라쿠엥은 비록 부모의 반대가 있었어도 문제가 되지는 않을 거라 생각했다. 그러나 퐁티는 청혼을 하지 않고 미루었다. 보부아르가 퐁티의 침묵을 결코 이해하고 싶지 않았던 것과 달리 라쿠엥은 퐁티가 청혼하지 않는 이유를, 침묵의 의미를 알고 있었다. 그리고 그들의 사랑이 결혼으로 완성될 수 없다는 것을 이미 알고 있었을 것이다.

라쿠엥의 어머니는 딸이 퐁티와 사귀는 것을 싫어했다. 대부분의 어머니의 바람이겠지만, 라쿠엥의 어머니는 딸이 집안이 좋은 다른 청

---

17 시몬느 드 보부아르, 《나의 처녀시절》, p. 132.
18 같은 책, p. 384.

년과 결혼하기를 바랐다. 더구나 라쿠엥의 어머니는 매우 엄격했을 뿐 아니라 라쿠엥에게도 큰 영향력을 미치고 있었다. 그래서 라쿠엥도 어머니를 적극적으로 거부할 수 없었다. 퐁티는 라쿠엥과 결혼하기 위해 스스로 자격을 갖추고 싶어 했다. 그는 교수자격시험에 합격하고 병역을 치른 후 라쿠엥과 결혼하려 했지만, 그녀의 어머니의 강한 반대를 이겨내기 어려웠다. 더욱이 라쿠엥 아버지의 협박은 퐁티가 라쿠엥에게 가는 것을 포기하게 했다.

라쿠엥의 어머니는 라쿠엥이 동성친구인 보부아르와 가까이 지내는 것도 마음에 들어 하지 않았다. 라쿠엥을 향한 퐁티의 마음과 그들이 처해있는 상황을 알 리 없는 보부아르는 퐁티가 라쿠엥에게 정식으로 청혼해야 한다고 생각했다. 만일 정식 청혼을 하면 라쿠엥의 어머니도 끝까지 반대하기 어려울 거라고 퐁티에게 조언했다. 그러나 퐁티는 이미 라쿠엥의 아버지한테서 협박을 받고 있었고, 보부아르의 제안을 받아들일 수 없었다.

오해를 하고 있는 보부아르는 퐁티가 라쿠엥보다 그의 가족을 더 사랑했기 때문이라고 생각했다. 그렇게 생각한 더 큰 이유는 퐁티가 라쿠엥과 결혼할 수 없는 이유를 자기 탓으로 돌렸기 때문이다. 퐁티는 보부아르에게 자신이 처한 불리한 상황을 솔직하게 말할 수는 없었다. 그래서 자신의 누이가 얼마 전에 약혼한 사실, 그리고 그의 형이 토고로 떠나게 될 것인데 자신마저 결혼을 하게 되면 혼자 남게 될 어머니가 너무 걱정된다고 말했던 것이다. 보부아르는 퐁티의 변명을 이해할 수 없었지만 다른 이유를 찾을 수 없었기 때문에 퐁티의 말을 곧이곧대로 믿을 수밖에 없었다.

퐁티의 몇 가지 태도가 결정적인 원인이었다. 퐁티가 라쿠엥과 데이트를 하기로 약속한 날 하필 퐁티는 숙부의 사망 소식을 들었다. 퐁티는 데이트 약속을 취소하는 것이 라쿠엥을 사랑하는 자신의 진실된 마음을 표현하는 것이라 생각했다. 숙부의 사망 소식에 슬픔을 감출 수 없었는데, 라쿠엥과 데이트하면서 그 슬픔을 드러낼 수는 없는 일이라 생각한 것이다. 즐거운 척하고 라쿠엥과 데이트를 할 수도 있었겠지만, 그렇게 한다면 그녀와의 만남이 진실되지 못한 것이라 생각했다.

보부아르는 퐁티의 이러한 태도를 이해할 수 없었다. 보부아르는 퐁티에게서 따뜻함을 느꼈고 그의 이러한 성품에 끌리기도 했지만, 어떤 점에서는 오히려 이러한 점이 퐁티의 결점으로 보였다. 천국은 적어도 투쟁하는 사람들의 것이어야 했다. 그러나 퐁티는 아무것도 하지 않았다. 보부아르는《처녀시절》에서 그의 평온함, 그녀의 태평함에 화가 난다고 소리치고 있다. 라쿠엥에 대한 퐁티의 태도를 보면서 보부아르는 전날 자신이 퐁티와의 관계를 정리한 것을 스스로 칭찬했으리라. 보부아르는 퐁티가 정말로 라쿠엥을 사랑한다면, 라쿠엥과의 데이트를 취소해서는 안 된다고 생각했다. 퐁티는 슬픔과 싸우고 사랑을 지키기 위해 스스로 견뎌냈었어야 했다. 결국 보부아르는 퐁티를 '여자를 사랑할 수 없는 남자', 즉 '누군가를 사랑하기에는 너무 미숙한 사람'으로 단정하고 말았다.

라쿠엥은 더 이상 기다리지 못하고 먼저 퐁티에게 청혼하였다. 그래도 퐁티는 라쿠엥의 청혼을 받아들이지 않았다. 사실상 퐁티의 진중한 성격 탓이라고 하기에는 이해하기 어려운 면이 많다. 가장 쉬운 판단은 보부아르가 말했듯 그는 여자를 사랑한다는 것 자체가 어려운 사람이라고 생각하는 것이다. 이렇게 말해버리면 편할 일이다. 겉으로 보기에 가족에 대한 퐁티의 사랑은 지극했다. 그는 책임감이 강한 사람이었다. 그러나 그의 성정이 어떠하든 사랑한다면 당연히 용기냈었어야 한다고 생각하는 것이 일반적이다. 그러나 퐁티는 단지 선택을 했을 뿐이다. 그것이 사랑이었는가, 아니었는가는 이후의 평가에 해당되는 것이고, 이에 대해 퐁티는 침묵할 수밖에 없다.

만일 퐁티가 라쿠엥과 보부아르에게 말하지 못한 것을 말했더라면 어떻게 되었을까. 사실 퐁티에게는 드러낼 수 없는 비밀이 있었다. 그는 어머니의 혼외 자식이었던 것이다. 그런데 하필 라쿠엥의 아버지가 탐정을 고용해 퐁티의 집안내력을 조사하면서 그 사실을 알게 되었다. 라쿠엥의 아버지가 퐁티를 협박한 것은 이 사실 때문이었다. 라쿠엥의 아버지는 이 사실을 이용하여 퐁티가 라쿠엥과 헤어지도록 한 것이다. 퐁티는 이 사실이 세상에 알려졌을 때, 자신으로 인해 닥치게 될 집안의 불행을 지켜보고만 있을 수는 없는 노릇이었다. 이제 우리는 퐁티의 선택을 이해할 수 있을까? 내가 퐁티를 이해할 수 있다고 해서 라쿠엥이 그를 이해할 수 있다고 생각할 수는 없다. 반대로 보부아르처럼 나 또한 퐁티의 행동을 이해할 수 없다고 해서 라투엥 또한 이해할 수 없었을 것이라고 단정지을 수 없다. 사랑은 너무도 내밀한 두 사람 사이의 은밀한 감정일 뿐이며, 우리는 그저 안타깝게 바라볼 수 있을 뿐이다.

사실을 정리하자면, 두 사람은 원했던 결혼을 끝내 하지 못했고, 라쿠엥은 만 20세가 되던 1929년 어느 날 고열에 시달리다가 죽는다. 보부아르는 퐁티가 라쿠엥의 청혼을 받아들이지 않았기 때문에 라쿠엥이 죽었다고 생각했다. 그래서 보부아르는 오랜 세월 동안 퐁티를 미워했다. 퐁티와 사르트르의 의견이 대립할 때 보부아르가 그렇게 적극적으로 퐁티에게 적대적인 감정을 품은 이유의 저변에는 라쿠엥과의 일도 어느 정도 작용되었을 거라 생각한다.

보부아르의 오해가 풀린 것은 30년이 지난 후였다. 보부아르의 자전적 소설인 《처녀시절》이 출간된 후, 이 글을 읽은 자자의 여동생이 보부아르에게 퐁티가 라쿠엥을 얼마나 사랑했고 그가 얼마나 라쿠엥과 결혼하고 싶어 했는지 말해준다. 그럼에도 보부아르는 왜 어머니의 혼외 자식이란 사실이 세상에 부끄러운 일이 되어야 하는지 이해할 수 없었다. 퐁티는 사회적 관습에 의문을 더하지 않았고, 전통적 질서에 매우 쉽게 순응한 것으로 보였다. 보부아르에게 퐁티의 태도는 어찌 보면 매우 모순적으로 보일 수 있다. 퐁티는 자신의 어머니를 부끄러워했을 것이 틀림없고, 그래서 그 사실이 드러나는 것이 싫었을 것이다. 이는 어머니와 가족에 대한 사랑의 결과가 아니다. 오히려 그의 보수적인 가치관의 문제라고 보부아르는 판단했다. 라쿠엥이 심적 충격으로 인해 병을 앓게 되고 결과적으로 죽음에 이르렀다면, 엄밀히 말해 라쿠엥은 퐁티 때문에 죽은 것이 아니라 라쿠엥의 아버지 때문에 죽은 것이다. 보부아르는 퐁티가 죽은 후에야 이 사실을 알게 되었고, 오해로 빚어진 미움을 후회했다. 그러나 퐁티의 선택이 라쿠엥이 아니라 가족이었다는 사실 또한 부정할 수 없다. 보부아르의 오해는 풀렸지만, 퐁티의 태도는 여전히 실망스러운 것으로 남았다.

라쿠엥과의 사랑은 퐁티에게 오랫동안 충격으로 남았다. 앞서 이야기했듯이 그는《지각의 현상학》에서 여자의 실어증 사례를 표현의 거부로 인해 나타난 현상이라 설명한다. 표현을 멈춘다는 것은 더 이상 세계를 열지 않겠다는 말이다. 또한 표현을 멈춘다는 것은 더 이상 세상과 소통하지 않겠다는 말이다. 실어증에 걸린 여자는 남자에게도 부모에게도 이해받지 못하고 스스로 세상으로부터 문을 닫았다.

03 소소한 일상 속 관계들

퐁티는 부르주아의 일상을 즐겼고, 그러한 일상을 영위하는 데 따르는 쾌락을 즐겼다. 때때로 우연적인 사랑에 설레기도 했지만, 퐁티의 아내가 퐁티의 그러한 일탈을 제어했고, 퐁티 또한 아내의 행동을 크게 문제 삼지 않았다. 알려져 있는 소소한 연애 사건을 들자면 조지오웰이 사랑했던 소냐 브라우웰과의 짧은 연애가 있다. 1946년에 소냐는 문화평론지《호라이즌Horizon》에 실을 원고를 부탁하기 위해 퐁티를 처음 만났고, 1947년 깊은 관계를 시작하였다. 소냐는 오웰의 사랑을 거절하고 퐁티와 연애를 했지만, 결국 퐁티와 헤어진 후 오웰에게로 돌아간다. 1949년 10월 조지오웰과 소냐는 결혼한다.

실존철학자들의 아지트, Cafe de Flore

퐁티는 학자적 진지함을 가졌으면서도 당시의 유행을 따랐고, 춤추기를 즐겼을 뿐 아니라 최고의 댄서이기도 한 낭만적인 사람이었다. 그는 부기우기춤을 즐겼을 뿐 아니라 자이브나 스위같은 춤도 잘 추었다. 그는 옷을 잘 입었지만 결코 사치스럽지는 않았다. 전통을 중시하는 영국식 슈트는 퐁티가 가장 좋아하는 스타일이었다. 지식인의 놀이터였던 거리와 카페는 그의 일상을 담아내는 곳이기도 했다. 특히 그가 살았던 집 근처에 있는 생 제르맹 데 프레Saint-Germain-des Prés 거리의 카페에서 늦은 아침 커피를 마시는 일은 그의 큰 즐거움이었다. 또한 퐁티는 부지런하고 성실한 사람이었다. 그러나 아침에 일찍 일어나는 것을 매우 싫어했다고 한다.[19]

사르트르의 정열과 퐁티의 낭만 사이에서 보부아르가 선택한 것은 정열이었다. 퐁티의 낭만은 여자로서 그리고 작가이자 실존주의자로서 보부아르를 좌절시켰다. 퐁티는 사르트르나 보부아르와는 달리 가정적인 사람이었다. 그는 밤의 유흥을 즐겼지만 가족에 헌신하는 사람이었다. 그는 쉬잔느와 결혼하고 딸 마리안느를 낳았다. 마리안느에게 퐁티는 다정한 아버지였지만, 철학자 아버지를 둔 그녀는 유명인을 가족으로 둔 사람이 흔히 겪는 부담도 컸을 것이다. 퐁티의 삶은 그가 학문에서 찾고자 했던, 바로 그 구체적인 삶이었다. 이런 점에서 퐁티의 삶과 학문은 다르지 않다.

퐁티의 가족은 라캉의 가족과 친분이 있었다. 쉬잔느와 라캉 부인인 실비아 — 라캉과 결혼하기 전 바타유의 아내 — 와 매우 친했다. 그래서인지 라캉의 딸 쥐디스와 퐁티의 딸 마리안느 또한 가까운 사이로 지냈다. 퐁티와 라캉은 가족 간의 친분 외에 학문적인 만남도 이루어졌다. 퐁티는 소르본 대학에서 1949년에서 1952년까지 〈아동심리학과 교육학〉을 강의하면서 라캉의 거울단계 이론을 설명했다. 퐁티가 라캉의 '언어처럼 구조화된 무의식' 개념을 비판적으로 바라봤다면, 라캉은 《세미나 2》(1955)에서 퐁티가 도입한 게슈탈트 이론을 비판적으로 검토했다.[20] 퐁티는 언어가 비록 존재의 집일 수는 있으나 언어의 범주가

---

19 Sarah Bakewell, *At the Existentialist café*, pp. 237~238.

20 Guy-Félix Duportail, *Les institutions du la vie; merleau-Ponty et Lacan*, Millon, 2008,

모든 자리를 차지하는 것은 일종의 폭력에 속한다고 생각했다. 또한 퐁티는 라캉의 무의식 개념도 비판했다. 퐁티가 보기에 라캉의 무의식은 언어의 구조적 속성을 견지하기 때문에 자기의식과 사실상 구분되지 않는다. 퐁티는 의식이 의식으로서 가능하게 하는 것이 언어라고 보았다. 그러나 구체성의 철학을 회복하기 위해서는 언어 이전의 의미를 찾아야 한다고 보았던 것이다.

퐁티는《지각의 현상학》에서 언급한 '말없는 코기토'를《보이는 것과 보이지 않는 것》에서는 비판한다. 우리는 이를 주의 깊게 살펴볼 필요가 있다. 그는 왜 입장을 바꾸었는가? 그가 몸주체로서의 '말없는 코기토'를 버린 이유는 무엇일까? 말없는 코기토는 언어적 표현 이전의 것이지만, 언어를 매개로 할 수밖에 없다. 퐁티는 이 문제를 해결해야 했다. 그럼에도 '말없는 코기토'는 그의 철학적 사유에서 놓치기 힘든 점인 것만은 분명하다.

라캉이《세미나 11》을 강연하던 때 그의 미완성 유고집《보이는 것과 보이지 않는 것》이 출판되었다. 좀 더 구체적으로 말하자면 라캉과 퐁티가 만나는 지점은 라캉이 "타자의 타자는 없다고 선언하고 구조주의적 정신분석학에서의 균열과 충동의 실재를 발견"[21]할 때였다. 라캉은《세미나 11》의 두 번째 장인 〈대상 a로서의 응시에 관하여〉에서 의식이 무의식의 관점에서 어떻게 드러나는지를 이론화한다. 반면 퐁티는 현상학과 정신분석학이 의식의 표면 위에 드러난 것들, 예를 들면 명료한 언어로 대상을 규정하는 것이 아니라 대상이 자신을 드러내는 방식에서 보이지 않은 것들 또는 잠재적이거나 가능적인 것들을 의미

---

pp. 76~79.

21 라캉, 맹정현 역,《자크 라캉 세미나 11 - 정신분석의 4가지 근본 개념》, 새물결, 2008, p. 126.

있는 것으로 파악한다. 퐁티는 이 점에서 라캉과의 공통점을 찾는다. 즉 퐁티는 잠재적인 것을 향한다는 점에서 정신분석과 현상학 간의 동일성을 찾는 것이다. 두 사람의 학문적 행보가 이렇게 겹치는 이유는 그들이 공통된 시대 상황 속에서 공유된 삶의 기반에 있었기 때문이라 할 수 있다.

04 현상학을 접하다

퐁티와 그의 학문적 동지들은 거의 동시에 현상학을 접한다. 데카르트적인 반성철학에서 어떠한 해결점도 찾을 수 없었던 그들은 베르그송의 영향 아래 새로운 철학에 목말라하던 시점이었다. 후설의 현상학은 독일에서 프랑스로 점점 스며들었고, 현상학이 추구하는 방법론은 그들이 인식론적 물음에서 찾지 못했던 것들을 발견할 수 있는 가능성으로 다가왔다. 그런 점에서 볼 때 현상학은 시대적 요청인 셈이다.

현상학에 얽힌 일화로 1933년경에 있었던 칵테일 사건은 꽤 유명하다. 현상학은 후설 이래 하이데거, 사르트르와 퐁티로 그 계보를 이어왔지만, 퐁티와 사르트르보다 먼저 현상학을 접한 사람은 그들의 친구 레몽 아롱이었다. 아롱은 독일에서 공부하고 1933년에 파리로 돌아와 오랜만에 카페에서 친구들과 만났다. 그는 자신이 독일에서 연구했던 현상학을 사르트르와 보부아르에게 이야기했다. 아롱은 의기양양하게 그들 앞에 나온 살구 칵테일을 보고 "이봐 친구, 네가 현상학자라면 이 칵테일에 대해 말할 수 있고, 그것이 철학이 되겠지!"라고 말했다. 얼마나 강렬한 충격이었는지 사르트르는 이 일을 잊지 못했다. 그러나 사르트르가 후설을 접하게 된 과정에 관해서는 이 외에도 몇 가지 이야기가 전해진다.

칵테일 사건으로 불리는 아롱의 이야기는 보부아르가 그녀의 자서전《나이의 힘》(1960)에서 술회한 내용으로 많이 알려져 있다. 그녀에 따르면, 사르트르는 아롱의 이야기를 듣고 곧바로 생 미셸 대로의 서점으로 달려가 레비나스의《후설 현상학에서의 직관 이론》을 구입하여 보도 위에서 페이지를 잘라가며 읽었다고 한다.

아롱과 레비나스 책 이야기 다음으로 전해지는 이야기는 페르난도 제라시에 의한 것이다. 페르난도 제라시는 후설의 수업을 들었던 하이데거와 동기생이다. 그는 사르트르와 철학적 교류가 가능했던 대화상대자였다고 한다. 사르트르는 철학적 작업의 고충과 그가 철학에서 찾고 있는 것에 대해 그에게 털어놓았는데, 페르난도 제라시는 사르트르가 찾고자 하는 것이 후설이 하고 있는 철학적 작업임을 알려주었다. 그렇다고 하더라도 우리에게 보다 직접적이고 생생한 사건으로 전해지는 이야기는 보부아르의 소설을 통해 전해지는 살구 칵테일 사건이다. 현상학은 사르트르뿐 아니라 당시의 지식인들이 찾고자 했던 철학적 문제를 해결할 수 있는 방법론이었던 것이다.[22]

그러나 좀 의아한 사실은 후설은 1929년에 소르본 대학에서 강연을 하였는데, 사르트르는 왜 그때 후설을 만나지 못하였을까? 이에 대해 우리는 대략적인 추측이 가능하다. 후설의 강연 소식을 사르트르가 알았더라도 그가 후설의 철학적 사유를 자신의 철학적 사유로 연결시키지 못했을 수 있다. 이로 인해 후설의 방문은 그에게 그다지 큰 의미로 다가오지 않았을지도 모른다.

아롱의 들뜬 목소리와 사르트르의 당혹스러운 표정, 그리고 찾고자 했던 것을 발견한 사르트르의 기쁨 등이 보부아르의 글 속에서 고

22 베르나르 앙리 레비, 변광배 지음,《사르트르 평전》, 을유문화사, 2010, 229~230쪽 참조.

스란히 표현되고 있다. 아롱은 사르트르에게 그들이 공부해왔던 전통 철학이 해소하지 못했던 문제가 현상학에 있음을 열정적인 목소리로 말했다. 사르트르는 현상학을 하이데거의 저서를 통해서 접하긴 했으나 하이데거의 개념으로는 현상학적 방법이 무엇을 향하는지를 좀처럼 이해하기 어려웠다. 그러나 아롱이 해준 이야기를 듣고 현상학이 추상적 기호로 가득 찬 세계에 생명을 불어넣을 수 있음을 직관적으로 알게 되었다. 그리고 사르트르는 현상학을 공부하기 위해 베를린으로 떠났다.

그런데 그 자리에 없었던 퐁티는 어떻게 현상학을 만났을까? 퐁티는 사르트르 덕분에 현상학을 알게 되었다고 말하지만, 사르트르가 칵테일 사건 이후 독일로 건너가 현상학을 공부하고 있을 때 이미 퐁티도 프랑스에서 현상학을 공부하고 있었다고 말한다. 사실 퐁티는 1929년, 파리 소르본 대학에서 열린 후설의 강연을 들은 적이 있었고 그 강연의 영향을 받고 있었다. 새로운 학문에 대한 열망은 퐁티뿐 아니라 당시의 지식인 대부분의 것이었다. 그리고 현상학은 그들이 찾던 바로 그 학문이었다.

당시 프랑스의 학문은 데카르트적 반성철학과 베르그송의 실증주의적 영향 아래에 있었다. 베르그송의 철학은 형이상학이자 구체성의 철학이었다. 프랑스에 수입된 현상학은 베르그송의 영향 아래 다양한 방식으로 수용되었다. 프랑스의 지식인들은 베르그송의 철학적 방식 안에서 현상학이 제시하는 문제들을 해결하려 했다. 또는 베르그송을 넘어서려는 경향을 띠었다. 프랑스의 학문적 경향이 실증적이었던 것은 베르그송의 영향 때문이다.

2. 2차 세계대전 발발과 반파시스트 투쟁기

01 전쟁, 새로운 사회와 혁명

근대를 혁명기로 이끈 지식인들은 낭만주의자들이었다.[23] 그들은 과거를 비판적으로 바라보기를 멈추지 않았고, 미래에 대한 꿈을 가지고 그 꿈을 현실로 만들기 위해 노력한 사람들이었다. 퐁티 또한 낭만주의자였다. 그는 학문이 구체적인 삶과 괴리되어서는 안 된다고 생각했기 때문에 학문을 정치의 장으로 옮기기를 서슴지 않았다.[24] 그러나 그의 낭만은 오래 가지 않았다. 사르트르와 시작하였던 새로운 세상에 대한 꿈은 사르트르와 결별하면서 사라진 셈이다. 그러나 퐁티는 사르트르와는 다른 꿈을 새롭게 꾸기 시작한다. 그의 학문적 관심은 더욱더 구체적인 삶으로 향했고 그곳에서 삶의 신비를 발견한다.

1930년대, 현상학을 접한 퐁티는 1940년대에 이르러 자신의 철학을 현상학적 방법으로 완성한다. 퐁티의 학문적 전성기는 그의 생의 전성기로 볼 수 있다. 퐁티는 1944년과 1945년까지 프랑스 점령군, 즉 독일에 대항한 레지스탕스 운동에 가담했다. 그리고 이 와중에《행동의 구조*La Structure du comportement*》(1942)와《지각의 현상학》을 저술하고 이 두 저서로 박사학위를 받았다. 이러한 사실은 그의 삶이 학문과 얼마나 밀접하게 맞닿아 있는지를 보여준다.

특히 퐁티는《지각의 현상학》의 제3부〈대자존재와 세계-에로-존재〉에서 개인이 어떻게 사회에 관여하는지 잘 드러내고 있다. 게다가

23 정명환, 장 프랑수아 시리넬레, 변광배, 유기환,〈사르트르와 메를로-퐁티의 이념 논쟁과 한국전쟁〉,《프랑스 지식인들과 한국전쟁》, 민음사, 2004, pp. 103~105 참조.

24 퐁티는 소용돌이의 시대 속에서 사르트르와 함께 혁명을 꿈꾸었다. 사르트르는《존재와 무》를 썼는데, 퐁티의《지각의 현상학》은 사르트르의《존재와 무》로 학문적 논의를 이어갔다.

3부에서는 대자존재로서의 코기토를 새롭게 해석한다. 대자존재는 타자문제와 긴밀하게 연결될 수밖에 없다. 그러므로 코기토는 결코 유아론에 머물러서는 안 된다. 코기토는 사유하는 자아가 아니라 행위하는 자아, 달리 말하자면 몸적 존재corporal being이다. 퐁티에 따르면 인간은 몸 없이 존재할 수 없다. 몸은 사유와 마찬가지로 늘 움직인다. 가만히 잠들어 있다고 해도 그 몸은 어떤 식으로든 운동을 한다. 움직이는 몸인 나는 타인과 대상, 그리고 세계와 끊임없이 관계를 맺는다. 퐁티는 인간 존재를 세계-에로-존재être-au-monde[25]로 구조화하는데, 이렇게 구조화된 관계 속에서 지향성을 가진 주체인 몸으로서의 인간과 인간의 자유를 문제 삼는다. 퐁티에게 자유는 전통철학에서 줄곧 말하는 자유로운 영혼을 말하는 것이 아니다. 그러한 자유는 존재하지 않는다. 오히려 자유는 내가 사는 이곳, 이 사회, 이 세계를 조건으로 하는 자유이다. 퐁티는 전후시대의 혼란과 새로운 이념의 등장, 지식인들이 사회주의에 매료되고 세상이 새롭게 질서지어지면 안 되는 상황 속에 있었다. 퐁티의 초기 현상학[26]은 이처럼 정치적이고 사회적인 상황 속에서 전개된다. 퐁티와 사르트르는 철학적으로는 후설 현상학의 영향 아래에 있었다. 그리고 사상적으로는 마르크스 사상의 영향을 받고 있었다. 특히 알렉상드르 코제브와 장 이폴리트가 소개한 헤겔의 철학과 마르크스 사상을 받아들였다. 이는 프랑스 학문의 특징이기도 했다.

그의 철학은 구체적 삶을 지향하고 있었던 탓에 그가 정치적 상황에

---

25 세계-에로-존재는 개인이 타인, 세계와의 관계를 통해서 드러날 수밖에 없음을 보여주는 개념이다. 우리는 이에 대해서 2부에서 좀 더 자세히 논할 것이다.

26 후설이 근대를 진단했듯이 근대철학은 유아론에 봉착함으로써 세계와 단절되고 타인과 소통이 불가능함을 확인했다. 그뿐만 아니라 근대 사회는 인간 스스로 소외를 겪는 현상을 경험한다. 이런 시대 상황 속에서 등장한 현상학은 학문의 위기와 삶의 위기라는 문제의식 속에서 발생한 사상운동이며, 퐁티는 이러한 현상학적 방법을 적극적으로 계승, 보완한다.

관심을 둔 것은 너무나 자연스러운 일이었다. 어찌 보면 인간의 삶에서 정치를 제외하고 말할 수 있는 것은 그다지 많지 않다. 인간과 삶에 관심을 두면 당연히 어떻게 하면 행복하게 살 수 있을 것인가의 문제에 관심을 둘 것이며, 인간이 사회적 존재임을 부정하지 않는 한에서 정치적 문제는 가장 실천적이고 생동적인 영역에 속할 것이다. 그가 정치 문제에 직접 개입한 것은 독일 나치즘에 대항하기 위해 비밀단체를 결성하면서부터다. 그는 "우리는 전쟁을 통해 역사를 배웠다. 그것을 잊지 말아야 한다"[27]고 말하고 있음에 비추어본다면, 전쟁을 치르면서 퐁티는 인간의 삶에 더욱 밀착할 수 있었고, 그래서 다양한 관점에서 문제들을 살펴볼 수 있었을 것이다. 정치에 무관심했던 퐁티를 전쟁이 바꾸어놓았던 것이다. 사르트르와 재회한 것도 한창 제2차 세계대전의 소용돌이 속에 있던 때였다. 그들은 졸업 후 각자의 길을 가면서도 현상학에 대해 관심이 있었고, 실존적 문제에 대해 고민하고 있었다. 그들은 다른 곳에서 같은 관심 속에 있었던 것이다. 이렇게 그들은 각자의 삶을 충실히 살다가 1941년에 파리에서 재회했다.

전쟁이 일어나자 퐁티는 육군 장교로 사르트르는 이등병으로 종군하였다. 그러나 프랑스는 나치에 점령되었고, 그 후 사르트르와 재회한 퐁티는 프랑스 지식인들과 함께 '사회주의와 자유Socialisme et Liberté'(1941)라는 비밀단체를 결성하여 독일 파시즘에 대항했다. 이처럼 전쟁은 그들이 정치와 사회, 역사적 문제에 깊이 관여하게 했다. 이들을 자극했던 사상은 마르크스주의였다. 당시 프랑스 지식인들 사이에서 마르크스주의는 애국의 한 방편이기도 했다. 그들이 보기에 마르크스주의는 변화하는 세계에 어울리는 새로운 이데올로기였고, 그 마르크

27 메를로-퐁티, 〈2차대전에 대하여〉, 《의미와 무의미》, p. 208.

스주의를 실천하는 것이 지식인의 책무라고 여겨졌다. 퐁티와 사르트르는 이 시기를 그들이 서로 온 정열을 쏟아 가장 순수하게 우정을 나눈 시기로 기억한다. 그리고 이 우정은 '사회주의와 자유' 단체가 실패한 후에도 계속 이어진다.

비밀단체가 해체되고 퐁티와 사르트르는 정치 행보의 방향을 바꿀 수밖에 없었지만, 멈추지 않았다. 소설가이자 철학자인 사르트르는 실천의 영역에서 문학을 통한 '저항'으로 사회에 참여하였다. 그는 1943년 〈파리 떼〉를 상연하였고, 퐁티는 이 작품의 상연을 적극적으로 도왔다. 그러나 개별 연구나 작품 활동으로는 한계가 있음을 느낀 그들은 새로운 방법을 모색하였다. 그들이 선택한 것은 《현대》지(1945)였다. 글이 가진 힘을 이용하려는 것이 가장 큰 이유였다. 그들은 이 잡지를 통해 전쟁이 끝난 후 프랑스의 정신적 재건을 위한 이념을 제공하자는 것에 목적을 두었다. 전쟁은 인간이 겪는 수없이 많은 일 중 가장 끔찍한 고통을 남긴다. 전쟁을 통해 우리는 인간 존재에 대해서 다시 묻는다. 어쩌면 이와 같은 물음이 인간에 대한 전통적인 규정을 해체하고 새롭게 인간을 이해하려는 시도로 나아가게 했을 것이다.

철학자이기보다 작가로 더 많이 알려진 사르트르는 작품 활동으로 자신의 철학과 정치적인 관점을 표현했고, 퐁티는 철학자로서 자신의 세계를 펼쳐내었다. 전통적인 철학은 구체적 삶의 영역에서 한 발 떨어져서 삶을 관조하고자 했다. 다시 말해 철학이라는 학문의 영역은 그것의 기반이 구체적 삶에 있다고 하더라도 철저히 사유 과정 속에서 전개되기 때문에 삶에 직접적인 효용을 갖고 있지는 않다. 그러나 철학의 문제들은 인간의 삶에 관한 본질적 문제들이며, 이 문제들은 어떤 특정한 시대 상황 속에서 그 구체성을 드러낸다. 현상학자로서 퐁티는 철학을 구체적 삶에서 절대 떼어놓지 않았다. 모든 문제의식은 어떤 특별한 사회적 이슈가 될 만한 일들이 발발했을 때 더 명료해진다. 비록 그 문제의식들이 철학자들의 고독한 사유를 통해 해결의 길을 찾아간다고 할지라도, 그 문제들이 빛을 발하는 것은 현실 속에서다. 그래서일까? 사르트르는 자신이 퐁티와 가까워질 수 있었던 것은 '전쟁' 때문일 것이라고 밝히고 있다.

마르크스주의는 소외당하는 이들의 이름이었다. 지식인들은 아무도 소외당하지 않는 삶을 소망했고, 인간의 자유는 바로 이러한 소망 속에 실현되어야 했다. 그러한 삶이 가능한 곳이 바로 유토피아였다. 다시 말해 누구나 자신의 목소리를 내고 그 목소리를 들을 준비가 된 사람들이 사는 곳, 이곳이 자유를 꿈꾸는 사람들의 유토피아이다. 마르크스주의는 유토피아를 꿈꿀 가능성을 주었다. 그래서 마르크스주의자들은 개인과 사회, 그리고 나라를 사랑하고 평화를 생각하는 자들로 평가받았다. 그뿐만 아니라 프랑스의 지식인들은 마르크스주의가 나치에 대항하여 최선의 정치 체제를 건설할 수 있는 희망처럼 여겨졌다. 그런 점에서 마르크스주의자들은 불의한 삶에 저항하는 용기 있는 자들이다. 퐁티를 비롯한 프랑스인들은 전통의 고통과 그로 인한 불안감을 마르크스주의에 기대하면서 해소하려 하였고, 실제로 마르크스주의에 근거한 새로운 사회를 만들어낼 수 있을 것이라 기대했다. 게다가 프랑스인들에게 혁명은 그리 낯설지 않았다. 그들이 목소리를 과감하게 낼 수 있었던 것은 근대 프랑스 혁명의 역사 전통이 있었기 때문이다. 전쟁이 끝나고 프랑스가 독일의 점령에서 해방되었을 때, 많은 프랑스 작가와 사상가들은 스스로 왜소해지거나, 외부로부터 비판을 받았지만, 사르트르는 오히려 적극적으로 정치적 입장을 견지하면서 그들과는 전혀 다른 모습을 보여주었다. 반면에 퐁티는 사르트르와는 조금 다른 모습으로 사르트르와 함께 프랑스의 지식인으로서 참여하였다. 그의 행보는 조심스럽고 진지했다.

퐁티는 철학자다운 면모를 가지고 있다. 그는 끊임없이 묻는다. 우리는 왜 혁명을 하는가? 왜 투쟁을 하는가? 투쟁은 누구를 위해서 하는가? 혹시 우리는 그 누구를 잊은 것은 아닌가? 퐁티는 이런 물음들을 통해 혁명의 필연성을 발견한다. 혁명은 사회를 변혁하기 위한 필수 조건이다. 레닌은 현실 상황에서 혁명보다 더 중요한 것은 없다고 말한다. 혁명은 어떤 대가를 치르더라도 지켜야 하는 것이다. 때때로 폭동은 혁명을 이끌어내기도 한다. 아쉽게도 레닌은 유토피아를 실현할 기회를 잡았으나 결국 성공하지 못했다. 퐁티는 왜 그렇게 되었는지에 대해 깊이 통찰한 후 역사의 필연성보다는 가능적 상태에 주목하라고 주장한다. 퐁티가 볼 때 레닌의 태도는 상당히 기회주의적이다. 그럼에도 퐁티는 레닌을 가장 뛰어난 마르크스주의자로 평가한다. 레닌은 자신의 결정에 오류와 일탈이 있을 수 있음을, 그리고 혼돈의 가능성이 있음을 알고 있기 때문이다. 그럼에도 "결정적인 순간이 도래했을 때, 그는 자신이 객관적인 역사 속에서 사유하고 읽은 것을 채택하여 사건의 과정에서 실행으로 옮긴다."[28]

퐁티는 혁명을 자생적으로 일어난 사건 과정이 예비한 하나의 현실로 파악한다. 그에 따르면 혁명은 무엇이 일어났는지 가장 잘 인식하게 해주는 완성된 개념이다. 만일 한 마르크스주의자가 당원들 앞에서 무언가를 주장한다고 하자. 그런데 아무도 그 마르크스주의자의 주장을 옹호하거나 추정해주지 않는다면, 그 이유는 무엇일까? 바로 그 마르크스주의자가 주장하는 바와 문제를 해결하고자 하는 방법들이 미숙하거나 역사적인 오류를 범하고 있기 때문이다. 퐁티의 말을 그대로 빌리자

28 메를로-퐁티, 〈진실을 위하여〉, 《의미와 무의미》, p. 229.

면 "그것은 혁명의 주체인 당과 인민의 요청을 반영하지 못하고 있기 때문이다."[29]

혁명이 존재하지 않게 되는 것은 모두 자신이 한 말을 책임지지 않고, 소통하지 않으려 하기 때문이다. 그들은 귀머거리가 된 것이다. 퐁티는 전쟁과 사회적 혼란이 지식인을 진보주의자 또는 사회주의자로 자처하게 한다고 말한다. 더욱이 보수주의자도 자신을 사회주의자라고 말한다. 사회적 혼란을 틈타 권력을 잡게 되는 이들이 누구든, 그들은 새로운 권력자의 면모를 보인다는 것이다. 이들이 혁명의 기치로 내세운 모든 것은 사라진다.

퐁티에 따르면 이미 유능한 정치가가 되어버린 옛 혁명가는 '혁명'을 미래의 일로 남겨둔다. 성공한 혁명은 아직 도달하지 않은 혁명이 되어버린 탓이며, 사실상 절대 도달하지 않게 될 것이다. 퐁티는 다음과 같이 말한다.

> 마르크스주의 정치가가 어떤 보편 진리나 도덕성을 자명한 것으로 가정한다는 것은 불성실하다. 왜냐하면 마르크스주의란 하나의 혁명이론이며, 프롤레타리아의 편에 서서 자본주의 세계를 반대하며, 우리로 하여금 양자 간의 선택을 취하게끔 하기 때문이다.
>
> 〈진실을 위하여〉, 《의미와 무의미》, 219쪽.

퐁티는 공산주의와 사회주의를 가려내지 못하는 현실을 프랑스가 당면한 심각한 사회적 문제 중 하나라고 보았다. 이는 프랑스 사회에서 개별성이 사라졌으며 소통이 불가능해졌고 다양성이 더는 존재하

---

29 메를로-퐁티, 〈믿음과 성실〉, 《의미와 무의미》, p. 248.

지 않는다는 것을 의미한다. 그렇다면 자유 또한 없다. 퐁티에 따르면 공산주의와 사회주의는 분명 구별되어야 한다. 예를 들어 공산주의는 혁명을 통해 국가를 구성하려 한다. 그러나 사회주의는 이러한 목적을 드러내지 않는다. 그래서 오히려 반대 세력에 봉사하게 된다. 이런 면에서 사회주의는 스스로 기만적이고, 그렇기 때문에 사회주의의 도덕성은 가치를 상실한다. 사랑과 평화, 그리고 자유! 이렇게 아름다운 말을 누가 부정할 것인가? 그러나 이 말은 인간을 미혹시킨다. 퐁티에 따르면 마르크스주의는 사회주의가 부르짖는 추상적 가치의 유혹에 넘어가지 않는다. 다시 말해 가치와 도덕성을 잃지 않는다. 오히려 그것을 실제적인 것으로 실현시킨다.

넓은 의미에서 볼 때 이성의 정치politique de la raison는 객관적 정치이며 오성의 정치politique de l'entendement는 주관의 정치로 표현될 수 있다.[30] 이성의 정치는 총체적 역사성과 관련된다. 근대적 합리주의자는 이성이 역사적 과정을 통해 발전한다고 생각한다. 그래서 이성의 정치는 매우 낙관적이다. 조금만 참고 견디면 행복과 기쁨의 날이 올 것이기 때문에 미래의 행복을 위해 현재의 고통을 감수하지 않으면 안 된다고 속삭인다. 이성의 정치는 객관과 보편 속에 구체적이고 개별적인 삶을 희생시킨다. 반면에 오성의 정치는 개인의 특수한 삶에 가치를 둔다. 그래서 한 사람 한 사람의 실제 행동에 주목한다. 언제나 현실 문제에 충실하고 미래를 위해 현재를 희생시키지 않는다. 이성의 정치와 비교할 때, 오성의 정치는 오히려 현재를 위해 미래를 희생시킨다. 정치 상황은 이 모든 상황을 포괄하지 않으면 안 된다. 퐁티는 폭력 문제와 마찬가지로 혁명에서도 모스크바 재판을 중요한 계기로 생각한다.

30 메를로-퐁티, 《휴머니즘과 폭력》, 문학과 지성사, 2004, pp. 147~148.

왜냐하면 그 재판은 혁명을 흉내 낸 자들이 혁명의 모양새를 갖추려 한 재판이었기 때문이다.

02 《현대》지 창간과 《지각의 현상학》

앞서 퐁티와 사르트르가 정치적인 노선을 함께 하다가 1945년에 《현대》지를 창간하였음을 이야기하였다. 그 해에 퐁티는 《지각현상학》을 완성하였다. 《현대》지의 제목은 찰리 채플린의 영화 〈모던 타임스Modern Times〉에서 힌트를 얻었다.[31] 우리의 삶이 효율성이라는 이름 아래 획일적인 컨베이어벨트 위에 얹히는 것에 대한 노골적인 거부를 잡지명으로 표현한 것이리라. 찰리 채플린이 나사를 조이는 영화의 한 장면은 말 이상의 것을 우리에게 보여준다. 우리는 잡지명을 통해 《현대》지의 정치적 지향도 짐작할 수 있다.

찰리 채플린, 〈모던 타임스〉

퐁티와 사르트르, 보부아르 외에 잡지 창간에 함께했던 이들은 레

31 베르나르 앙리 레비, 《사르트르 평전》, 역주 7번 참조.

몽 아롱, 미셸 레리스, 알베르 올리비에, 장 폴랑 등이다. 카뮈는 잡지 창간을 함께 논의했지만 이미 잡지 《전투Combat》에 소속되어 있어 함께 참여할 수 없었고, 말로는 제안을 거절했다.[32] 대신 카뮈는 정치기자인 올리비에를 추천하였다. 올리비에는 《전투》와 《현대》지의 상징적 매개가 되었다.

퐁티와 사르트르는 학문적으로도, 정치적으로도 뜻을 함께했다. 《현대》지를 창간했던 그해에 퐁티는 리옹 대학에 철학교수로 채용되어 1945년에서 1948년까지 철학 강의를 했다. 1949년에서 1952년에 걸쳐서는 소르본 대학의 교수로서 아동심리학과 교육학을 가르쳤다. 이 시기는 퐁티에게 정치 활동뿐 아니라 철학 분야에서도 절정기에 있었다. 퐁티는 1952년에서 1961년 사망 당시까지 콜레주 드 프랑스 학장 교수로 강의하였다.

두 사람은 같은 문제의식을 공유했지만, 각자성을 지닌 개별적 존재였다. 잡지를 창간하던 당시 퐁티는 사르트르보다 공산당에 가까웠고 좌파적 성향을 띠고 있었다. 그들이 지적인 교류를 하고 정치 문제들을 공유했다고 하더라도, 한 사람은 사르트르였고 또 한 사람은 퐁티였던 것이다. 사르트르는 퐁티를 위한 추도사에서 퐁티와의 거리를 "같은 리듬으로 그러나 서로 떨어져서"[33]라고 고백했다.

제2차 세계대전을 겪으면서 사르트르는 아나키스트적인 개인주의로부터 '전향conversion'했고, 퐁티 또한 전쟁을 통해 역사를 새롭게 이해하기 시작했다. 이들과 마찬가지로 초창기 《현대》지 회원들은 한데 어울리지 않는 사람들이었다. 아롱과 퐁티, 사르트르는 고등사범학교

---

32 윤정임, 〈사르트르와 메를로-퐁티 - 《현대Les Temps Modernes》지를 중심으로〉, 《인문과학》 제98집, 2013, p. 119 참조.

33 장 폴 사르트르, 《시대의 초상 - 사르트르가 만난 전환기의 사람들》, p. 228.

동기이긴 했지만, 그들은 분명한 차이를 가지고 있었다. 더욱이 앞서 살펴보았듯이 아롱은 우파적 성향이 강한 탓에 《현대》지가 창간된 이듬해에 《현대》지를 떠난다. 당시의 상황을 보부아르는 다음과 같이 회고하고 있다.

> 우리가 단죄하는 체제들이나 사상들, 사람들에 대항하여 우리는 영원히 동지로 남기로 약속했다. 이제 새롭게 시작하는 미래를 건설하는 일이 우리에게 남겨졌으며, 우리는 아마도 정치적으로, 특히 지적인 측면에서 미래의 건설에 참여할 것이다. 즉 우리는 전후에 적합한 이데올로기를 제공해야 한다는 입장에 있었다. 이에 대해 우리는 구체적인 계획들을 가지고 있었다. … 카뮈, 메를로-퐁티, 사르트르 그리고 나[보부아르], 우리는 한 팀을 이루어 무엇인가를 하기로 했다. 사르트르는 우리가 함께 이끌어갈 잡지를 창간할 결심을 했다.[34]

《현대》지는 우선적으로 지식인의 사회참여를 목적으로 한다. 두 번째로 지식인들의 모습에서 나타는 모순들, 즉 이분법적 사유의 틀 속에서 세계를 바라보는 태도를 극복하기 위해 특정한 이념과 정치적 입장을 갖지 않는 것을 목표로 한다. 그러나 그렇다고 해서 그들이 정치적 지향점을 드러내지 않은 것은 아니다. 《현대》지 참여자들이 그들의 정치적 이념과 차이를 두드러지게 나타낸 시기는 한국전쟁 이후, 1953년 퐁티의 사임 이후다. 1953년 이후 《현대》지는 사르트르가 주도해 공산주의와 구소련의 사회주의를 적극 지지하게 된다.

《현대》지를 창간할 당시만 하더라도 퐁티는 사르트르보다 더 높은

34 윤정임, 위의 논문, p. 118 재인용.

정치적 안목을 가지고 있었다. 사르트르는 공산주의 지식인들에게 호감을 느끼지 못하고 있던 상태였다. 그는 자신보다 정치 세계에서 방향을 더 잘 잡고 있는 퐁티를 신뢰하고 있었다. 사르트르는 추도사에서 퐁티가 자신의 안내자였다고 회고하고 있다. 특히 퐁티의《휴머니즘과 폭력》은 사르트르의 정치적 견해를 확고하게 해주는 계기가 되었다. 그는 퐁티를 통해 정치적 세계 그리고 마르크시즘에 다가갔다. 퐁티의 인내력은 사르트르를 이끌기에 충분했고, 퐁티는 사르트르의 실존주의와 마르크시즘을 연결하려 시도했다. 또한 마르크시즘으로부터 공격받는 사르트르를 옹호하는 데 주저하지 않았다. 사르트르는 퐁티가 자신을 개종시키고, 각성시킨 정치철학자였다고 회고한다.[35]

그러나 한편으로 사르트르는 퐁티에게 서운한 감정을 숨기지 않는다. 사르트르는 "잡지표지에서 편집위원의 이름을 빼고 내 이름 옆에 그[퐁티]의 이름을 함께 올리자고 제안했다. 그는 단호히 거절했다"[36]고 밝히고 있다. 퐁티가《현대》에서 정치 분야를 담당하면서 사르트르 자신과 공동편집자로 있었기 때문에 여러 차례 이와 같이 요구했지만 퐁티는 번번히 거절했다. 사르트르의 요청은 자연스러웠지만 퐁티의 거절은 이해되기 어려웠다. 퐁티는 아마 자신과 사르트르가 동류가 아니었음을 직감했을 것이고, 사르트르는 억지스럽게 자신과 동류임을 확인하고 싶었을지도 모르겠다. 사르트르에게 퐁티의 행위는 '책임'을 회피하는 행동으로 보이지 않을 수 없었다. 어쩌면 미래의 결별이, 스스로도 알지 못하는 사이에 이미 준비되어 있었을지도 모를 일이다. 안타깝게도 이 일에 대해서 사르트르는 퐁티가 자신을 믿지 못했을지도 모른다고 생각했다.

---

35 장 폴 사르트르,《시대의 초상》, pp. 249~252 참조.
36 같은 책, p. 245.

사르트르는 1948년 '민주혁명연합 R.D.R: Rassemblement Démocratique et Révolutionnaire'이라는 단체를 결성하였다. 두 사람의 입장은 거기서도 달랐다. 그러나 아이러니한 사실은 이 단체와 관련하여 이 두 사람에 대한 마르크스주의자들의 평가다. 사르트르는 민주혁명연합에 적극적으로 참여하였다. 그러나 민주혁명연합의 주도자들은 오히려 사르트르를 비난하고 나섰다. 그 이유는 사르트르가 취한 제3의 입장 때문이라고 추정할 수 있다. 제3의 입장이란 자유주의와 사회주의 모두를 취한 입장이었다. 그래서 그는 양 진영으로부터 공격을 받았다. 비록 그렇다고 해도 사르트르가 마르크스주의자인 것만은 분명하다. 다만 그는 미국과 소련이라는 거대한 제국주의의 영향 아래에서 벗어나 자유로운 마르크스주의자이기를 원했다. 전쟁 후의 프랑스 사회의 분위기는 사회주의국가들을 파시즘과 같은 맥락에서 파악하고 있었다. 반면에 퐁티는 민주혁명연합에 거의 참석하지 않았다. 그는《현대》지를 총괄적으로 지휘하는 데 온 힘을 쏟고 있었다. 그럼에도 퐁티와 마르크스주의자들의 관계는 대부분 원만했다. 그의 '진보적 폭력'이라는 개념이 마르크스주의자들에게 비판받긴 했지만, 그들이 사르트르를 대하듯이 적대적이지는 않았다.

사르트르는 퐁티가 민주혁명연합에 소극적인 태도를 취한 이유를《현대》지가 RDR의 기관지가 될 것을 우려했기 때문이라고 말한다. 게다가 퐁티가 RDR에 가입한 것은 사르트르가 보기에 순전히 자신과의 관계 때문이라고 해석했다.[37] 어찌되었건 RDR에서 한 활동은 실패에 가까웠다. 이들과 가장 가까웠던 보부아르는 퐁티와 사르트르의 정치적 입장을 지켜보면서, 지식인들이 이념적 입장을 선택하는 일이 매우

37 위의 책, pp. 257~259 참조.

어려운 일일 뿐 아니라, '불가능한 일'이라고 표현한다.[38] 퐁티는 중립적인 태도를 견지해왔지만, 1950년 1월호《현대》지에 실린 〈소련과 수용소〉라는 글에서는 강제포로수용소의 존재가 일시적인 행사에 불과하다고 말함으로써 자신의 정치적 입장을 분명하게 표명한다.

어찌 되었건 표면적으로는, 사르트르와 퐁티 모두 "적극적인 정치는 더는 하지 않을 것이고, 오로지 잡지만 내자고"[39] 합의한다. 그러나 사르트르는 좌파의 입장을 견지하다가 1952년에는 뒤클로J. Duclos 체포사건을 계기로 급진좌파가 되었다. 그는 이 사건에 분노하여 '반공산주의는 개다'라고 말하기까지 했다. 특히 1952년 5월 나토NATO 사령관이었던 아이젠하워Eisenhower 장군의 후임으로 오게 된 리지웨이 장군이 한국전쟁에서 세균성 무기를 사용하려 했기 때문에, 공산당은 그를 공격하려 했다. 정치적 입장에서 차이를 보이던 퐁티가《현대》를 떠나 공산주의에서 비공산주의로 전향했지만, 그렇다고 그가 미국을 옹호했던 것은 아니다. 그는 공산주의에 걸었던 기대를 포기했을 뿐이다. 퐁티가 보기에 미국과 소련은 그저 약탈강국에 지나지 않았다.

03 희망의 이면, 진보적 폭력의 모습

《현대》지를 창간하던 당시《현대》의 철학자들 가운데 퐁티가 좌파의 가장 극단에 위치했고 그다음이 사르트르, 카뮈 순서였다. 프랑스 지식인들이 마르크스주의에 걸었던 기대는 나치에 대항한다는 의미도 있었지만, 새로운 이념을 통해 새로운 세계를 건설하고자 하는 욕망도 있었

38 정명환 그 외 3명,《프랑스 지식인들과 한국전쟁》, 119쪽 참조.
39 장 폴 사르트르,《시대의 초상》, p. 260.

다. 더욱이 이를 통해 프랑스라는 나라를 재건하고자 하는 욕구가 강했다. 그러나 프랑스 내부에서 야기되는 정치 문제와 대립이 몇몇 계기로 인해 밖으로 표출되면서 프랑스 지식인들은 점점 회의적인 태도를 가지게 되었다. 특히 한국전쟁 이후, 이들의 정치적인 입장에는 변화가 찾아온다.

마르크스주의에 대한 퐁티의 기대는 한국전쟁으로 인해 산산이 깨져버렸다. 한국전쟁에서 미국과 소련의 대립은 현실화되었고, 자본주의와 공산주의의 대립은 극단으로 치달았다. 한국전쟁은 그동안 우유부단한 태도와 애매모호한 태도를 취했던 사람들이 자신의 입장을 확인하게 하는 계기가 되었다.

한국전쟁이 일어나기 전, 대부분의 프랑스 지식인은 좌파에 속했다. 그 와중에 아롱은 우파에 속했는데 좌파들 틈 속에서 우파로 자리를 지킨다는 것은 특별한 이유나 확고한 신념 없이는 힘들었을 것이다. 아롱이 우파에 섰던 것은 한국전쟁의 발발 원인이 소련에 있다고 생각했기 때문이다. 아롱은 소련이 전쟁을 주도했을 뿐 아니라 침략함으로써 도덕성을 상실했다고 보았다. 반면 미국이 한국전쟁 참전을 결정해 당시 NATO를 건설 중이던 서유럽을 보호하려 했다고 보면서 미국을 지지했다. 한국전쟁은 이러한 아롱의 입장을 더욱 강화시켰다.

프랑스의 지식인들은 마르크스주의에서 새로운 희망을 찾았지만, 어디든 그늘은 있기 마련이다. 퐁티가 진보적 폭력이라고 말한 것은 이 때문일 것이다. 특히 혁명의 과정에서 오는 숙청épuration과 관련된 여러 양상은 희망의 '이면'이라 할 것이다. 우리는 그 이면을 쾨슬러[40]의 《정

40 쾨슬러는 헝가리 부다페스트 출생으로 빈 대학교를 졸업한 후 독일, 영국 등지에서 언론인으로 활동했다. 그는 1931년에 독일공산당에 입당했다가 1938년 모스크바 대숙청을 계기로 공산당을 탈당했다. 1940년에 영국으로 망명한 후, 그는 공산주의를 비판하는 좌파 지식인으로서 소설《한낮의 어둠》(1940), 논문 선집《구도자와 인민 위원》(1942), 자서전《보이지 않는

오의 어둠*Darkness at noon*》(1940)에 나타난 폭력의 모습에서 찾는다.

쾨슬러는《정오의 어둠》에서 모스크바의 숙청 사건, 즉 부하린의 정치 재판과 숙청을 모델로 '공산주의의 폭력 문제'를 다룬다. 당시 소련 지도자들은 이 소설의 주인공인 구 볼셰비키 당원 루바초프Roubashof[41]를 재판에 세웠다. 그의 죄목은 국가 전복과 국가 원수 살해 기도이다. 그는 결국 처형을 당한다. 쾨슬러는 실제로 공산당에 가입했다가 반공산주의자로 전향한 자신의 이야기를 루바초프라는 인물에 투영시켜 펼쳐냈다. 소설의 루바초프는 죽었지만, 쾨슬러는 살아남았다. 그러나 숙청으로 그는 친구들을 잃었다. 쾨슬러는 자신의 경험을 소설로 형상화하여 공산주의가 행하는 정치적 숙청이 과연 정당한 일인지 묻는다. 아무리 목적이 정당하더라도 그 수단에 문제가 있다면 그것은 잘못된 것이다. 그러므로 혁명을 위해 폭력이 불가피하다고 하더라도 그것이 정당화될 수 없다. 1945년에는 이 소설이 프랑스에서《영화 무한》이라는 제목으로 번역되어 나왔다.

퐁티는 1946년 10월과 11월, 1947년 1월《현대》지에 쾨슬러를 비판하는 글을 싣는다. 1946년에 수록된 글은〈요가 수행자와 프롤레타리아Le Yogi et prolétariat〉이다. 이 글에〈트로츠키와 이성주의〉가 추가되어 1947년《휴머니즘과 폭력》으로 출간된다. 이 책에서 퐁티는 폭력의 문제를 다음과 같이 제기한다.

> 우리는 부하린Bukharin이 실제로 조직적인 반대를 지도했는지 나이

글》(1954) 등을 집필했다. 쾨슬러의 생애와 정치 평론에 관해서는 김대영,《정치 평론과 민주적 공론장: 쾨슬러, 오웰, 리프만에 관한 비교연구》, 서울대학교 대학원 박사논문, 2002, pp. 11~17 참조.

41 사회주의 혁명 운동에 헌신적으로 참여했으나, 1930년대 스탈린의 대숙청 때 희생되는 구 볼셰비키 지도자로 그려진다.

든 볼셰비키들의 처단이 국가적 안보에 불가피한 것이었는지를 알아보려는 것이 아니다. 요컨대 우리의 목적은 1937년의 재판을 다시 재연하는 데 있지 않다. 그보다는 쾨슬러가 루바쵸프Rubashov를 이해하려고 했던 것처럼 부하린을 이해하는 데 있다. 왜냐하면 부하린의 재판은, 그가 자기 자신에게 폭력을 행사하고 자신의 유죄 근거를 말한다는 점에서, 공산주의에서의 폭력의 이론과 실천을 보여주고 있기 때문이다. 따라서 우리는 상투적인 그의 언어의 이면에서 그가 실제로 생각한 것이 무엇이었는지 밝혀보고자 한다. 그런데 쾨슬러의 해명은 우리에게 불충분해 보인다.

《휴머니즘과 폭력》, 16~17쪽.

퐁티는 쾨슬러를 비판하면서 독일에 협력한 이들의 행위는 자유로운 선택으로 존중받을 수 없다고 말한다. 오히려 그들은 국가를 배반한 자들이기 때문에 처벌되는 것이 사회적 정의라는 것이다.[42] 처벌하지 않을 경우 국가의 권위는 바로 세워지지 않을 뿐 아니라, 전쟁에서 희생된 이들에 대한 도덕적 의무를 저버리지 않기 위해서도 처벌은 행해져야 한다. 그러나 재판과 숙청은 그 과정이 반복되면서 유죄와 무죄의 원칙을 분명하게 할 수 없었던 탓에 많은 문제가 발생했다.[43] 퐁티가 폭력에 대해 진보적이라고 덧붙이는 것은 이 때문이다. 그에 따르면 폭력은 정치적 상황 속에서 개입되지 않을 수 없다.

퐁티는 이러한 폭력이 자유민주주의 국가에서도 마찬가지로 일어난다는 사실을 주지시키며, 오히려 자유민주주의 국가들은 "자유주의의 원칙 아래 그러한 사실을 숨김으로써 자유주의적 가치들의 '신비화'

42 정명환 외 3인, 〈사르트르와 메를로-퐁티의 이념 논쟁과 한국전쟁〉, p. 101.
43 같은 책, p. 99.

가 이루어진다"[44]고 쾨슬러의 비판에 문제를 제기한다. 퐁티는 구소련의 강제포로수용소의 존재에 관한 정보를 접하면서도 강제수용소는 어쩔 수 없는 일, 즉 필요악이라는 입장을 취했다. 그리고 퐁티는 이러한 입장에 근거하여 마르크스주의를 해석한다.

쾨슬러 소설에 대한 퐁티의 비판은 퐁티와 카뮈 사이에 거대한 균열과 다툼을 초래하게 된다. 카뮈는 퐁티의 태도에 무척 화를 냈다. 결국 카뮈와 퐁티는 치고받고 싸울 지경까지 갔고 그 자리에 함께 있던 사르트르가 이 둘을 뜯어말려야만 했다. 사르트르는 화를 이기지 못해 나가버린 카뮈를 뒤쫓아가서 퐁티와 화해를 시키려 했지만 아무 소용이 없었다.[45] 《정오의 어둠》을 쓴 쾨슬러는 카뮈의 이념적 동조자였다. 당시 사르트르는 자유주의와 마르크스주의 사이에서 중립적인 태도를 보이고 있었다. 그런데도 그들의 우정은 지속되었다. 이들이 처했던 문제들은 전쟁 후 일어날 수 있는 당연한 것들이었다.

거슬러 올라가 그들의 우정이 시작된 지점을 확인해보자. 카뮈와 사르트르는 카뮈가 1942년《이방인》을 출간한 이후에 긴밀한 관계가 되었다. 2차 세계대전이 끝난 후 대독협력자들의 숙청 문제를 둘러싸고 둘 사이의 의견이 갈렸다. 당시 카뮈는 레지스탕스에 적극적으로 동참했었지만, 사르트르보다 이 문제에 단호하지 못한 태도를 보였다. 사실 카뮈는 1934년에 알제리에서 공산당에 입당한 적이 있었다. 카뮈는 퐁티나 사르트르보다 먼저 공산당에 입문한 셈이다. 그러나 프랑스 공산당P.C.F: parti communiste français의 꼭두각시에 지나지 않던 알제리 공산당과 당시 프랑스의 식민지로서 식민주의로부터 해방을 주장하던 알제리 민족주의 정당인 민중당 사이에 대립이 심화되던 와중에 카뮈는 공산

44 정명환 외 3인, 〈사르트르와 메를로-퐁티의 이념 논쟁과 한국전쟁〉, p. 108.
45 장 폴 사르트르, 《시대의 초상》, p. 259 참조.

당의 노선과 갈등을 빚었고, 공산당 조직의 폐쇄성과 경직성에 실망한 나머지 1937년에 공산당과 결별하고 말았다.

퐁티와 격렬하게 다툰 후, 카뮈는 사르트르와도 치열한 정치 논쟁을 벌이게 된다. 이 역시 한국전쟁이 계기가 되었다. 이 시기에 카뮈는 《반항적 인간》(1951)을 집필하였는데, 이 책으로 인해 논쟁의 불길이 치솟았다. 그러나 그 촉발제는 다른 데 있었다. 사르트르의 제자인 프랑시스 장송이 1952년《현대》지 5월호에 〈알베르 카뮈 혹은 반항의 영혼〉이라는 제목의 글로 반론을 제기하였는데, 이것이 사르트르와 카뮈의 논쟁을 불러일으키는 촉발제가 되었다. 카뮈의《반항적 인간》은 그의 사회 정치사상과 부조리, 반항 등 그의 철학사상을 다루고 있다. 특히 부조리의 문제는 그의 실존주의적 경향을 잘 보여주는 개념이다. 카뮈는 인간과 세계 사이의 문제를 다루고 있었지, 어느 한쪽의 진영에서 있고자 하지 않았다. 한국전쟁 이후 프랑스의 정치적 화두는 '스탈린'이었다. 카뮈는 한국전쟁에 직접적인 관심을 가진 것은 아니었지만, 스탈린주의 체제가 가진 문제점들에 대해서 비판적이었다. 카뮈는 한국전쟁이 일어났을 때도 난처함을 느꼈지만 그다지 심각하지 않았고, 휴전소식을 들었을 때에도 "아주 걱정스럽다. 하지만 세계대전으로 번지지는 않을 것이다"[46]라고 표현했다.

소련의 제국주의가 나치와 다르지 않다는 생각을 가지고 있던 카뮈는 1946년 미국 여행을 하면서 미국에 대해 우호적인 태도를 지니게 되었다. 아롱은《지식인의 아편》이라는 글에서 사르트르와 카뮈는 공산주의자도 나토 지지자도 아니었지만, 사르트르는 유럽진영을 규탄하였고, 카뮈는 양 진영을 모두 규탄하였다고 밝히고 있다. 사르트르가

[46] 올리비에 토드, 김진식 옮김, 《카뮈: 부조리와 반항의 정신》, 책세상, 2000, p. 867.

카뮈의 태도를 못마땅하게 생각한 이유는 카뮈가 알제리 문제와 한국전쟁의 문제에 대한 반응에 일관성이 없다고 생각했기 때문이다. 그러나 카뮈가 한국전쟁에 대해 무심했던 것은 한국전쟁에 대해 잘 알지 못했기 때문이었다.

쾨슬러의 《정오의 어둠》이 프랑스 정치사에서 중요한 지점을 차지하는 것은 "독일에 협력했던 자들의 숙청"[47]이 지식인들 사이에서 중요한 문제로 등장했기 때문이다. 프랑스의 마르크스주의자들과 지식인들의 숙청에 대한 태도는 약간의 차이를 나타낸다. 마르크스주의자들에게 숙청은 그들의 권력유지를 위해 필수적인 일이었지만, 지식인들은 전범으로 독일에 협력한 자들에 대한 재판과 숙청 과정에서 각각 대립적인 태도를 취한다. 예를 들어 사르트르, 퐁티, 보부아르는 카뮈와 함께 중립적인 태도를 가지고 있었다. 독일에 협력했던 자들의 숙청은 필요에 따라 행해질 수 있지만, 그것은 법률의 테두리 안에서 행해져야 한다고 생각했다. 그러나 기독교주의자를 대표하는 모리악은 독일에 협력한 사람들의 죄를 인정하지만 국민적 대통합을 위해 관용을 베풀어야 한다고 주장했다.

그 대표적인 사례가 로베르 브라지야크Robert Brasillach와 부하린의 재판과 숙청이다. 로베르 브라지야크는 1937년부터 1943년까지 독일에 우호적이고 협력적인 잡지 《나는 도처에 있다》의 편집장이었다. 그는 독일 나치의 정신을 프랑스가 받아들여야 한다고 선언했다. 그리하여 독일에 저항하는 지식인들을 공격했다. 브라지야크는 사형을 선고받았는데, 모리악은 드골[48]에게 브라지야크에게 관용을 베풀어달라는 탄원서를 제출했다. 카뮈는 처음에는 반대했으나 나중에는 탄원서에

47 정명환 외 3인, 〈사르트르와 메를로-퐁티의 이념논쟁과 한국전쟁〉, p. 99.
48 당시 임시정부의 수반으로서 사면권을 행사할 수 있었다.

서명한다. 그러나 퐁티와 사르트르 그리고 보부아르와 지드는 서명을 거절했다. 극명한 정치적 입장을 드러낸 카뮈는 퐁티, 사르트르와 정치 논쟁을 벌이다 결국 그들과 결별한다.

근대는 모든 것을 이분법적 구조 속에서 대립시켰다. 그 논리는 너무나 명확하고 단순해서 진리처럼 보였다. 자연과 인간, 이성과 감성, 남자와 여자, 공산주의와 자유주의, 흑과 백, 그리고 적과 친구, 그 외에는 존재하지 않았다. 존재할 수 없는 것은 제거되거나 억지로 어느 한쪽에 편입되어야 했다. 그러니 공산주의를 논할 때도 거짓과 진리의 대립이 등장하기 마련이다.

《정오의 어둠》은 폭력의 문제에 관한 한, 분명 어떤 딜레마를 갖는다. 폭력은 처음부터 존재했다. 그러니 공산주의는 폭력을 만들어낸 것이 아니라 폭력을 찾아낸 것이었다. 폭력이 인정될 수 있는가, 인정되지 않는가는 문제의 핵심이 아니다. 오히려 폭력은 사라질 수 있는가에 대한 물음을 숙고하는 것이 중요하다. 우리는 폭력을 제거할 수 있을까? 전적으로 선한 것, 전적으로 악한 것은 없다. 언제나 상황의 논리 속에서 판단되어야 한다. 그때에서야 비로소 그것이 무엇인지 알게 된다.[49]

퐁티에 따르면 모든 판단은 상황을 벗어나면 오해가 일어날 수밖에 없다. 마르크스주의자들과 숙청, 그리고 그에 따른 폭력을 이해하려면, "혁명적 분위기Stimmung" 속에 모스크바 재판을 보지 않으면 도무지 이해할 수 없다. 퐁티에게 폭력은 어느 정도 정당화되었고, 그것은 '진보적 폭력'으로 불리었다.

그러나 퐁티의 관심은 폭력이 정당한지 그렇지 않은지에 있는 것이

49 메를로-퐁티, 《휴머니즘과 폭력》, p. 49.

아니라, '혁명'의 가능성 여부에 있다. 퐁티는 '공산주의가 행하는 폭력은 혁명적일 수 있는가?'라는 문제에 집중했다. 만약 공산주의자들의 혁명이 성공하여 계급 없는 사회가 만들어진다면, 그래서 모든 착취와 전쟁이 사라진다면, 공산주의를 거부할 이유가 없다. 문제는 공산주의가 정말로 그러한 일을 할 수 있는가이다. 우리는 좀 더 구체적으로 물어야 할 것 같다. 레닌 시절의 폭력과 전쟁 후의 폭력은 동일한 의미를 가지고 있는가? 자유주의에도 폭력은 있다. 그렇다면 폭력은 어떤 의미를 지니는가?

퐁티는 자유주의가 본질적으로 폭력적임을 주장한다. 그는 "자유주의 이념들은 이상의 삶과 역사 속에서 볼 때, 이런 폭력들과 공동체를 이루고 있다."[50]고 말한다. 자유주의자들에게서 자유는 이념적으로 응고되어 있다. 그래서 자유는 "폭력의 '의례적인 보완물'"[51]이 된다. 퐁티는 개념적 '자유'로 공산주의를 논해서는 안 된다고 주장한다. 어떻게 보면 모든 법은 폭력이다. 왜냐하면 법은 일종의 제한이기 때문이다. 그것은 우리에게 주어진 조건이기 때문이다. 만일 법이 필요 없어도 우리 사회가 존속될 수 있다면, 아마도 그 조건을 선택할 것이다. 아나키스트들은 어쩌면 그런 사회를 꿈꾸었을지도 모르겠다. 그러나 그런 사회는 우리를 또 다른 폭력 속에 놓이게 한다. 우리는 조건 없는 삶을 꿈꿀 수 없다. 적어도 몸을 가지고 있는 한에서는 그러하다. 그러니 모든 법이 폭력이라고 주장하는 말을 '모든 폭력은 정당하다'고 말하는 것으로 받아들여서는 안 된다.[52]

여기에서 우리는 자유주의 폭력과 공산주의 폭력의 단적인 차이를

50 위의 책, p. 15.
51 같은 책, p. 24.
52 같은 책, p. 36.

발견한다. 이 차이란 '은폐되어 있는가' 혹은 '그렇지 않은가'이다. 은폐한다는 것은 폭력을 제어하지 않겠다는 의미이며, 드러낸다는 것은 폭력을 추방하겠다는 의지다. 마르크스주의자들은 폭력을 드러냈기 때문에 진보적 폭력이다. 폭력을 바라볼 때는 폭력이 행해지는 현장에 주목해야 한다. 그 현장의 현상을 잘 살펴본 후 문제의 본질에 접근해야 한다. 현장이란 상황을 의미한다. 하나의 사건이 나타난 시공간적 배경이 현장이다. 즉 현장은 현상적 사실이다. 나타난 사실은 맥락 또는 배경이라고 불리는 상황 속에서 드러나기 때문이다. 우리는 이와 같은 실례를 자주 발견할 수 있다. 그러니 중요한 것은 폭력의 수용 여부가 아니다. 폭력은 어떤 상황에서든 나타난다. 억압에 대한 분노도 때로는 폭력적이다. 분노는 자유인 존재가 자유를 억압당하는 상황에서 자연스러운 일이다. 그러한 분노조차 하지 못하게 하는 것은 진보적 폭력에 대한 폭력이다. 중요한 것은 그 폭력이 스스로 제거될 수 있는 것인가 하는 것이다. 폭력이 은폐된다면, 우리는 그 폭력에서 결코 자유로울 수 없다. 민주주의가 자유주의 원리의 가면을 쓸 때, 그 사회는 온갖 "술책과 폭력, 선전, 그리고 원칙 없는 정치 현실주의"[53]의 모습을 하게 된다. 오히려 법과 자유가 소외된 자의 편에서 가진 자의 억압을 막는 힘이 되는 것이 아니라, 소외된 자를 억압하는 절대 권력이 된다.

사실상 우리가 인간의 조건을 말할 때, 폭력은 그 조건이 된다. 퐁티에게서 자유란 조건 지어진 자유라는 것을 생각할 때, 우리는 퐁티가 말하고자 하는 폭력이 무엇인지 가늠할 수 있다. 퐁티에게 폭력은 인간이 몸적 존재이기 때문에 발생하는 것으로[54], 경우에 따라서는 폭력적

53 위의 책. p. 14.

54 퐁티에 따르면 세계-에로-존재인 나는 몸 자신이다. 나는 사유하는 존재가 아니라 행위하

상황을 받아들이는 수밖에 없다. 다만 이 폭력이 어떻게 제어되는가 또는 제거되는가 하는 점이 문제가 된다. 몸이 없다면 인간이 타인과 관계 맺을 수도 없을 것이다. 타인과의 관계, 세계와의 관계, 또는 몸 자신인 나와의 관계가 바로 폭력의 씨앗이 되며, 그것을 근절할 수 없는 가능적 근거가 된다.[55]

그렇다면 어떻게 폭력을 제거하거나 지양할 수 있는가? 퐁티는 대화와 소통을 통해 가능하다고 본다. 대화를 통한 소통은 사유함이 아니라 행위이다. 이 말의 의미를 생각해본다면, 사실상 폭력 자체는 제거될 수 없다. 우리가 정치적인 선택을 할 때, 그 토대는 몸적 행위와 그와 관련된 폭력에 있다. 퐁티가 마르크스주의를 지지한 것은 마르크스주의를 유토피아로 생각해서가 아니다. 퐁티가 보기에 적어도 마르크스는 스스로 야만적으로 치닫지 않으려고 시도했다. 폭력에 대한 퐁티의 견해는 사르트르와 다르지 않다. 사르트르는 자신이 퐁티의《휴머니즘과 폭력》에 빚지고 있음을 밝혔다. 사르트르는 1946년 11월 1일에 UNESCO 창립을 기념하기 위해 소르본의 한 강연에서 다음과 같이 말했다.

> 작가는 폭력을 선험적으로 비난해서는 안 된다. 오히려 그것을 수단으로 생각하면서 그러한 수단의 범주 내에서 비난을 가해야 한다. 특히 중요한 것은 폭력을 일반적이고도 추상적으로 비난하는 것이 아니라 각

는 존재이며, 이는 내가 몸인 까닭이다. 그런데 내가 몸을 가졌다는 것은 내가 세계라는 한계를 가졌다는 말이 된다. 그러나 이 한계는 나의 선택지이자 자유이다. 몸은 나를 조건으로부터 벗어나지 못하게 한다. 그러니 그 조건은 마치 외부에서 오는 폭력처럼 여겨져 견디기 힘들 수도 있다. 그럼에도 우리는 내가 몸 자신임을 거부할 수 없다. 그러니 퐁티에게 있어서 퐁티는 부정할 수 없는 사실이 된다. 앞서도 말했지만, 세계-에로-존재에 대해서는 2부에서 구체적으로 다룰 것이다.

55 정화열,《몸의 정치학》, 박현모 옮김, 민음사, 1999, p. 82 참조.

각의 경우에 있어서 필수 불가결한 폭력을 최소화하도록 노력해야 한다는 것이다. 오늘날에는 폭력 없이는 아무것도 할 수 없으며, 모든 것이 폭력이다. 따라서 문제는 모든 폭력을 비난하는 것이 아니라 무용한 폭력을 비난하는 일이다.[56]

이념은 현실적 문제에 부딪혀서 지식인들 사이에 분열을 초래했다. 그 대표적인 예가 바로 우리가 살펴보았던 사르트르와 퐁티 대 카뮈, 아롱, 쾨슬러의 대립이다. 우리는 언제나 선택을 강요당하고 있다. 지식인들은 자신의 선택에 대해 해명할 의무를 지닌다. 해명은 새로운 선택을 위한 계기가 된다.[57]

근대 이후 세계는 더욱 세분화되었고, 공적인 영역과 사적인 영역 사이의 경계가 모호해지면서 경제적인 영역은 더 이상 사적인 영역에 머무르지 않고, 사적인 영역은 더 내밀한 곳으로 숨어 들어갔다. 따라서 모든 것은 새롭게 구조화될 필요가 있었다. 정치적인 문제가 전체 국가적인 문제와 관련된 것이라면, 사회적인 문제는 사람들 사이의 문제다. 그러므로 사회적인 문제는 정치적인 문제보다 사실상 그 영역이 무한히 넓은 편이다.

04 진실 혹은 거짓, 퇴색되는 마르크스주의

퐁티는 〈진실을 위하여〉(1946)에서 전쟁의 잔혹함과 전쟁에 의해 발생하는 도덕적이고 정치적인 문제를 검토한다. 전쟁이 일어나고 사회가 혼란스러울 때 지식인들은 자신의 목소리를 내는 것을 주저하지 않는

56 정명환 외 3인, 〈사르트르와 메를로-퐁티의 이념 논쟁과 한국전쟁〉, p. 114 재인용.
57 메를로-퐁티, 《휴머니즘과 폭력》, p. 29.

다. 국가는 무엇이고 어떠해야 하는가. 지식인들의 목소리는 이들이 지고 있는 사회적 책무이기도 하다. 그러나 아쉽게도 시간이 지나면서 지식인들은 그 책무를 잊고 '실리'를 찾는다. 그들이 외치는 평화와 자유, 정의와 사랑에는 진실이 없다. 아니 그토록 아름다운 말들은 진실을 감추기 위한 치장이 되어버린다. 이와 같은 현상에 대해 퐁티는 "경건한 체하고 교묘히 환심을 사는 말투 — 발자크의 《전나무숲》과 스탕달의 《수도원》의 어투 — 가 실제로 팽배해 있다"[58]고 말한다.

공산주의자들은 전쟁을 겪었던 사람들의 불안 심리와 전쟁의 주범이라 할 수 있는 독일에 대한 적대적인 감정을 이용하여 대중을 자신의 세력으로 끌어들였다.[59] 프랑스 국민들은 공산주의와 공산당에 지나친 기대를 품었지만, 프랑스 공산당은 프랑스 국민의 기대를 채워주지 못했다. 게다가 프랑스 공산당 스스로 내부적인 혼란을 겪었고 그에 따라 공산당은 점차 그 세력을 잃어갔다. 공산당은 구소련이 보여주는 폭력성 때문에 점점 더 정당성을 잃어간 반면, 상대적으로 2차 세계대전의 종결에 결정적인 영향력을 발휘했던 미국이 세계에 미치는 영향력은 더 커져갔다. 결국 프랑스 지식인들은 마르크스주의가 꿈꾸는 사회의 실현 가능성을 의심했을 뿐 아니라, 구소련의 숨겨진 폭력에 대해 알게 되면서, 반공산주의로 돌아서기 시작했다.[60] 그럼에도 퐁티와 사르트르는 여전히 공산주의에 호의적이었다. 이와 같은 사회적이고 정치적인 현상들은 쾨슬러의 작품 《정오의 어둠》에서 잘 표현되어 있다. 퐁티의 《휴머니즘과 폭력》(1947)은 《정오의 어둠》에서 공산당이 보여주는 폭

---

58 메를로-퐁티, 〈진실을 위하여〉, 《의미와 무의미》, p. 213.

59 적어도 두 가지 측면에서 그러했다. 하나는 공산주의가 나치점령과 이에 대한 저항 운동에서 최선의 정치 체제를 건설할 수 있는 희망이자 해결책이었던 점이며, 다른 하나는 공산주의자들이 자신들의 기관지를 통해서, 반공산주의자가 파시즘과 연계되었다고 선전했다는 점이다.

60 위의 책, 〈사르트르와 메를로-퐁티의 이념 논쟁과 한국전쟁〉, p. 106.

력의 정당성을 다음과 같이 옹호하고 있다.

> 공산주의는 종종 모순되어 보이는 대립항 사이에서 논의된다. 기만(혹은 술책)의 사용과 진리의 존중, 폭력의 행사와 법의 존중, 선전과 양심 등, 간단히 말해서 정치 현실주의와 자유주의적 가치들의 대립항 사이에서 공산주의는 논의되어 왔다. 이에 대해 공산주의자들은 다음과 같이 반박한다. 자유주의 원리의 가면을 쓴 민주주의 사회야말로 술책과 폭력, 선전, 그리고 원칙 없는 정치 현실주의를 사실상 국제 정치 혹은 식민지 정치에서 실제로 구사하고 있으며, 이것은 국내 정치에서도 다를 바 없다는 것이다. 법과 자유의 존중은 미국에서 경찰에 의한 파업 진압을 정당화하는 데 사용되고 있다.[61]
>
> 《휴머니즘과 폭력》, 14쪽

중요한 것은 머릿속에 든 것이 아니다. 오히려 행위에 있다. 행위 없는 원칙은 있으나 마나 한 것이다. 그러니 이미 '하려고 했어'라든가, '그것은 이미 정해진 원칙이야'라고 말하는 것은 사실상 의미가 없다. 오히려 그렇게 말하는 것은 비난거리에 불과하다. 그러므로 우리가 "한 사회를 이해하고 판단하기 위해서는 그 사회의 기본구조와 함께 그 사회를 구성하고 있는 인간관계를 꿰뚫고 있어야 한다. 그리고 이 관계는 말할 것도 없이 법적인 관계뿐만 아니라 노동의 형태와 사랑하고 살아가며 또 죽는 방식까지를 포괄하는 것이다."[62]

1949년, 퐁티는 구소련에 강제포로수용소가 존재한다는 정보를 듣고 이 문제를 《현대》지에서 다루었다. 앞서 말했듯이 퐁티는 이 문제를

---

61 메를로-퐁티, 《휴머니즘과 폭력》, p. 14.
62 같은 책, p. 15.

심각하게 여겼으면서도 여전히 구소련의 행위를 이해하는 입장에 서려고 노력하였다. 그러나 이 노력은 그저 노력일 뿐 퐁티는 이 사실로 크나큰 실망을 한다. 사르트르가 퐁티를 파리에서 만났을 때 그의 표정에서 냉담함과 어두움을 보았다. 게다가 퐁티의 아내는 몇몇 지인의 말을 사르트르에게 전해주었다. 러시아 기병대가 프랑스의 국경을 넘을 때 퐁티와 사르트르에게 자살할 것을 요구했다는 것이다.[63] 냉전 상태에서 어느 한쪽을 지지하고 선택하는 일은 정치와 도덕성이라는 관계와 맞물려 복잡하고 어려운 상황에 직면케 했다.

> 잡지의 다소 비밀스러운 성격이 얼마간의 유예를 보장해주었지만 우선 우리의 정치적 입장이 차츰 도덕주의로 변형될 위험이 있었다. 우리는 결코 아름다운 영혼의 수준으로 내려가지는 않았지만 선한 감정들이 우리 주변에 무르익었고 그러는 동안 원고는 차츰 희귀해졌다. 우리는 빠르게 패망하고 있었고 사람들은 더 이상 우리 잡지에 글을 내고 싶어하지 않았다.[64]

퐁티는 점차 정치에 환멸을 느끼고 학문 세계로 도피했다. 퐁티는 이미 학계에서 인정받는 철학자이자 대학교수였다는 점에서 그의 정치 이탈은 자연스러운 일이었는지도 모른다. 여하튼 그의 글은 매우 신중했다. 그가 신중성을 가질 수밖에 없는 것은 그가 학계에 속해 있기 때문이었고 학계에서 쏟아질 비판을 방어하려 했기 때문일 것이다. 그러나 사르트르는 퐁티와 달리 제도에서 벗어나 있는 자유인이었다. 그렇다고 우리는 퐁티가 자유인이 아니라고 말하려는 것이 아니다. 그는 자

63 장 폴 사르트르, 《시대의 초상》, p. 275.
64 같은 책, p. 275.

신이 속해 있는 신분이나 시대를 벗어난 자유를 말할 수 없다고 보았다. 그는 자신이 중산층임을 충분히 즐겼고 자신의 학자적 신분 또한 충분히 누렸다. 그리고 그 안에서 퐁티는 자신이 해야 할 바를 확인하고 행동하는 사람이었다. 어떤 면에서 보자면, 사르트르의 급진적인 성격과 대비해 퐁티의 진중한 성격은 이러한 지향적 관계 속에서 본질의 구조가 드러나는 방식에 더 민감하게 반응한 탓일 것이다.

3. 한국전쟁과 메를로-퐁티의 전향

01 한국전쟁의 의미

한국전쟁이 북한의 선제공격으로 일어났다는 사실을 접하게 된 퐁티는 많은 혼란을 겪는다. 공산주의에 대한 그의 신뢰에 심각한 손상을 입었던 것이다. 퐁티는 한국전쟁 이후 한국전쟁뿐 아니라 모든 정치적인 문제에 어떤 의견도 표명하지 않을 것이라고 선언한다. 퐁티에게서 한국전쟁은 정치에 대한 환멸을 느끼게 된 계기가 되었다. 사르트르와의 갈등도 한국전쟁에서 시작되었다. 사르트르는 여전히 공산주의를 옹호했지만, 퐁티는 공산주의에 대해 회의가 들기 시작했다. 퐁티에게 한국전쟁은 가면을 벗은 구소련의 실체를 보게 된 사건이었고, 사르트르에게는 제국주의가 도발한 전쟁이었다. 사르트르가 보기에 퐁티는 제국주의가 한국인들에게 주는 고통을 너무 가볍게 생각했다.[65] 사르트르가 퐁티를 통해 공산주의로 개종했다면 퐁티는 한국전쟁 때문에 비非공산

65 위의 책, p. 284 참조.

주의로 개종한 셈이다.[66]

1941년 독일에 반항하는 '사회주의와 자유'라는 비밀단체를 결성한 이후 1950년대 초까지 지속되었던 그들의 10여 년간의 우정은 점점 끝나가고 있었다. 한국전쟁에서 북한과 남한 중 어느 쪽이 먼저 침략했는가의 문제는 퐁티와 사르트르뿐 아니라 프랑스 지식인 사이에서 논쟁거리였다. 이와 같은 국제적 정세는《현대》지에서도 논란이 되었다. 퐁티는 자신의 입장을 비공산주의로 규정한다.[67] 퐁티가 죽은 후 사르트르는 그를 다음과 같이 회상하고 있다.

> 하지만 메를로의 목소리는 어두워졌다. 그는 냉담하게 말했고, 거세게 분노하지도 않았으며 생기도 거의 없었다. 마치 우리 모두의 공통된 병이던 영혼의 무기력의 최초 증상들을 느끼고 있는 것 같았다. 1945년의 글들을 다시 읽고 비교해보면 그의 실망과 희망이 얼마나 마모되었는지 알 수 있다. 1945년에 그는 말했다. "우리는 환상 없이 공산당의 정치를 하고 있다." 1950년의 글에서는 "우리는 공산주의와 동일한 가치들을 갖고 있다"고 했다. 그리고 이 순수하게 정신적 관계의 미약함을 좀 더 잘 보여주려는 듯이 "공산주의자들은 가치들을 갖고 있지 않다고 말할 것이다 … 그들은 자신들도 모르게 가치들을 가지고 있다." 그들과 일치하는 일은, 그들이 거부할 것을 알면서도 우리의 금언들을 나누어 주는 일이다. 정치적 일치는 더 이상 문제조차 아니었다. 1945년, 그는 프롤레타리아의 부활을 침해할 위험이 있는 온갖 사유와 행동을 스스로 금했다. 1950년에 그는 오직 소련에서의 억압만을 공격하는 일은 거부했다. 도처의 억압을 고발하든지 아니면 어디서도 하지 말든지 하라는

66 같은 책, p. 284 참조.

67 정명환 외 3인, 〈사르트르와 메를로-퐁티의 이념 논쟁과 한국전쟁〉, p. 125 각주 참조.

> 것이었다. 1945년의 소련이 그에게 '모호하게' 보였기 때문이다 … 이 무렵에 메를로는 선택의 기로에 서 있었던 듯 하고 선택하는 일에 여전히 염증을 느꼈던 것 같다.[68]

사르트르와 퐁티 사이에서 조율해야 할 내용은《현대》지의 정치 기사의 방향을 정하는 문제였다. 한국전쟁에서 구소련이 취한 입장을 이해하는 것은 퐁티의 입장에서 매우 중요한 일이었다. 만일에 구소련이 개입되었다면 퐁티의 정치적 신념에 타격이 오기 때문이다. 그래서 퐁티는 침묵을 선택했다.[69] 퐁티는 구소련의 스탈린 체제를 의심하였다. 구소련이 북한의 남침을 막을 수 있었거나 적어도 전쟁을 방치하지 않도록 할 수 있었는데, 그러지 않았다고 생각했다. 그리고 퐁티는 스탈린 체제에 대해 비판하기 시작했고, 구소련도 미국처럼 제국주의적인 모습을 지닌다고 생각했다. 이에 반해 사르트르는 퐁티만큼 스탈린 체제를 나쁘게 생각하지 않았다. 사르트르는 공산주의자는 아니었지만, 스탈린 체제를 옹호하는 프랑스 공산당의 입장을 많이 수긍했다. 사르트르는 구소련보다는 미국이 제국주의의 모습을 보인다고 비판하고, 미국의 군대와 미국의 사주를 받은 남한 군대의 도발에 북한이 함정에 빠져 남침했다고 비판한다.

사르트르는 북한이 침입했다고 믿는 프랑스 공산당에게 불편한 심기를 비치며, 1950년 12월에 85회 창간을 맞이한 미국의《더 네이션 The Nation》지에 확고한 자신의 입장을 밝히고 있다.[70] 그러나 퐁티는 남한을 침공한 스탈린에게 실망하여 등을 돌리게 된다. 퐁티는 한국전

68 장 폴 사르트르,《시대의 초상》, p. 263~264.
69 같은 책, p. 127~128.
70 같은 책, p. 132.

쟁을 계기로 비공산주의로 전향한 셈이다. 그러나 앞서 언급했듯이 퐁티가 비공산주의자가 되었다고 해서 반대편에 있는 미국 측을 선택한 것은 아니다. 다만 소련이 미국과 다르지 않다고 판단한 것이다. 이후 퐁티는 현실정치를 외면하였고, 사르트르는 퐁티와 반대로 훨씬 더 격렬하게 참여한다. 그러나 사르트르와 퐁티는 1952년, 그들 사이의 관계가 완전히 파국을 맞게 될 때까지《현대》지를 맡아 계속해서 협력 관계를 유지하게 된다.

02 앙리 마르탱 사건과 〈공산주의자들과 평화〉

사르트르는《앙리 마르탱 사건*Henri Martain*》이라는 책을 쓰면서 더욱 적극적으로 공산당과 밀접한 관계를 맺는다. 그는 PCF를 중심으로 좌파를 통일해야 한다고 판단했다.

앙리 마르탱은 인도차이나 전쟁에 대한 항명으로 군법회의에 회부된다. 사르트르는 앙리 마르탱을 석방시키기 위해 프랑스 공산당과 적극적으로 공조한다. 1952년 사르트르는 〈공산주의자들과 평화〉를 집필하고 공산당에 대한 지지를 호소한다. 사르트르는 이 글을 퐁티의 동의 없이《현대》지에 실었고, 이 일에 대해 퐁티의 제자인 클로드 르포르가 격렬하게 반대하였다. 르포르는 반대 기사를 실었고 사르트르는 그에 대한 비난 기사를 실었다. 퐁티는 침묵을 지켰다. 사르트르는 1952년에 발표한 〈공산주의자들과 평화〉라는 글에서 다음과 같이 명시한다.

> 이 글의 목적은 분명히 한정된 주제들에 관하여 내가 공산주의자들에 찬동한다는 점을 선언하기 위한 것이다. 단 이는 내 원칙에 입각한

추론에 기반을 둔 것이지 그들의 원칙에 따른 것이 아니다.[71]

1952년에 사르트르가 쓴 〈공산주의자들과 평화〉라는 글은 퐁티가 1947년《휴머니즘과 폭력》에서 주장했던 것과 같은 어조를 가지고 있다. 즉 '진보적 폭력'이라는 개념을 그대로 수용하고 있는 것이다. 사르트르는 "폭력과 휴머니즘은 프롤레타리아의 피억압자의 조건을 뛰어넘기 위한 노력과 불가분의 관계에 있는 두 측면이다"라고 말하고 있다.[72] 그러나 이 당시 퐁티는《휴머니즘과 폭력》에서 보여주었던 자신의 입장에 회의를 품고 있었다.

더욱이 퐁티는《변증법의 모험》의 〈사르트르와 과격-볼셰비즘〉이라는 글에서 사르트르의 〈공산주의자들과 평화〉를 극렬하게 비판하였다. 특히 그는《휴머니즘과 폭력》을 쓸 당시에 마르크스주의와 공산주의에 대해 가졌던 기대가 '애매모호한 망상'에 불과했다고 밝힌다. 퐁티의 이러한 자기비판은 사르트르 철학과 정치적 입장 모두를 비판한 것이기도 했다. 정작 사르트르는 퐁티의 비판에 대해 반박하지 않고 말을 아꼈다. 오히려 보부아르가 더 크게 화를 내며, 〈메를로-퐁티와 의사擬似 사르트르주의〉라는 글을 발표해 퐁티가 사르트르를 잘못 이해하고 있다고 말하였다. 후에 사르트르는 1960년《변증법적 이성 비판》에서 퐁티가 쓴《휴머니즘과 폭력》의 논리를 강화하면서 퐁티의 비판을 수용한다.

03 어느 마르크스주의자의 원고 그리고 사르트르와의 결별

한국전쟁은 퐁티의 정치적 입장에 변화를 일으킨 계기가 되었고,

---

71 정명환 외 3인,《프랑스 지식인들과 한국전쟁》, p. 138 재인용.

72 장 폴 사르트르,《시대의 초상》, p. 138~139.

사르트르와 함께 하던 삶에 종지부를 찍는 사건이기도 했다. 서로 다르기에 토론이 가능했고 함께 일할 수 있었던 두 사람이 더 이상 함께 할 수 없음을 확인한 사건은 한국전쟁 이후에 몇 가지 더 있었다. 그중 가장 결정적인 한 가지가 '어느 마르크스주의자의 원고'를 처리하는 방식이었다. 한국전쟁이 일어나기 전까지 퐁티는 공산주의와 전체주의를 비교하는 것 자체를 불쾌하게 생각했다. 1947년에 사르트르는《현대》지에 〈문학이란 무엇인가〉를 발표했다. 퐁티는 사르트르의 초고를 읽고 이탈리아 나폴리에 머물고 있던 사르트르에게 편지를 보냈다. 편지에는 "자네가 진정으로 공산주의와 나치즘에 본질적으로 동일한 척도를 적용할 생각이라면, 내 사의를 받아주길 바라네"라고 적혀 있었다.[73]

이렇게 생각한 퐁티가 비공산주의로 '전향'한 것은 퐁티 자신에게도 엄청난 사건이었다. 그의 전향은 구소련이 제국주의 특유의 공격을 행한 것에 실망했기 때문에 일어난 일이다. 구소련은 프롤레타리아와 같이 해방을 꿈꾸는 자들의 나라가 아니라 또 다른 약탈강국이 되었다. 퐁티는 결국 모스크바 재판을 비판한다.

이제 '어느 마르크스주의자의 원고'가 일으킨 사건의 전말을 살펴보자. 1953년 퐁티가 알고 있던 피에르 나빌P. Naville이라는 마르크스주의자가 자본주의의 모순에 관한 글을 싣고 싶어 했다. 사르트르는 나빌의 제안을 받아들인다. 그 공산주의자가 쓴 글은 사르트르가 부재중일 때 도착했다. 그런데 퐁티가 보기에 그 글은 너무 형편없었다. 그래서 퐁티는《현대》지의 견해를 밝힌 다음, 그 공산주의자의 글을 싣자고 했다. 그렇게 한 후 퐁티는 파리로 떠난다. 반면 사르트르는《현대》지의

73 위의 책, p. 247.

견해가 그 공산주의자의 원래 글을 훼손한다고 보고《현대》지의 견해를 삭제한 채 기사를 인쇄하게 했다.

퐁티는 이 일로 사르트르에게 분노해《현대》지를 사임한다. 이로써 8년간 이어진 그들의 연대는 끝났다. 사르트르의 설득에도 퐁티의 마음은 돌아서지 않았다. 퐁티의 사임은 단순히 그 글 때문만은 아니다. 사르트르가 회고했듯 그들은 처음부터 같은 동류는 아니었다. 그것이 여러 일들(앙리 마르탱 사건과 리지웨이의 부임, 공산당 반대 시위와 뒤클로 체포사건)을 거치면서 드러났을 뿐이고, 나빌의 글을 싣는 일이 계기가 되었을 뿐이다. 이미 살펴보았듯이 사르트르의 서운함은 한국전쟁에 대한 퐁티의 태도에서 시작되었다. 그 전쟁 이후 퐁티는 정치 문제를 더 이상 거론하지 않으려 했고, 이를 바라보는 사르트르의 심정은 불편했다. 퐁티에게 자극받았고, 퐁티와 함께 하고자 했던 사르트르의 마음에는 일종의 배신감이 스며들었을지도 모르겠다. 게다가《현대》지에 사르트르와 퐁티 이 두 사람만 있던 것도 아니다. 정치적 견해를 함께 해왔던 동지들의 입장도 무시할 수 없었던 데다가 독자가《현대》지에 거는 기대도 만만한 것이 아니었다. 이러한 모든 정황들은 어떤 쪽으로든 결론이 나도록 만들었고, 입장을 바꾼 퐁티에게는《현대》지가 사르트르의 독자적인 주도 속에 있는 것처럼 보였다. 게다가 정치 분야를 담당했던 퐁티가 입을 다물면서 자신이 해야 할 바를 못한 것으로 비춰지기도 했다.

퐁티의 사임 이후 사르트르는 퐁티와 3통의 편지를 주고받는다. 그러나 이 편지들은 그들의 입장 차이를 분명하게 해줄 뿐 관계 속 갈등을 해소하지는 못했다. 퐁티와 사르트르의 정치적 견해는 미묘한 엇갈림 속에 있었다. 그러한 엇갈림은 결정적으로 그들의 결별로 다가왔다.

퐁티는 한국전쟁으로 인해 공산주의가 실현하려는 세계에 회의적인 태도를 갖게 된다. 모스크바 재판이나 '독소불가침조약' 체결과 같은 일들이 공산주의를 보호하기 위한 불가결한 조치였다면, 북한의 남한 침략은 자국의 이익을 위한 공격적인 행위였다. 퐁티는 전쟁 때문에 나치즘의 야만적인 행위를 체험했고, 이러한 전쟁 체험이 퐁티가 정치에 참여하게 했다는 것을 기억할 필요가 있겠다. 한국전쟁이라는 상황이 또 다른 침략 전쟁에 다름 아니라는 사실과, 그 전쟁이 구소련이 일으킨 것이라는 사실은 퐁티에게 충격이 아닐 수 없었다. 결국 그는《휴머니즘과 폭력》에서의 자신의 태도를 비판하며, '모스크바 재판'을 다시 비판하기에 이른다.[74] 모스크바 재판에는 구소련 최초의 혁명을 추구한 자들의 모습이 없었다. 오히려 그들의 모습을 흉내 낸 기성의 정치가들의 모습을 보여준 것에 다를 바 없었다.

사르트르는 퐁티의 미온적인 태도가 불만스러웠고 퐁티는 사르트르의 행동이 어느 특정한 정치적 집단의 이익에 이용될지도 모를 위험을 걱정했다. 서로의 입장을 이해하기 위해 서신을 교환했지만 결국 절교를 선언하게 되었다. 아마도 둘은 언젠가의 해후를 기대하고 있었던 것 같다. 게다가 1953년 퐁티의 어머니가 사망하면서 어머니에게 애착을 가졌던 퐁티는 반죽음 상태에 빠진다. 퐁티는 젊었을 때 실망했던 기독교 공동체와 성인이 되어 실망했던 정치적 동료에게서 자신을 구원할 방법을 찾아내고자 했다. 그는 침묵하고 은거했으며, 강의를 위해서만 자신의 서재를 벗어났다. 그렇게 시간이 흘러 1956년에서야 비로소 사르트르는 퐁티를 만나게 된다. 두 사람은 유럽문화협회에 참여하게 되었는데 주최 측에서 두 사람의 자리를 나란히 배정해주었다. 사르

---

74 메를로-퐁티,《휴머니즘과 폭력》의 옮긴이의 말, p. 12.

트르는 그때를 다음과 같이 회상한다. "그가 도착했다. 습관처럼 지각을 하고서. 누군가 발표를 하는 중이라 그는 발꿈치를 들고 살그머니 내 뒤로 와서 내 어깨를 가볍게 쳤고 내가 돌아보자 미소를 지었다."[75] 그 이후에도 몇 번의 만남이 있었지만, 둘 사이의 회복의 기회를 마련하지 못하고 퐁티의 갑작스러운 죽음으로 둘의 우정은 다시 이어지지 못했다.

04 생의 마지막 시기

사르트르와 결별한 이후 퐁티는 더 이상 마르크스주의에 희망을 걸지 않았다. 결과론적이기는 하지만 퐁티의 이러한 태도는 매우 자연스러워 보인다. 앞으로 다루게 되겠지만, 퐁티는 지각 과정을 대상 존재에 주목하지 않고 대상이 드러나는 방식을 게슈탈트적 구조에서 바라보았고, 물질성을 중요하게 다뤘지만 그 물질성을 객관적 물질과는 다르게 보았다. 또한 몸과 정신의 관계에서도 이 둘의 결합이 아니라 몸인 정신, 정신인 몸을 말한다. 우리는 존재하는 모든 것들에 이름을 붙이고 그것을 판단할 수밖에 없는데, 퐁티의 입장에서 볼 때 이는 존재에 가해지는 폭력이다.

퐁티는 마르크스주의에 희망을 걸지 않는다고 했지만 그렇다고 마르크스주의에 대해 비판하지는 않는다. 그는 정치적 판단을 접고 학문의 세계에서 그러한 판단이 가져올 수 있는 문제점들을 해소하고 싶었으리라. 퐁티의 철학은 《행동의 구조》와 《지각의 현상학》에서부터 이미 애매성의 철학으로 평가받았다. 1950년대 이후에 그의 철학이 존재

75 장 폴 사르트르, 《시대의 초상》, p. 315.

론적 성격을 띠면서 그러한 경향은 더욱 구체적으로 표현된다. 퐁티의 정치적 판단 유보를 어떻게 보아야 할 것인가? 그는 책임을 회피한 것일까? 오히려 퐁티의 그러한 태도는 삶에 대한 강한 책임 때문임을 그의 철학적 사유를 통해 확인할 수 있을 것이다.

사르트르와 결별하고 정치 문제에 개입하는 것을 중단한 이후, 퐁티의 철학은 보다 더 존재론적인 문제에 빠져들었다. 결별 사건 후 1952년까지 소르본 대학에서 강의를 하였고, 1952년에는 베르그송과 바벨의 후임으로 콜레주 드 프랑스Collège de France의 철학 교수가 되었다. 그가 1961년 심장마비로 생을 마칠 때까지 결국 사르트르와 화해하지 못했다.[76] 퐁티가 자신의 마지막 저서인 《눈과 마음*L'oeil et l'esprit*》(1964)에서 회화의 문제에 관심을 가진 것은 몸주체로서의 지각이 회화를 통해서 잘 드러날 수 있다고 생각되었기 때문이다.

퐁티는 르네상스 시대의 원근법을 통해 명증적 인식이 실제로는 얼마나 허구인지를 잘 보여준다. 원근법은 절대적인 시점을 전제로 한다. 그러나 절대적인 시점은 존재하지 않는다. 다만 관점에 따라 그때그때 나타나는 비전만이 있다.

제자인 르포르는 퐁티가 사망한 후, 《보이는 것과 보이지 않는 것》이라는 제목으로 그가 미완으로 남긴 원고를 모아 간행했다. 그 외 퐁티는 살아있을 때 미처 간행하지 못한 원고들이 있었는데, 그 원고들은 나중에 《자연》(1965), 《세계의 산문》(1969), 《눈과 마음》(1964)으로 간행되었다. 퐁티는 《보이는 것과 보이지 않는 것》에서 세계의 살la chair이라는 개념으로 인간중심주의에서 벗어난, 새로운 존재론을 보인다. 퐁티는 침묵 속에서 발화하는데, 그 발화는 이전의 이분법적 구조의 완

---

76 퐁티의 생애는 번역된 저서들에서 참조하였다. 특히 사르트르의 생애는 베르나르 앙리 레비의 《사르트르 평전》을 참고하였다.

전한 해체로 나타난다. 더 이상 주체를 말하진 않지만 그렇다고 퐁티가 주체를 포기한 것으로 보이지는 않는다. 우리는 그의 철학적 사유들의 궤적을 따라가면서 확인해볼 것이다.

제2부

현상학과 메를로-퐁티 철학의 형성

퐁티와 사르트르가 현상학에 매료되었던 것은 2차 세계대전이 일어나기 전이었다. 퐁티는 1929년에 파리 소르본 대학에서 열린 후설의 강연을 직접 들었고 그 후 현상학을 받아들였다.[77] 앞서 1부 1장에서 언급했듯이 사르트르는 1933년 어느 날 몽파르나스에 있는 한 카페에서 아롱이 권한《후설 현상학에서의 직관 이론》을 읽고 받은 충격으로 현상학을 공부해야겠다고 결심한다. 몽파르나스의 카페에서 레몽 아롱이 사르트르에게 던졌던 질문은 "이 칵테일을 있는 그대로 기술하는 방법"에 관한 것이었다. 그것은 현상학의 목표인 '사물(사실 그 자체)'로 다가가는 것이었다. 프랑스의 지식인들, 사르트르와 아롱, 그리고 보부아르가 살구 칵테일을 앞에 두고 새로운 학문으로 향해 도전하는 첫출발의 한 광경이라 하겠다.

학문의 목적은 진리 탐구에 있다. 문제는 그 진리라는 것이 무엇인가? 또는 어떻게 알 수 있는가에 있다. 플라톤은 영혼이 진리의 세계에 살았던 탓에 순수한 영혼을 지킬 수만 있다면 진리를 발견할 수 있다고

77 베르나르 앙리 레비,《사르트르 평전》, pp. 228~230.

말했다. 데카르트도 플라톤과 마찬가지로 이성에 진리를 찾을 의무를 부여했다. 다만 방법에 있어서 커다란 차이가 있었다. 데카르트는 모든 것을 의심한 후, 더 이상 의심할 수 없이 존재하는 한 가지, 즉 코기토를 찾고 그것을 학문의 토대로 삼았다. 그러나 아쉽게도 데카르트는 코기토를 정신적 실체로 간주하면서 물질적 실체와 구분하였고, 정신적 실체의 속성이 사유를 결코 객관적 실체의 영역에 이를 수 없도록 만들었다. 다시 말하자면 그는 주관과 객관의 영역을 분리함으로써 주관적 자아가 객관에 이르는 길을 차단했던 것이다. 예를 들어 내 앞에 있는 칵테일은 실재 칵테일과 상관없이 내가 '인식'한 칵테일 또는 내게 현상된 칵테일일 뿐, 나는 칵테일 자체가 무엇인지는 알 수 없는 노릇이다.

결국 근대철학은 불가지론의 입장을 가지게 된다. 사르트르와 퐁티는 근대철학이 포기했던 것, 즉 결코 알 수 없을 것으로 생각했던 신비에 다가갈 방법이 현상학에 있다는 것을 알게 된 것이다. 현상 너머에 그 무엇이 있는 것이 아니라, 존재는 현상 그 자체로 우리에게 알려지는 것이다. 그래서 현상학의 모토는 '사물 그 자체로 돌아가라!Zu den Sachen selbst!'이다.

근대철학이 결코 도달할 수 없었던 사실 그 자체에 도달할 방법을 제시한 '학문'이 있다는 것은 사르트르에게 신선한 충격이었다. 후설을 알기 전에 이미 사르트르는 하이데거와 동기생이던 파르난도 제라시에게도 사물 또는 사실 그 자체에 접근하고자 하는 이와 같은 열망을 피력한 바 있다. 현상학을 접한 사르트르의 충격이 더 컸던 것은 자신이 그렇게 찾아 헤매던 새로운 철학적 방법이 이미 후설이 다 밝혀놓은 것처럼 보였기 때문이었을 것이다. 퐁티와 사르트르는 후설의 현상학에 매료되었고 후설의 사유를 적극적으로 받아들였다. 나아가 그것을 각자의 문제의식과 결합시켰다.

그들은 후설 현상학의 어떤 면에 그토록 이끌렸던 것일까? 여러 가지 문제의식들을 공유하기도 하지만 궁극적으로 보자면 그것은 아마도 현상학자들을 하나로 모아주는 구호인 "사실 그 자체로 돌아가라"라는 이념에서 찾아볼 수 있을 것이다. 이 구호는 후설과 퐁티, 사르트르의 공통점이자 차이를 빚어내는 지점이기도 하다. 예를 들어 후설은 의식의 차원에서, 사르트르는 자아, 그리고 퐁티는 몸의 차원에서 본질에 접근한다. 퐁티 철학을 형성하게 되는 현상학 운동의 흐름을 좀 더 분명하게 이해하기 위해서는 후설의 현상학, 그리고 퐁티와 사르트르 현상학 간의 차이를 먼저 살펴볼 필요가 있다.

1. 후설 현상학과 메를로-퐁티

현상학은 독일 철학자 에드문드 후설(1859~1938)이 창시한 학문이다. 오스트리아에서 태어난 후설은 수학자에서 출발했다. 그는 1887년에서 1901년 사이 할레 대학에서 사강사로 재직하면서 수리철학, 논리철학에 관심을 두고 이 학문들을 연구하였다. 후설은《산술의 철학》을 출간한 이후 프레게의 비판적 견해를 수용하여 새롭게 연구에 매진하고 현상학의 초석이 된《논리연구》를 출간했다. 현상학이라는 용어가 등장한 것은 이때부터다. 1901년에 괴팅겐 대학 대학교수로 초빙되어 1916년까지 재직하였으며, 1911년《로고스》지 창간호에《엄밀학으로서의 철학》을 발표하였다. 이로써 그의 철학은 현상학으로 자리하기 시작하였고, 1913년에《이념들 Ⅰ》을 출간하였다. 그가 이 책에 'Ⅰ'을 붙인 것은 그 이후《이념들 Ⅱ》,《이념들 Ⅲ》의 출간을 계획하였기 때문이다. 그의 원대한 계획은 비록 실현되지 못하였지만, 그는 자신의 생각에서 문제를 발견하고 끊임없이 현상학적 체계를 완성하기 위해 노력하였다.

후설의 새로운 철학 이념은 독일에서 나치정권이 들어서기 전까지 하이데거를 비롯한 독일 철학계에 신선한 충격을 주었고, 후설 현상학은 새로운 학문의 방법으로 각광받기 시작했다. 이후 현상학은 20세기의 주류 철학이 되었다. 그러나 이렇게 현상학이 철학에서 중요한 방법론으로 주목받기까지는 험난한 과정이 있었다. 그것은 후설의 신분과 관련된 것이다. 후설이 유대인이었던 탓에 1933년 나치정권 집권 후부터는 사실상 동면기에 들어가야만 했고, 설상가상 후설 자신도 1938년에 그만 세상을 떠나고 말았다. 나치가 지배하던 독일에서 유대인인 후설의 현상학이 사라지지 않고 살아남을 수 있었던 것은 후설의 부인이 그가 사망한 후 그의 원고들을 벨기에의 루뱅 대학에서 공부하던 반 브레다 신부에게 건네주었기 때문이다.

후설이 현상학을 새로운 학문으로 정착시켜야겠다고 생각한 이유는 그가 살던 당대 유럽인의 삶과 학문에서 위기를 감지했기 때문이다. 당시 유럽은 산업혁명의 여파로 근대화의 물결에 휩쓸려 있었다. 근대과학은 눈부신 성과를 거두었고, 이러한 성과에 경도된 유럽인은 모든 학문과 삶을 자연과학이 제공한 방법론에 따라 판단하려 했다. 후설은 이러한 태도가 다양하고 구체적인 삶의 모습을 훼손했다고 진단한다. 후설은 《유럽학문의 위기와 선험적 현상학*Die Krisis der europäischen Wissenschaften und die transzendentale Phänomenologie*》(1936)에서 이 위기의 시작이 갈릴레이에서 시작되었다고 말하고 있다. 갈릴레이가 자연과학의 보편학을 꿈꾸면서 제시한 새로운 방식이 객관적 학문의 영역뿐 아니라 삶의 전 영역에도 적용되면서 삶의 세계는 이념화되고 추상화되었기 때문이다. 데카르트는 갈릴레이의 방식을 보다 체계적으로 정리하였고 이는 근대인식론의 원형이 되었다.

후설이 비판하는 자연과학적 방법론은 자연주의 철학과 역사주의 철학이라는 철학적 사조로 나타났다. 자연주의 철학이란 자연과학과 수리물리학의 성과에 영향을 받은 철학적 입장을 말하며, 역사주의 철학이란 근대 이후의 역사학과 정신과학 분야를 일컫는 철학적 사조이다. 후설은 이 두 철학 모두 학문적 토대를 실증과학의 방법론에 둔다고 비판한다. 특히 자연주의 철학자들은 객관적이고 수량화되지 않은 모든 것을 무의미한 것으로 간주한다. 후설은 이것을 '의식의 자연화' 또는 '이념의 자연화'라고 말한다. 우리는 이러한 철학적 사조를 묶어서 근대철학이라고 말한다.

근대철학의 심각한 문제점 중 하나는 모든 것을 '경험적 사실'로 환원하려 한다는 점이며, 또 다른 하나는 존재 및 인식의 원리를 일반화해 무차별하게 적용하려 한다는 점이다. 이러한 문제점을 해결하기 위해 현상학은 경험적 사실로 환원하는 자연적 태도를 '판단중지'라는 현상학적 태도로 전환하여 취한다. 이때 비로소 '사물 자체로' 돌아갈 수 있다고 후설은 말하고 있다.

퐁티는 후설이 '사물 자체로' 돌아가는 일을 완성하지 못했다고 말한다. 퐁티는 이 문제를 '사실성'의 차원에서 접근한다. 퐁티가 말하고자 하는 사물은 의미대상을 넘어선다. 달리 말하면 의미대상이 드러나는 방식을 말한다. 사물 그 자체를 안다는 것은 지각이 이루어지는 장을 하나의 배경으로 해 드러난 사실이기 때문이다. 그래서 퐁티는《지각의 현상학》의 서문에서 다시 '현상학이란 무엇인가'를 물음으로써 후설 후기현상학을 비판적으로 확장해간다. 퐁티의 현상학은 후설이 완성하고자 한 현상학적 체계의 과정이자 정점이라고 말할 수 있다. 그러니 우리는 후설의 현상학이 어떤 목적을 가지고 있으며, 어떤 방법을 사용하고 있는지 검토하면서 퐁티의 철학적 의도를 가늠해 보는 것이 좋겠다.

01 현상학의 과제

현상학은 현상phénomenon에 관한 것이다. 현상학의 현상을 설명하기 이전에 우리는 현상론phenomenlism과 현상학phenomenology을 먼저 구분할 필요가 있다. 흄의 이론으로 대표되는 현상론에서 현상은 '감각'에 주어진 것을 말한다. 현상된 것은 감각 경험에 들어온 것이다. 우리에게 감각된 것은 감각 이전의 '무언가'가 있기 때문이다. 바꾸어 말해서 그 무언가는 경험에 의해서 알려지지만 그것이 경험되지 않고 남아 있다면 우리는 그것이 무엇인지 결코 알 수 없다. 흄은 이것을 불가지론이라고 한다. 우리에게 알려진 것은 현상뿐이며, 그 현상은 실재 없는 이미지일 뿐이다. 흄은 존재 하는 모든 것을 지각의 다발이라고 말함으로써 실재세계의 객관성을 확보하지 못한 채 회의에 빠져든다.

흄의 현상론은 칸트로 하여금 새로운 철학적 시도를 하게 한다. 칸트는 흄의 회의를 극복하고 객관적 세계의 보편성을 확보해야 했기 때문이다. 칸트는 이를 위해 선천적이면서도 종합판단이 가능한 것을 찾으려 했다. 그러나 칸트는 선천적 인식의 틀 속에 들어오는 것만을 인정하고, 나머지는 '물자체'로 남겨둠으로써 새로운 문제를 야기한다. 칸트의 인식론을 이해하기 위해 우리는 어려운 사례를 생각할 필요가 없다. 아주 흔한 예로 안경을 들 수 있다. 만일 우리가 파란 안경을 쓰고 있다면 내 눈에 들어오는 세계는 파란 세상일 것이다. 칸트는 인간이 똑같은 색의 안경을 쓰고 있다고 말한다. 이 안경이 바로 이 세상을 인지하는 시간과 공간이라고 하는 선천적a priori 형식이다. 칸트는 우리에게 보이는 것 이면에 무언가가 있다는 것을 인정한다. 다만 그 무언가가 무엇인지 모르겠다고 말하고 있을 뿐이다. 칸트의 인식론은 근대철학자들의 인식론과 다를 바가 없다. 칸트가 비록 흄의 철학을 통해 객관적 대상의 실재성을 파악할 수 없다는 것을 확인한 후 주관성으로 전회하여 경험석이면서도 선천적인 틀을 찾으려 했음에도, 애초에 주관과 객관의 이분법적 구조 속에서 탐구된 것이기 때문에 칸트 또한 근대철학의 근원적인 문제에서 한 걸음도 벗어나지 못한 것이 된다.

현상학의 위대성은 현상 이면에 나타난 무엇인가를 찾으려는 시도가 아니라 현상 그 자체에 주목한다는 것에 있다. 다시 말해 현상학은 배후에 무언가가 있다는 것을 염두에 두지 않는다. 현상학자는 보편적 틀 속에 구체성을 밀어 넣어 일반화하는 것에는 관심이 없다. 오히려 현상학자는 안경을 벗어버리고 현상 그 자체를 실재하는 것으로 보려 한다. 우리에게 현상된 것은 '사물 그 자체'이며, 그것에 대해 말해보자는 것이다.

'사물 또는 사실 자체'란 무엇인가? 현상학자들에게 대상은 실증적 사유의 대상이 아니라 의미대상이다. 따라서 대상은 사물이지만, 사실성의 영역에 속한다. 따라서 우리는 사물, 사실, 사태를 크게 구분하지 않으려 한다. 간단한 예를 보자. 여기 물이 있다. 현상론자들은 물로 인식되기 이전에 감각되지 않은 무언가가 있다고 생각한다. 그러나 그 무언가가 무엇인지 아무도 모른다. 그것을 알 수 있는 존재가 있다면, 아마도 '신' 외에는 없다. 근대학문은 인간의 이성적 능력 안에서 문제가 해결되어야 했다. 따라서 형이상학적 전제는 인정되지 않았다. 근대철학의 정점에 칸트가 있는 것도 인간 이성의 인식비판이라는 점에서다. 여하튼 물이라고 불리는 것의 실재가 무엇인지 우리는 아무것도 알 수 없다. 그럼에도 그 물은 객관적 실재성을 가져야 했다. 특히 실증주의적 학문에서는 객관적 실재가 무엇인지 제시한다. 실증주의자들에게 물은

H_2O라는 객관적 기호로 알려져 있다. 그래서 이것을 명확하게 설명할 수 있다. 누구에게나 물은 똑같은 물이다. 그러나 아쉽게도 이 물은 인간과의 관계가 배제된 '객관 대상'이다. 그 물은 있으나 마나 한 물이다. 지금 내게 필요한 물은 갈증을 해소해 줄 시원한 물이다. 때로 그 물은 허브를 심은 화분에 뿌리게 될 물이며, 조금 있다가 샤워하게 될 물이다. 물은 매번 내게 다른 물이다. 그렇다고 해서 그 물의 실재성이 보장되지 않는가?

현상학자들은 '물'의 실재 의미를 밝혀내려 한다. 그 시도는 주관적 경험에 멈추는 것도 아니고, 구체성을 잃은 객관에 머무는 것도 아니다. 현상학자들에게 '물'은 하나의 의미대상이다. 나의 의식에 주어진 것, 의미를 가진 지향적 대상이다. 그러므로 H_2O가 물의 본질이라고 생각하는 것은 자연과학이 심어놓은 편견이다. 이러한 편견을 '편견이라 생각하지 않고 의심 없이 믿는 태도'를 괄호 치지 않는다면, 우리는 사물 자체를 이해할 수 없게 된다. 근대철학은 의미대상으로서의 물을 단지 개인의 주관적인 것에 불과한 것으로 여기면서 학문적 관심을 두지 않는다. 후설은 근대인의 학문적 태도와 삶을 비판하면서 그들이 의심 없이 믿는 실증주의적 세계를 자연과학이 덧씌운 세계로 보고 있다.

자연과학은 우리가 정량화되고 수치화되며 기호화된 과학세계만을 참되고 객관적인 세계라고 믿게 한다. 그리하여 자연과학을 가능하게 한 우리의 일상세계, 즉 실제 우리가 살아가는 생생한 체험세계는 망각된다. 후설이 회복하고자 하는 것은 만들어진 사실이 아니라, 생생하게 살아지고 있는 삶, 즉 '사실 그 자체'이다. 그리고 후설이 되돌아가고자 하는 생활세계는 우리가 이론화하고 이념화되기 이전에 체험된 세계이다. 그 세계는 우리가 잃어버린 세계이다. 후설의 철학은 잃어버린 세계를 복원하는 일을 최우선의 과제로 삼는다. 그것은 본래적인 세계를 회복하는 일이다. 따라서 철학은 정밀성을 요구하는 자연과학이어서는 안 되며, 본질을 파악하는 엄밀한 학문이어야 한다. 엄밀학으로서 철학은 "가장 높은 이론적 욕구를 충족시키고 윤리적, 종교적 관점에서 볼 때 순수한 이성적 규범을 따르는 삶을 가능하게 해주는 학"[78]이다. 후설은 이러한 학문을 현상학이라 이름 짓는다.

현상학은 구체적인 생활세계를 말하면서도 학의 영역에서 진리 탐구라는 학문적 주제이자 목표를 벗어나지 않는다. 현상학은 진리에 다가가고 세계를 바라보는 새로운 방법론을 제시한다. 그래서 후설의 현상학은 완결된 학적 체계라기보다는 학문적 방법론이라고 보는 것이 옳다.

영화 〈13층〉은 우리가 실재라고 여기는 세계의 가상성을 확인하게 해준다. 근대의 현상된 세계 속에서 역사는 생명력을 잃고 추상만 남는다. 추상이 된 것은 실재성을 잃고 가상이 된다.

---

78 에드문트 후설, 이종훈 옮김, 《현상학의 이념, 엄밀한 학으로서의 철학》, 서광사, 1987, p. 141.

'엄밀학' 또는 '보편학'으로서 현상학은 '현상학적 환원phänomenologische Reduktion'이라는 방법을 필요로 한다. 환원은 실증주의적 태도에 대한 태도 변경이며, 실증적 학문과 판단의 괄호침이다. 우리는 지구는 둥글고, 시간은 시와 분 단위로 흘러가며, 똑같은 거리에서 같은 폭으로 걷게 된다면 같은 시간에 도달할 것이라 믿어 의심치 않는다. 원인이 있으면 분명 그에 걸맞은 결과가 나올 것이기 때문에 우리는 기대하는 결과를 얻기 위해 노력하는 일을 즐거워한다. 혹은 그러한 믿음이 우리를 배신할지라도 그것이 미처 우리가 확인하지 못했던 다른 원인이 작용했을 것이라고 믿거나 예외적인 일이라고 간주한다. 존재하는 모든 것에 대한 필연적 믿음은 어떨 땐 지나치리만큼 소박해 보인다. 후설은 세계에 대한 소박한 믿음을 멈추고, 존재하는 모든 것의 의미에 대해 다시 묻는다. 후설은 이 과정을 환원이라고 한다. 후설의 환원은 우리가 알고 있던 그 세계를 부정하는 것이 아니라 지금까지 세계를 이해한 방법과 일상적인 신념만을 거부하는 것이다. 환원 후 남은 것은 선험적 의식이며, 이 의식은 지향적 구조를 통해 그 정체가 밝혀진다.

지향적 구조는 노에마noema와 노에시스noesis의 상관관계로 나타난다. 노에시스는 의식작용이며, 노에마는 의미대상이다. 이 상관관계에서 의식은 대상과 독립된 순수의식이 아니라 지향적 의식임이 드러난다. 지향적 의식이란, "의식은 항상 ~에 대한 의식"이라는 뜻이다. 지향성은 의식과 대상 간의 관계를 밝혀냄으로써 존재진리에 다가간다는 의미에서 엄밀한 학으로서 현상학이 탐구해야 할 주제이다. 지향성은 이후 현상학자들에게도 지속적으로 다루어지고 있다. 다만 후설이 말하고자 하는 지향성은 '의식'의 지향성이라는 점에서 퐁티의 몸 지향성과 구별된다. 후설이 지향성을 통해 말하고 싶은 것은 의식과 세계가 따로 분리된 채로 존재하지 않고, 세계가 의식에 주어지는 방식대로만 존재한다는 것이다. 세계는 의식 없이 드러날 수 없으며, 거꾸로 의식 또한 세계 없이 드러날 수 없다. 이것이 후설이 말한 현상이며, 그가 자신의 철학을 현상학이라고 이름 붙인 이유다. 본질, 지향성 그리고 환원의 문제는 이어지는 절들에서 더 깊이 다룰 예정이라서 지금은 현상학의 과제를 살펴본다는 점에서만 간략하게 살펴본다.

후설의 현상학은 하이데거, 사르트르 그리고 퐁티로 이어진다. 앞서 언급한 바 있듯이 퐁티는 귀르비치Georges Gurvitch[79]의 후설 강연을 통해서 현상학을 처음 접하게 되며, 1929년에는 파리에서 열린 후설의 강연을 직접 듣기도 하였다. 후설은 이때의 강연을 정리하여《데카르트적 성찰》을 출판하였다. 후설의 노력에도 불구하고 퐁티는 후설의 초기 현상학에서 인식론적 태도를 발견한다. 퐁티가 보기에 후설은 근대인식론의 이원론적 구조를 '지향성'을 통해 해소하려 하지만, 지향적 구조의 노에시스와 노에마의 극을 자아극Ichpol과 대상극Gegendstanpol으로 상정함으로써 여전히 이분법적 구조를 견지하고 있다. 이 문제는 후설의 현상학이 비판받는 매우 중요한 부분이다. 따라서 이 문제는 퐁티의 지향성 문제를 다룰 때 다시 설명할 것이다. 퐁티는 후설의 초기현상학을 비판적으로 받아들이는 대신, 후설이 후기철학에서 도입했던 생활세계의 문제의식을 공유한다. 후설은 생활세계를 의미세계로 바라보았지만, 퐁티는 체험하는 몸세계로 바라보았다. 그래서 퐁티는 후설의 지향적 의식 대신 '몸지향성'으로 그의 현상학적 의미를 완성한다.

퐁티와 후설이 극명하게 구별되는 지점이 '몸'이다. 특히 퐁티가 우리에게 "역사의 '머리'에 혹은 '발'에 개입해야 하는 것이 아니라 '몸'에

---

79 러시아 출생의 프랑스 사회학자(1894~1965). 프라하 대학 조교수였다가 프랑스로 귀화하여 소르본에서 강사 생활을 하고 보르도 대학, 스트라스부르 대학의 교수가 된다. 현상학과 베르그송의 영향을 받았다.

개입해야 한다"[80]고 말하고 있다는 점에 주목해야 할 것이다. 철학은 객관에서 주관으로의 칸트적 전회보다 더 획기적인 전회, 즉 '몸으로의 전회'를 통해 새로운 세계를 펼쳐내게 되었다. 그러나 이것을 전회라고 말하기보다, 기존의 사유에 대한 해체라고 해야 할 것이다. 퐁티의 의도를 보다 정확히 알기 위해《지각의 현상학》의 서문 가운데 일부를 먼저 읽어보는 것이 좋겠다.

> 현상학의 가장 중요한 성과는 틀림없이 극단적 주관주의와 극단적 객관주의를 세계의 개념 또는 합리성의 개념 속에서 결합시키는 점일 것이다 … 합리성은 … 조망들이 뒤섞이고 지각들이 확인되며 의미가 나타난다는 것이다 … 현상학 세계란 순수 존재가 아니라 나의 경험들의 교차, 그리고 나의 경험들과 타자의 경험 사이의 상호 맞물림의 교차에서 비쳐 드러나는 의미이다 … 현상학적 세계는 선재하는 존재의 설명이 아니라 존재의 정초이며, 철학은 선재하는 진리의 반영이 아니라 예술처럼 진리의 실현이다 … 철학은 있으되 역시 역사 속에 있기 때문에 세계와 구성된 이성을 또한 사용하는 것이다. 그러므로 철학은 모든 인식에 대하여 제기했던 질문을 그 자신에게 제기해야만 할 것이다.
>
> 《지각의 현상학》, 31~33쪽.

인용글에서 확인할 수 있듯이 현상학은 사실성의 영역에서, 그리고 역사에 끊임없이 개입하면서 무한히 확장한다. 이것은 몸세계로 개입하는 것이다. 우리는 퐁티의 '지각'의 현상학이 이분법적 구조를 해체하고 몸으로의 전회를 통해 철학사에서 특별한 지위를 획득하고 있음

80 메를로-퐁티, 《지각의 현상학》, p. 30.

을 보여줄 것이다. 이로써 우리는 그의 현상학을 헤겔의 정신 현상학, 후설의 의식 현상학과 달리 몸 현상학이라고 부르는 이유를 알 수 있다. 이제부터는 후설의 현상학에서 중요하게 다루어지는 문제들 가운데 세 가시, 즉 현상과 본질의 문제, 지향성의 문제, 그리고 환원의 문제를 퐁티의 비판적 관점에서 살펴보려 한다.

02 본질의 문제

❙ 직관으로 회귀하기

본질의 문제는 전통적으로 진리의 문제와 맥을 같이 하고 있다. 존재의 실재, 또는 진리의 근원은 본질을 묻는 물음과 같다. 무수한 변화 속에서도 우리가 존재를 인지하는 것은 변화하는 것 속에 변하지 않는 본질이 있기 때문이다. 전통철학에서 본질이 현상의 배후에 있는 무엇이라고 말하는 것은 현상하는 모든 것이 가지고 있는, 변하는 속성 때문이다. 생멸하는 세계 속에서 본질에 대한 요구는 매우 절실하다. 카페에 앉아 원고를 교정보는 나는 집에서 나오기 전과 분명 같은 '나'이지만, 시간과 공간 속에서 나와 똑같은 존재라고 말할 수 없다. 우선 생각이 조금이라도 달라졌으며 입는 옷이 달라졌으며 몸의 피곤도가 달라졌다. 그럼에도 그런 나는 다른 나인가? 같은 나인가? 이런 질문이 어리석을 정도로 나는 '나'인 것이 분명하다. 그러나 본질로서 규정된 '나'에 대해서 할 수 있는 말은 별로 없다. 다른 존재들은 어떠한가? 나와 다른 방식으로 존재하지만, 나와 관계 맺음의 방식으로 드러나므로 각각의 모든 존재는 관계 속에서 늘 새롭게 태어난다. 이런 의미에서 현상학은 배후로서의 본질을 전면 부정한다. 그렇다면 본질은 없는 것인가?

퐁티는 후설과 마찬가지로 현상학이 본질에 대한 연구라고 말하고 있다. 그렇다면 이때의 본질은 무엇을 의미하는가? 후설과 퐁티가 찾고자 하는 본질은 플라톤이 말하는 본질idea이 아님은 너무도 분명하다.

먼저 퐁티가《지각의 현상학》에 현상학을 어떻게 규정하고 있는지 그의 말을 인용하여 살펴보자.

> 현상학, 그것은 본질에 대한 연구La phénoménologie, c'est l'étude des essences이며 모든 문제는 현상학에 따르면, 본질을 규정하는 일에 다름 아니다. 예컨대 지각의 본질, 의식의 본질 등등. 그러나 현상학, 그것은 또한 본질을 존재의 자리에 다시 놓아두는 철학이자 인간과 세계에 대한 이해는 그들의 '사실성'에서 출발함으로써만 획득될 수 있다고 믿는 철학이다. 그것은 인간과 세계를 이해하기 위해서 자연적 태도들의 단정들을 미정으로 놓아두는 선험적 철학이기는 하나, 또한 반성 이전에 세계가 언제나 '이미 거기에' 양도할 수 없는 현전으로서 존재함을 밝히고, 세계와의 소박한 접촉을 회복하기 위해 모든 노력을 경주하며, 궁극적으로 그 접촉에 철학적 지위를 부여하기 위한 철학이다. 그것은 '엄밀학'이고자 하는 철학의 야심이기는 하나 동시에 '체험된' 공간·시간·세계에 대한 보고이며, 있는 그대로의 우리의 경험을 과학자, 역사학자, 사회학자가 제공할 수 있는 심리적 발생과 인과적 설명을 전혀 고려하지 않고 직접 기술하려는 시도이다.
>
> 《지각의 현상학》, 13쪽.

인용문에서 우리가 발견하는 것은 후설 현상학이다. 퐁티는 후설 현상학, 정확히 말하자면 후설 현상학이 실패한 지점에서 시작한다. 그리고 그 지점은 데카르트의 코기토와 겹친다. 그러나 퐁티가 후설 현상학의 개념들을 비판적으로 분석하는 데서 시작하는 이유는 후설 현상학의 실패를 강조하기 위해서가 아니라, 현상학의 의미를 되살리고 현상학을 완성해야 한다는 의미에서다.

이제 인용문을 좀 더 자세히 살펴보자. 퐁티가 말하고자 하는 본질은 존재 그 자체를 말한다. 그렇다면 왜 '본질'은 존재의 자리에서 멀어졌을까? 후설은 그 이유를 플라톤에서 찾는다. 플라톤은 가변적인 모든 것은 존재가 아니라고 말한다. 따라서 존재는 가변적인 것을 가능하게 하는 불변하는 무엇이어야 했다. 플라톤에 따르면 이데아는 불변하는 진리이며, 이데아계만이 실재적인 세계다. 플라톤에게 현상계는 가변적 세계이며, 그림자 세계 또는 가상계에 불과하다. 왜냐하면 현상계의 존재들은 시간의 흐름 속에 생성하고 소멸하는 변화의 과정을 거치기 때문이다. 그래서 현상계의 앎은 불변하는 진리의 속성과는 거리가 멀다. 플라톤은 불완전하고 가변적인 세계의 의미에 대해서도 말하고 있는데, 그에 따르면 불완전함을 인식한다는 것은 완전한 세계가 있다는 것을 반증하는 것이다. 플라톤에게 완전한 세계 또는 실재적 세계는 본질인 세계이며, 본질은 개별적 사물의 본래적인 모습이거나 현상된 사물의 배후에서 그것을 가능하게 하는 원리로 작용한다. 플라톤이 말하듯 불변하는 것, 즉 가변적인 '현상'의 배후에 있는 '본질'이 아니라면 퐁티와 후설은 어떤 본질을 말하고 함인가? 퐁티와 후설을 비교하기 전에 먼저 고양이 사례로 후설과 플라톤의 차이를 살펴보자.

내게는 라임이라고 불리는 고양이 한 마리가 있다. 이 녀석은 호기심에 가득한 눈을 동그랗게 뜨고 움직이는 뭔가에 민감하게 반응하는 장난꾸러기이다. 어느 날 나는 그 녀석이 무심히 창가에 앉아 사색에 빠져있는 모습을 발견하고는 속으로 '저 녀석이 왜 저래?' 하고 의아해했다. 물론 그 녀석과 상관없는 내 상념이다. 라임인 늘 사색에 빠져있

'여기' 있는 라임 고양이

었을 수 있다. 아니면 바깥에서 움직이는 뭔가에 대한 사냥 본능이 꿈틀거렸을 수도 있다. 여하튼 이 녀석은 눈을 게슴츠레 뜨고서 심드렁해 있을 때도 있다. 도대체 저 녀석은 무슨 생각을 하는 걸까? '생각'이라는 것이 있기는 한 걸까? 아무런 생각을 안 하고 있을지도 모르는 그 녀석을 보면 내 머릿속만 복잡해진다. 그런데 어느 날 지인이 내게 사진 한 장을 전송해주었다. 자기 고양이란다. 그런데 나의 고양이와 똑같다. 도무지 다른 녀석이라는 생각이 들지 않는다. 그래도 나는 속으로 빙긋이 웃으며 '라임'을 골라낼 수 있다. 라임과 꼭 닮았지만 라임이 아닌 다른 고양이를 내가 구별할 수 있는 이유는 무엇일까? 해외여행을 가면 대부분의 서양인은 동양인을 언뜻 구별해내지 못한다. 그들은 나를 때로는 일본인으로, 때로는 중국인으로 본다. 그러나 동양인인 나는 일본인과 중국인을 단번에 구별해낼 수 있다. 서양인이 구별해내지 못하는 것을 동양인인 나는 어떻게 구별해내는가? 마찬가지로 나는 자세히 관찰하지 않고 서양인을 구체적으로 갈라내지 못한다. 같은 입장이다. 그럼에도 우리가 모두 인간이라는 점은 부인하지 않는다.

고양이 이야기를 더 해보자. 나는 '라임'과 꼭 닮은 그 고양이 말고 전혀 다른 모습을 한 고양이들을 보고도 단번에 그들이 고양이임을 알아차린다. 같은 듯 다른 고양이들이 '고양이'로 분류될 수 있는 이유는 무엇일까? 플라톤은 내가 보고 있는 이 고양이들을 현상, 즉 가상이라고 말할 것이다. 왜냐하면 라임이는 매일매일 다른 모습으로 나를 놀라게 하기 때문이다. 매일 보는 나의 라임이는 고양이라고 하는 변하지 않는 본질의 가변적인 현상들이다. 플라톤에 의하면 매번 다른 모습인 나의 라임을 내가 아는 것은 바로 나의 영혼이 라임의 실재를 본 기억을 가지고 있기 때문이다. 그리고 나는 그 기억을 떠올리는 것이다. 플라톤은 그것을 '상기설'로 설명하고 있다. 플라톤은 이데아계가 경험을 통해 우리에게 알려지는 것이 아니라 우리의 영혼이 본래 있던 이데아계를 기억, 즉 상기하여 알게 된다고 말한다. 내가 고양이를 보고 그것이 고양이임을 아는 것은 무수히 봐온 고양이들의 유사한 특성들을 분류하여 고양이임을 확인하는 것이 아니라, 우리의 영혼이 오래전에 보았던 고양이의 본질을 떠올리기 때문이다. 현상의 배후에 존재하는 본질은 이와 같다. 다만 그 본질이 실재하는가, 아니면 관념에 불과한가에 따라 실재론과 관념론으로 분류가 된다. 후설을 비롯한 현상학자들은 실재론과 관념론 모두를 부정함으로써 본질의 의미를 새롭게 구성한다. 후설은 나의 고양이의 참존재가 저기 이데아계에 있다고 말하지 않는다. 나의 고양이의 본질은 바로 '여기' 내 앞에 있다.

나의 고양이는 그 어디에나 있는 고양이다. 인터넷에 '터키시 앙고라'라고 찾아보면 수십 마리의 고양이가 나온다. 그렇게 어디에나 있는 고양이가 나와 함께 오랜 세월을 보내면서 내게는 특별한 고양이가 되었다. 라임은 그저 어디에나 있는 '터키시 앙고라'인 것만은 아니다.

후설은 본질이 이데아계가 아니라 구체적 생활세계 속에 있다고 생각한다. 그는 개인의 구체적이고 개별적인 체험의 중요성을 강조하는데, 문제는 개별성 때문에 보편성을 얻지 못해 객관성을 요구하는 학문성을 보장받기 힘들다는 데 있다. 개별적이고 구체적인 생활세계는 어떻게 학의 세계로 들어오게 될 것인가? 또 이 말은 학문의 세계가 어떻게 구체성을 잃지 않으면서도 학의 영역인 추상성과 보편성을 지켜낼 수 있을 것인가의 문제와 상통한다. 후설에게도 본질은 플라톤과 마찬가지로 보편적이고 필연적이다. 그러나 후설의 본질은 구체적이면서 사실적인 '경험적 주체의 주관성'에서 획득된다. 도대체 이 말은 무슨 의미인가? 경험적 주체란 경험하는 자아를 말한다. 그런데 경험적 자아는 생각하는 자아에 머물지 않고 그것을 가능하게 하는 조건이자 자기 자신이기도 한 선험적 자아임을 확인한다. 여기에서 후설은 데카르트를 넘어선다. 내가 내 고양이와 함께 하는 삶이 나의 경험이며, 그것이 구체적 생활세계에서 살아가는 나의 구체적인 삶이자 그런 삶을 살아내는 나 자신이다. 나와 고양이의 관계는 습관적으로 행해지는 삶 속에서 유지되지만, 각각의 경험들은 매번 첫 순간이다. 나의 고양이가 눈을 떠서 나를 바라보는 모습이 어제와 다르지 않은 모습이라 해도 이 순간만큼은 첫 순간이다. 그러니 경험적 주체의 주관성은 이데아계도 아니고 몸속에 갇힌 영혼도 아니다. 그런데 어떻게 매 순간을 보편적인 것으로 포착해낼 수 있는가? 이것이 후설이 현상학을 통해서 시도했던 일이다.

경험은 본질을 파악하는 가장 첫 번째 단계가 된다. 그리고 후설은 단 한 번의 경험이 본보기가 되어 다양하고 자유로운 변경 속에서도 변경되지 않는 것을 본질이라 이른다. 그리고 그 본질을 파악하기 위한 방법이 '직관'이다. 이때 직관은 경험적 추론과 구별된다. 추론이란 다양한 경험들의 속성들을 취합하여 얻게 되는 보편적이고 추상적인 결과인 반면, 직관은 단 한 번의 경험으로 사물의 본질을 즉각 파악하게 되는 것이다.

후설은《이념들 I》에서 본질에 대해서 다음과 같이 말하고 있다.

> 사물을 이성적으로 혹은 학적으로 판단한다는 것은 사물 자체nach den Sachen selbst를 겨냥하는 것 내지는 말과 생각들로부터 사물 자체로 auf die Sachen selbst 되돌아가는 것이고, 사물을 그 자기소여성에서 탐문하는 것이고, 아울러 사물을 벗어난 모든 선입견들을 제거하는 것이다.[81]

선입견 없이 무언가를 보는 일은 쉽지 않다. 나의 선입견은 사물을 사물 그 자체로 보게 하지 않고 편견에 이르게 하는 일이 비일비재하기 때문이다. 선입견, 다시 말해 자연적 태도를 제거하고 사물 자체로 돌아가 본질을 파악하는 일은 저절로 되지 않는다. 어떤 특별한 방법이 필요하다. 후설은 이 특별한 방법을 현상학적 방법이라 일컫고 그 방법인 '현상학적 환원'을 시도한다. 환원이란 자연적 태도에서 현상학적 태도로 바꾸는 것을 말한다. 좀 더 쉽게 말하자면 환원은 일상적 태도에 대한 '판단중지'다. 우리의 일상적 태도는 당연히 그럴 거라는 것에 대한 믿음, 일종의 선입견에 싸여 있다. 판단중지란 이러한 믿음에 괄호 치는 것이다.

일상적 믿음은 왜 우리를 배반하는 것일까? 후설이 살았던 당시의 시대는 과학기술의 성과에 고무되어 있었는데, 이러한 경향은 인간과 세계를 설명하는 모든 방법에 적용되었다. 예를 들어 인간의 고통 또한

81 후설,《순수현상학과 현상학적 철학의 이념들1》, 한길사, 2009, p. 35.

수치화되었고, 개인의 고통은 철저히 무시되었다. 개별적이고 사적인 것은 고려 대상이 안 되는 것으로 취급되었기 때문이다. 예를 들어 과학이 증명하지 못한 우울증은 그저 한 개인의 나약한 마음 탓이 컸다. 그러나 밝혀지지 않은 병이라고 그것이 병이 아니란 법은 없다. 일상적 믿음은 매우 소박하지만, 그 소박함이 우리를 배반했을 때 우리의 삶은 더욱 피폐해진다. 결국 자연과학적 방법에 따라 이해된 학문과 인간은 위기에 빠지게 되었다. 후설에 따르면 수학적이고 과학적인 세계관은 물질세계를 설명할 때는 유용할지라도 인간을 이해하는 데는 도움이 되지 않는다. 오히려 근대과학의 눈부신 성과와 기술의 발전이 우리 삶의 구체성과 다양성을 상실하게 했다. 따라서 세계와 학문과 인간의 본래성을 회복하기 위해 근대가 심어놓은 편견이 선입견으로 작용하는 이 태도에 괄호 치는 일은 매우 중요하다.

그렇다면 일상인의 소박한 믿음을 멈추고 사물의 본질로 되돌아갔을 때, 사물은 내게 어떻게 드러나는가? 사물은 항상 그 사물을 보는 사람과의 관계에서 파악된다. 즉 접시는 내가 보는 접시다. 이 접시는 내게 있어서도 늘 같은 모양으로 자신을 드러내지 않는다. 그럼에도 나는 그것이 지금 이 '접시'임을 안다. 후설은 내 앞의 둥근 접시가 내가 보는 위치에 따라 다르게 나타나는 모습을 '자유로운 상상 속에서 이루어지는 변양'이라고 말한다. 플라톤이 말하듯 이 접시의 본질이 있고, 내게 보인 것이 그 본질의 그림자이며, 그 그림자를 보면서 본질을 떠올리는 것이 아니다. 후설은 이 접시가 내가 보는 장소에 따라 내게 다양한 모습으로 나타나지만 그래도 변하지 않는 것이 있다고 말한다. 다른 예를 들어보자. 나는 누군가에게는 친구이기도 하고 또 다른 누군가에게는 누나다. 그리고 친구로서 나와 누나로서 나는 상황에 따라 다른 모습으로 인상 지워진다. 그렇다면 나는 어떤 성격의 사람이어야 하는 것일까? 상황마다 다른 내 모습이더라도 사람들은 내가 누구인지 단번에 알아차린다. 그것이 본질 파악이다. 본질이란 상황 속에서 매번 다른 모습을 보이는 내가 나를 드러내는 원천인 것이다.

❙ 지각을 회복하기

퐁티는 후설과 마찬가지로 본질을 파악하는 것이 현상학의 중요한 과제임을 강조한다. 그렇다면 퐁티는 본질을 파악하는 후설의 방법에서 무엇이 마음에 들지 않았던 것일까? 퐁티에게는 있고 후설에게는 없는 것이 '사실성facticité'이다. 사실성은 '지금' '여기'에 드러난다. 지금-여기란 지금 이 순간의 절대적인 시간이 아니라, 상황 속 현재이다. 예를 들면 상황 속 현재란 저물어가는 저녁에 사랑하는 사람들과 함께 식탁에 둘러앉아 좋아하는 접시에 올린 음식을 먹는 지금이다. 사실성에 대한 이해는 지각의 장이 펼쳐지는 상황 속에서 가능하다. 그러니 퐁티에게 본질 파악은 후설이 말하는 판단중지와 환원이 아니라, '지각'을 회복하는 일에서 시작된다. 지각을 회복하는 일은 구체적인 삶의 세계를 회복하는 일이다. 다시 말하자면 근대철학이 묶어놓은 이념화되고 추상된 세계에서 구체적 삶의 세계를 복원하기 위해서는 근대철학의 이분법적 구조를 해체해야 한다. 이를 위해 가장 먼저 해야 할 첫 번째 과제가 지각의 회복이다.

전통적으로 인식론에서 지각은 인식에 이르는 과정의 첫 단계이다. 모든 지식은 경험에서 비롯되는데 이 경험은 우리에게 감각지각으로 들어오기 때문이다. 이 과정에서 주관성의 영역은 지식이 성립되는 능동적 역할을 담당하였다. 근대의 인식론은 지각의 과정을 주관과 객관으로 이분화했고 그 지각 과정의 이분화가 세계를 정신과 물질로 분리시켰다. 근대인식론은 분리된 세계를 결합하는 것에 전력을 쏟는다. 결합을 위해 철저한 분리는 필수적이다. 무엇이 주관이고 무엇이 객관인지 분명히 해야만 결합도 의미가 있기 때문이다. 인식의 방법에서 분석이 중요한 이유도 이 때문이다.

지각되고 간체험되는 세계는 인식 세계와 다르다. 근대인식론에서 지각은 대상이 우리에게 주는 자극의 결과다. 세계는 자극과 반응이라는 일대일 대응관계 속에서 파악된다. 근대인식론은 이런 관계 속에 들어가지 않은 모든 것을 불분명한 것으로 취급한다. 결국 지각의 인과적 이해 방식으로 인해 세계는 원자론적으로 이해되면서, 세계의 전체적 통일성을 잃어버린다.

현상학자들은 정신과 물질의 분리 이전 세계를 근원적 세계라고 말한다. 특히 퐁티는 그 세계가 '지각'의 세계이며, 이 세계로 되돌아가기 위해 분석이나 판단을 위한 설명 대신 '기술décrire'이 중요하다고 강조한다. 존재는 설명이나 분석이 아닌 '기술'로써 '사실성'으로 드러난다. 기술한다는 것은 무언가를 구성하거나 새롭게 구축한다는 것이 아니다. 기술은 있는 그대도 표현하는 것이다. 그러니 실재하는 것을 표현하는 것은 '사실성'이외 다른 것이 될 수 없다. 그런 의미에서 실재는 대상적 사물과 같이 독립되어 있지 않고, 상황 속에서 그때그때 자신을 드러낸다. 만일 존재를 설명하고 분석하려고 하면 존재는 인식의 대상이 되어야 한다. 그러나 기술되는 대상은 인식의 대상이 아니라 지각되고 체험되는 대상이다. 만일 나의 체험을 인식의 대상으로 파악하고 분석하는 순간 나의 체험은 생생함을 잃고 추상에 머물게 된다. 간단한 예로 누군가를 사랑하는 당신이라면, 그 사랑이 무엇인지 설명해보라. 아마도 사랑을 분석하는 순간 당신은 이미 사랑에서 멀어졌을지도 모른다. 적어도 설명하는 그 순간에는 그렇다. 그러니 나의 생생한 체험은 '서술'되어야 한다. 여기서 목표로 하는 것은 일상적 경험으로의 회귀다.

경험을 설명한다는 것과 경험 자체는 같을 수 없다.

이제 레몽 아롱이 사르트르에게 "'칵테일'에 대해 말할 수 있는 것이 현상학, 즉 철학"이라고 한 말을 받아들인다면, 우리도 한 마리의 고양이로도 이 모든 것을 설명할 수 있어야 할 것이다. 앞서 우리는 플라톤의 본질이 현상, 또는 현상적 세계를 가능하게 하는 원리로서 배후에 존재하는 참실재라고 말하였다. 후설은 본질이 배후에 있는 것이 아님을 선언하고, 본질이 우리에게 어떻게 드러나는지 환원을 통해 설명한다. 환원의 구체적인 내용에 대해서는 1장의 4절에서 다시 설명할 것이다.

다시 고양이 이야기로 돌아가서, 후설과 퐁티가 어느 점에서 차이가 나는지 살펴보자. 후설의 현상학에 따르면 나의 라임이는 나와 함께 보낸 시간 때문에 내게 의미 있는 존재가 되었다. 라임이가 나를 만나기 전까지 라임이는 나에게 그저 한 마리의 고양이에 불과했다. 마치 우리가 김춘수의 시 〈꽃〉에서 내가 '나의 꽃'을 만나는 것처럼, 또는 생텍쥐페리의 어린왕자가 장미꽃을 사랑하게 되는 것처럼. 내가 그 녀석에게 쏟은 마음은 그 녀석과 나 사이에 의미세계를 만들어낸다. 내가 사는 공간에서 라임이가 오기 전과 온 후의 삶은 확연히 다르다. 외출을 할 때 나는 라임이 혼자 남아 외로울까봐 걱정하고 그 녀석의 사료는 남았는지, 배변은 했는지를 걱정한다. 라임은 내게 내 공간에 쏟는 의미를 다르게 바꾼 존재다. 라임은 내게 의미로 다가왔고, 그 의미가 내 세계를 다른 의미로 바꾸어놓았다. 여기에 무엇이 빠져있는지를 찾아내는 것이 퐁티와 후설의 차이를 가르는 관건이다. 후설은 나와 라임 고양이의 관계를 지향적 구조로 설명해낸다. 그 관계는 내가 라임 고양이를 단번에 알아볼 수 있도록 해준 것이다. 그러나 퐁티는 이 관계에서 몸 지향성의 의미를 추가한다. 내 몸이 거하는 곳에서 내가 라임에게 사료와 물을 주고 잠자리를 보살피는 일들은 '행위'에 속한다. 의미는 의식의 지향성뿐만 아니라 슈퍼마켓에 가서 사료를 사들고 오는 행위, 깨끗한 물을 그릇에 받아 한쪽에 두는 행위, 먼지를 털어내며 잠자리를 살펴주는 일들에 의해 발생한다. 나는 걷고 만지고 옮긴다. 그리고 그 행위는 나의 친구의 집이나 고양이 카페가 아니라 바로 내가 살아가는 내 공간에서 일어나는 일들이다. 퐁티는 내 몸이 거하는 곳, 몸이 처한 상황을 구체적으로 드러낸다. 이것이 사실 자체 또는 사물 자체를 드러내는 방식이다. 이러한 일들이 일어나고 인지되는 곳이 지각의 장이다. 다시 말해 그것은 하나의 세계, 즉 지각된 세계이다. 지각된 세계는 몸 주체가 표현하는 지각장이다.[82]

후설은 구체적인 상황, 환경이 빠진 의식과 대상과의 관계에만 주목할 뿐이다. 후설에 의하면 나의 고양이는 내게 하나의 의미대상으로만 존재한다. 그러나 퐁티에 따르면 하나의 의미대상으로만 존재하는 고양이는 살고 있는 생생한 고양이가 아니다. 퐁티는 살아있는 고양는 생생한 삶의 상황 속에서 존재한다고 말한다. 나의 추억 속에 의미대상으로 존재하는 고양이는 나의 지각장 속에 없다. 그것은 기억일 뿐이다. 지금 이 녀석은 따뜻한 내 침대가 마치 자기 침대인 양 자고 있다. 조금 전에 침대에서 빠져나온 나는 그 따뜻한 온기를 알고 있다. 아마도 저 녀석도 나처럼 그렇게 기분 좋은 잠을 자고 있을 것이다. 이 녀석은 내가 일어나서 방을 나가면 화들짝 일어나서 따라 나올지도 모른다. 그 녀석은 늘 그래왔다. 그러나 사실은 모를 일이다. 오늘은 노곤하게 뻗어 나를 모른 체할지도. 나의 고양이는 나와의 관계를 떠나 자신을 드러내지 못하고 나 또한 그 녀석과의 관계 속에서 나의 현재를 드러낸다.

82 메를로-퐁티, 《지각의 현상학》, p. 18.

후설과 퐁티 간의 차이는 이처럼 명백하다. 후설은 지각장을 설명해내지 못했다. 후설은 의식과 사물 관계만 주목함으로써 오히려 데카르트적 유아론에 가깝다는 비판을 받았다. 그는 행위와의 관계를 통해 드러나는 구체적 삶의 세계를 표현하지 못했다. 퐁티는 후설이 간과한 이 근원적인 차원, 즉 의식을 가능케 하는 몸과 몸이 거하는 실제 삶의 세계인 지각장에 주목함으로써 비로소 현상학을 새로운 차원으로 끌어올렸던 것이다.

03 지향성의 문제

▌의식의 지향성

근대철학이 해결하지 못한 가장 큰 문제는 유아론이다. 유아론이란 말 그대로 오직 자기 자신에 대한 이론만을 주장할 뿐 타자나 세계는 들어올 여지가 없는 이론을 말한다. 즉 자기 자신 이외에 다른 것은 필요하지 않고 그 자체로 자족적이다. 따라서 세계는 나의 바깥에서 도무지 나에게 파악되지 않는 미지의 영역으로 남아버렸다. 현상학은 이와 같이 근대의 극단적 주관주의와 객관주의의 문제, 다시 말해 주관과 객관의 분리를 근원적인 문제로 지적하고 이를 해소하려 한다.

근대철학은 세계를 보다 잘 이해하기 위해 가장 단순한 것으로 분리해냈다. 그래서 가장 순수한 상태의 것을 찾아내 다시 세계를 구성하려고 시도했다. 그 시도란 연역과 귀납의 방법이다. 이렇게 세계는 설명되고 분석되며 원자적 요소로 분해되기도 하고 결합되기도 한다. 그러나 현상학은 세계를 순수 존재들의 집합장소로 보지 않는다. 세계는 다양한 체험들의 교차가 이루어지는 장이다. 이 세계는 나의 경험들, 타자들의 경험들 사이를 가로지르며 상호 맞물려가는 교차 속에서 드러난다.

퐁티는 몸의 지향성 이후 이 얽힘과 교차를 설명하려 했다.

그런데 왜 여기서 지향성의 문제를 이야기해야 할까? 이를 살피기 위해서는 후설부터 이야기해야 할 것이다. 후설은 이론화되고 추상화된 세계에서 구체적 삶의 세계를 회복해야 한다는 위기의식을 자신의 철학 전반에 드러내고 있다. 그의 이러한 생각은 후설의《유럽 학문의 위기와 선험적 현상학》에서 구체적으로 나타난다. 후설이 우려하는 학문과 삶의 현실, 이에 대한 반성은 당대의 철학적 흐름과 무관하지는 않다. 이미 딜타이는 자연적 대상과 인간은 탐구방법이 달라야 한다는 인식 아래 정신과학의 중요성을 이야기했다. 후설은 지각에 있어서 물질과 정신의 이분법적 관계에 근원적인 문제가 있다고 보았다. 후설이 사용한 탁월한 방법은 지향성이며, 지향성은 후설 이래 현상학의 중요한 탐구 주제가 되었다.

후설은 판단중지를 통해 객관적 실재를 괄호 친 이후, 의식작용인 코기토와 의식대상인 코기타툼이 남아 있음을 발견한다. 후설 현상학이 의식의 현상학인 것은 바로 이 때문이다. 의식작용이 의식대상으로 드러날 수밖에 없다는 것은 너무나 분명한 일이다. 무언가를 생각한다는 것, 그것은 의식대상 없이 불가능하다. 내가 고양이에 대해서 혹은 물에 대해서 어떤 관념을 가지는지와 상관없이 고양이를 보거나 물을 보는 것은 결국 의식작용과 의식대상 간의 활동, 즉 의식활동이다. 그래서 우리의 의식활동은 언제나 '~에 대한 의식'이라는 존재방식을 가진다. 후설은 이를 의식의 지향성이라고 말하고 있다.

후설은 독일의 철학자이자 심리학자인 브렌타노의 지향성 개념을 차용해 소통의 가능성을 열었고, 그것을 지향적 의식으로 설명해냈다. 지향성이라는 개념은 스토아 학파의 세네카가 처음 사용하였으며, 중세에 들어와서 인식론의 핵심개념이 되었다. 스콜라 철학의 개념[83]인

지향성을 심리학의 기본구조로 변경한 것은 브렌타노였다. 브렌타노는 《경험적 입장에서의 심리학》(1874)이라는 책에서 심리현상과 물리현상을 6가지 특징으로 나열하였다. 그는 스콜라 철학에서 심리현상만 대상을 지향할 뿐 물리현상에는 지향성이 없다는 지향성의 특징을 받아들인다. 지향성이 현상학의 핵심 주제가 되었다는 점에서, 브렌타노가 아니었다면 현상학은 시작되기 어려웠을 것이다. 브렌타노는 물리현상을 감각적 성질로 보고, 정신활동은 물리현상을 표상한다고 말한다. 그리하여 정신은 물질의 부수적인 것이 될 수 없으며, 개별적 정신활동으로 이해되어야 한다고 주장한다. 이는 기계론적 세계관이 지배하던 당시에, 정신현상을 물질에서 분리해서 독자적인 것으로 확보하는 중요한 사건이기도 하다. 그에 따르면 우리가 경험하는 모든 것, 예를 들어 보고 듣고 느끼는 모든 것은 정신활동이다.

집안을 헤집고 다니는 고양이는 내 의식에 현상된 것, 즉 내 정신의 활동이자 정신의 지각작용이다. 이처럼 브렌타노의 지향성은 정신의 고유한 활동과 관련되어 있으며, 대상과 관계를 맺는 정신의 활동이라는 점에서 데카르트와 구별된다. 즉 데카르트가 '사유하는 자아'의 실체를 말했다면, 브렌타노는 모든 정신활동 및 정신현상을 지향성으로 설명하고 있다는 데 차이가 있다. 브렌타노는 심적 현상의 고유한 특성을 지향적 내재로 보는데, 물리현상에는 이러한 특성이 없다. 브렌타노의 지향성 개념은 후설에 와서 인식론 연구의 토대가 되었다.

지향성은 현상학의 핵심적인 개념이긴 하지만 전통적으로 철학사에서 인간의 의식과 영혼 등의 문제와 같이 다루었고, 근대에 이르러 새롭게 조명되고 있다. 앞서 언급했듯이 브렌타노 이전 스토아 학파에

---

83 스콜라 철학에서 intentio는 tendere의 파생어다. tendere는 영어 tension, tendency, attention의 어원이다.

서 처음 사용한 이 개념을 칸트도 사용했다. 칸트는 대상의 실재성을 확보하기 위해 인간 이성의 한계를 확인해야 했다. 그래서 그는 순수이성의 틀을 마련함으로써 세계의 객관성을 확보했다. 다시 말하자면 근대인식론은 대상을 현상된 것만으로 파악할 수밖에 없었고, 그 결과 각각의 개인에게 현상된 이미지의 객관성이 문제가 되었다. 칸트는 근대의 철학적 조류인 합리론과 경험론을 종합하고, 대상이 아닌 이성의 보편적 틀을 마련함으로써 근대적 한계를 극복한다. 그러나 칸트에게도 문제는 남아 있다. 그 문제란 '실재'가 무엇인지 결코 알 수 없다는 사실이다. 예를 들어 우리가 자연 그 자체라고 말할 때, 자연은 이미 인간이 구성한 자연이다. 그러니 자연 그 자체를 알 길이 없다. 칸트는 그것을 '물자체'라고 말한다. 인간의 이성 틀에서 벗어난 것에 대해서는 알 수 없으나 분명히 존재하는 그것이 물자체다. 그렇다면 '물자체'를 도대체 어떻게 할 것인가? 칸트의 세계가 관념의 세계로 남으면서 물자체는 해결되지 않으면 안 되는 숙제가 된 셈이다.

지향성은 의식과 대상과의 관계인 까닭에 인식 이전의 문제를 취급한다. 그것은 세계에 대한 이해에 있어 통일성으로서 체험되고lived 있는 것이다. 퐁티가 데카르트와 칸트를 주지주의의 대표자로 보면서 그들을 함께 비판한 것은 지향성 개념 때문이다. 퐁티가 보기에 후설의 공로는 지향성을 현상학의 주요 개념으로 삼았다는 것에 있다. 다만 후설의 지향성은 의식의 지향성이므로 여전히 인식론적인 색채를 벗어버리기 어렵다는 점에서 한계를 갖는다.

후설에 따르면 지향적 의식은 늘 '~에 대한 의식'이다. 현상학자에게 대상은 의식의 상관자로서 의식에 속한다. 따라서 현상들은 언제나 의식작용과 상관관계를 이룬다. 후설은 의식현상을 설명할 때 데카르트적 용어를 사용한다. 후설은 경험적 자아와 경험대상이라는 데카르트적 구조를 사고하는 자아ego cogito, 사고작용cogitatio, 사고된 것들cogitata 사이의 상관관계, 즉 지향적 구조로 바꾼다. 다시 말해 의식현상들cogitata은 사고하는 자아의 사고작용에 의해 사고된 것들인 셈이다. 그러므로 지향적 의식은 경험적 자아, 즉 코기타툼을 간직하고 있는 코기토이다. 후설은 지향적 의식을 노에마 즉 의미대상cogitatum과 노에시스 즉 의식작용cogito의 '상관관계'로 구조화한다.

의식이 지향적이라는 것은 대상이 의식에 주어지는 방식으로 존재한다는 것을 의미한다. 즉 의식과 대상이 따로 있지 않다. 따라서 현상학은 의식이 대상을 파악하는 방식이 아닌, 대상의 존재방식을 기술하는 일이다. 대상이 드러난 현상을 제대로 기술한다면 대상, 즉 세계를 이해할 수 있고, 더불어 '나'라는 인간을 이해할 수 있다.

다시 나의 라임에 대해서 이야기해보자. 나는 라임이 고양이라는 사실을 알고 있다. 라임은 고양이로서의 본질을 가지고 있다. 나는 고양이로서의 라임이 아닌 다른 방식의 라임을 생각하지 않을 수 있다. 또한 나는 라임의 감정이나 생각 등을 고려하지 않을 수도 있다. 우리가 일상적으로, 아니 오래전 동물에 대해서 가지는 사고관으로 생각한다면 말이다. 그러나 이러한 선입견을 과감히 포기해보자.

내가 만일 누군가에게 "집에 가면 라임이가 기다려요"라고 말한다고 하자. 그 사람은 내게 "라임이가 누구죠?"라고 물을 것이다. "고양이에요"라고 답하면 상대방은 그다음에 무엇을 내게 물을 것인가? 묻지 않을 수도 있지만, 무슨 종인지 물을 것이다. 그런데 나에게는 라임이 무슨 종인지 그다지 중요하지 않다. 그러나 그에게는 라임이 어떤 종의 고양이인지가 중요하다. 왜냐하면 그래야만 그 녀석의 성질을 알 수 있고 그 녀석을 파악할 수 있다고 생각하기 때문이다. 터키시 앙고라의 일반적 성격을 나도 익히 알고 있다. 그가 라임의 종을 안다 한들 라임이 어떤 녀석인지 알 수 있을까? 그에게 한 마리의 고양이에 대한 선입견을 제거하지 않는 한 나의 라임은 그에게 결코 알려지지 않을 것이다.

내가 나의 라임 고양이를 알아갈 수 있는 것은 지향적 체험 때문이다. 그 녀석이 아무리 매일 매 순간 다른 모습으로 나를 놀라게 한다고 한들 단 한 순간도 라임 고양이가 라임 고양이가 아닌 적이 없었다. 그 녀석은 나에게 이미지로만 있는 현상이 아니다. 사랑도 마찬가지다. 사랑하는 연인은 내 환상 속에서 만들어진 이미지가 아니다. 사랑하는 사람은 내 앞에 실존한다. 현상과 이미지, 그리고 그것의 실재성의 문제는 근대가 해결해야 할 문제였고, 이러한 고민이 후설의 철학적 주제의 중요한 부분을 차지한다. 따라서 지향적 체험에서 감각활동이 어떻게 행해지는지에 대해 묻지 않을 수 없다. 전통적으로 감각활동은 수동적이며 수용적인 활동이다. 수동적인 감각은 의식의 능동적인 활동에 의해 인지된다. 이는 후설에게 있어서도 마찬가지다. 그러나 감각이 의식을 촉발한다고 해서 감각을 의식과 대상 사이의 인과관계로 보아서는 안 된다. 후설에게 감각은 토대에 놓여 있는 것이다. 그것은 지향적 체험의 내실적 구성요소다. 이것을 후설은 질료Hyle라고 한다. 이 질료는 아리스토텔레스적 개념에서 가져온 것으로 형식 없는 재료에 속한다. 의식활동으로서의 노에시스가 이 감각질료를 의미대상으로 파악한다. 그래서 후설의 지향적 구조인 노에마-노에시스의 구조는 내적시간의식이며, 여기에서 최초의 단일체가 구성된다.

후설은 지향성의 의미를 제대로 포착했으나 지향성의 극에 자아극인 순수자아와 대상극인 객체를 설정함으로써 의식과 대상을 분리한다. 후설의 지향성은 왜 다시 인식론적 구조로 되돌아가 버렸을까? 후설은 판단중지 후 남은 대상적 단일체를 노에마로 보았다. 그러나 노에마로서의 대상은 체험의 내실적 구성요소가 되지는 않는다. 오히려 노에마로서의 대상은 관념적일 수 있다는 것이 문제로 지적된다. 노에마는 현상 자체로서 노에시스에 의해 존재하며 의미가 규정된다. 즉 환원을 수행한 후에 우리는 상상을 통해 상상된 것, 즉 노에마적 의미를 발견한다. 그러나 노에마적 의미 즉, 충만한 노에마volles Noema와 구별되는 대상적 의미가 있다는 점을 주지해야 할 것이다. 예를 들어 나의 라임 고양이는 어젯밤 무엇을 했는지 지금은 거실로 가서 자고 있다. 그 녀석은 가끔씩 무언가에 열중하다가도 때로는 심각하게 고심하는 듯한 표정을 짓는다. 책상 위에 앉아서 문득 나의 라임 고양이가 궁금해지면, 직접 가보기보다는 그 녀석은 지금 무얼할까, 평소 녀석의 모습을 떠올린다. 그가 어떤 모습으로 내게 상상이 되건, 라임고양이는 내게 다정한 친구 같은 존재로서 의미를 가진다. 이렇게 의미의 핵심을 이루는 대상적 의미는 하나의 형식이기도 하겠지만, 내용 즉 노에마의 '의미Sinn'라는 점이 중요하다. 그러므로 좀 더 엄밀히 말하자면 지향적 관계는 순수자아가 노에시스를 통해 지향적 대상에 관계하는 방식이다. 다시 말해 노에시스와 충만한 노에마의 관계라고 단순하게 규정지을 수는 없다는 의미다. 그럼에도 후설은 지향적 대상과 대상적 의미를《데카르트적 성찰》에서 구별하지 않고 사용하고 있다. 이로써 순수자아에 상관하는 하나의 극Pol을 이루게 된다. 이 극은 현상양식들을 일치시키는 원천이다. 후설은 대상극을 이루듯 순수자아의 단일체를 인정하지 않을 수 없게 된다. 후설이 비록 그것을 형식상의 문제로 간주한다고 하더라도 근대적 인식론의 틀을 유지하고 있다는 비판을 면하기가 어렵다. 그리하여 후설의 지향적 구조는 다시금 데카르트의 이원적 세계로 돌아가 버리고 만다. 후설의 초기 입장은 의식과 대상의 관계를 설정한다는 점에서 구성주의 입장이다. 나의 인식주관이 대상을 구성한다는 방식이다. 이때 나의 인식주관은 확실성의 토대에 있어야 한다. 따라서 데카르트적 코기토는 후설의 지향적 구조 속에서 실질적인 힘을 과시하고 있다.

▍몸의 지향성

후설은 판단중지와 환원을 말한 이후에 생활세계에 대해 서술한다. 생활세계는 이념적이고 추상적인 세계가 아니므로, 이념화된 세계에 형성된 선입견에서 벗어날 때 그 진정한 모습이 드러난다. 생활세계는 우선 순수자연으로서의 세계이지만 여기에 머물지 않고 인간, 예술품 등 정신적 존재의 의미가 표현되는 것을 확인하게 한다. 생활세계는 이론적이고 과학적인 경험에서 구성되는 것이 아니라 모든 실천의 보편적 장이다. 생활세계의 영역은 이론적 실천의 영역이면서도 삶의 일상적 실천 영역이다. 그러므로 생활세계는 학문의 세계와 구분된다. 학문의 세계는 선험적 주관성에 의해 구성되는데, 후설 후기철학의 중심 과제인 생활세계는 선험적인 학문으로 통하는 또 다른 통로가 된다는 점에 주의를 기울여야 한다. 퐁티가 받아들인 후설 현상학은 후기 현상학, 즉 발생적 현상학genetische Phänomenologie이다. 전기철학에서 후설이 구성한 존재론적 체계는 구체적인 사태 또는 사건을 분석하는 데 어려움이 있었다. 후설의 존재론적 체계는 내재적이고 내실적인 구성 요소의 구성에 집중되어 있었기 때문이다. 따라서 신체와 시간의 문제는 충분히 다루어지지 못했다. 후설의 발생적 현상학은 그가 걸었던 또 다른 현상학적 길이다.

의식은 항상 지향적 의식이지만, 지향적 관계에서 파악되는 의미는 발생적이지 않으면 안 된다. 왜냐하면 의미는 시간 속에서 구체적으로 발생되기 때문이다. 후설의 현상학은 생활세계를 다루는 후기에 와서야 몸과 시간, 그리고 역사의 의미를 살려낸다. 퐁티는 후설의 생활세계에서 현상학적 방법론의 완성을 기대하고 있다. 퐁티가 후설의 후기 현상학을 받아들인 것은 이 때문이다. 그러나 그는 후설 현상학을 의식의 차원이 아니라 몸의 차원에서 다시 다루고 있다. 이때 몸은 의식에 대립하는 몸이 아니라 새로운 몸, 또는 우리의 고유하고 본래적 차원에서의 몸이다.

퐁티에 이르면 지향성은 더 이상 '의식작용'이 아니다. 지향성의 의미에 충실하려면 의식작용을 몸과 구별해서는 안 된다. 인간은 몸적 존재임을 부인할 수 없기 때문에 이때 의식은 몸의식이어야 한다. 다시 말해 지향성은 의식과 대상 사이의 단순한 연결고리가 아니다. 우리는 몸의식에 관한 퐁티의 철학을 2장에서 좀 더 구체적으로 살펴볼 것이다. 몸에 대한 퐁티의 새로운 철학적 탐구는 퐁티가 후설 현상학을 완성하고 사르트르의 실존과 구분되는 중요한 지점이다. 여기서 중요한 것은 후설의 지향성이 의식 지평의 본질적 구조라는 점이다. 퐁티는 지향성 개념을 현상학의 핵심 개념으로 계승하지만, 후설과 달리 선험적 자아를 상정하지 않는다. 퐁티의 존재 개념은 하이데거의 개념인 세계-내-존재In-der-welt-sein를 차용해 세계-에로-존재로 말하는 점에서도 분명한 차이를 보인다. 몸에 대한 새로운 이해 없이 세계를 이해하지 못한다. 하이데거가 현존재를 세계-내-존재로 구조화했지만 몸적 지향성을 고려하지 않았다는 점에서 퐁티의 세계-에로-존재와는 궁극적 차이를 가진다.

나는 몸 없이는 존재하지 않고 세계를 벗어나서는 어떤 이름도 가질 수 없다. 따라서 지향성intentionnalité은 의식작용이 아닌 몸의 작용으로 이해되어야 하며, 의식의 흐름은 역사를 통해 그 내용이 채워진다. 그러므로 우리는 퐁티가 《지각의 현상학》에서 "세계에로 존재하기 때문에,

의미에 선고되어 있고 역사 속에서 이름을 갖지 않는 그 어떤 것도 행할 수 없으며 말할 수 없다"[84]고 한 말에서 지향성의 중요한 의미를 발견한다. 퐁티에게 지향성은 의식의 내적체험의 구조가 아니라 살아 숨쉬는 인간과 세계라고 하는 구체적 삶의 장을 드러내는 개념이다. 퐁티의 몸 지향성은 현상적 장의 다양한 층들의 깊이를 설명해낸다. 퐁티에게 몸은 물리적 몸이면서도 물리적 몸에 묶이지 않고 무한한 자기 확장을 통해 세계와 접촉한다. 이때 몸은 몸의식이라는 점에서 몸주체로서 세계에로 지향한다.

근대의 이분법적 구조는 세계를 모두 두 개로 나누었다. 정신과 물질, 개인과 사회, 너와 나, 여자와 남자, 흑과 백 등 추상적인 것에서 구체적인 것까지 명확히 두 개로 구별되면서, 두 개의 세계는 소통의 가능성을 상실하고, 전체적 통일성을 잃었다. 그러나 몸에 대한 퐁티의 새로운 이해로 몸은 사실상 새로운 몸이 아닌, 몸의 본래성을 회복하게 되었다. 이로써 근대가 해결하지 못했던 난제인 이분법은 해소되었고, 학문의 영역에서 진리의 문제와 동시에 삶의 근원적 소통이 가능하게 되었다.

따라서 퐁티에게 몸과 몸지각은 그의 현상학을 이루는 핵심적 개념이 된다. 퐁티에게서 역사는 그런 의미에서 중요하다. 역사는 머리가 아닌 몸의 개입에서 시작된다는 것을 우리는 잊어서는 안 된다. 역사는 몸성이자 공간성 그리고 시간성이며 역사의 부피를 품게 되는 것이다. 퐁티와 후설에게 있어서 지향성은 시간성의 차원에서 동일하지만, 공간성의 차원에서는 차이가 있다. 퐁티는 몸적 지향성을 통해 시간성뿐 아니라 고유한 몸의 공간성을 해명해낸다. 몸은 공간을 지향하고 있으

---

84 위의 책, p. 31.

며, 지향적 관계 속에서 세계와의 일치를 경험한다.

퐁티는 몸의 공간성을 다음과 같이 기술한다.

> 나의 팔이 탁자 위에 놓인다면, 나는 재떨이가 전화기 곁에 있듯이 팔이 재떨이 곁에 있다고 말할 생각을 갖지 않을 것이다. 나의 신체의 윤곽은 일상적인 공간적 관계들이 넘지 못하는 경계이다.
>
> 《지각의 현상학》, 165쪽.

세계는 나에 의해 열리는 공간이다. 나의 몸은 객관적인 몸이 아니라, 지향적 관계 속에서 몸과 세계를 변화시키는 잠재적 몸 corps virtuel 이다.

04 환원의 문제

▌후설의 선험적 환원은 가능한가?

후설은 지향성을 위한 현상학적 방법으로 '환원'을 말한다. 그는 환원을 통해 보편학의 토대인 선험적 주관성을 확보한다. 즉 후설에 의하면, 선험적 주관성은 지향적 구조 속에서 확보될 수 있다. 그러나 후설이 과연 환원에 성공하였는가? 후설의 환원에 대해 말하기 전에 퐁티의 입장을 먼저 밝혀보는 것이 좋겠다. 단도직입적으로 말하자면 퐁티는 후설이 주장하는 '완전한' 환원이 불가능하다고 말한다. 그렇다면 지향적 구조는 발견될 수 없다는 것인가? 퐁티는 지향적 구조가 선험적 자아를 드러내는 방식이어서는 안 된다고 말한다. 환원이 불가능한 것은 몸이 개입하는 현실적 상황을 판단중지할 수 없기 때문이다.

그러나 후설은《이념들 Ⅰ》에서 현상학적 환원을 통해 남겨지는 것이 있다고 말한다. 그 영역이 선험적 영역으로서 '순수의식reines Bewußtsein'인 선험적 주관성이다. 후설은 순수의식이 순수체험들의 영역이며, 이것을 본질직관의 형식으로 파악가능하다고 말한다. 그리고 순수의식을 엄밀하게 기술해내는 것을 현상학의 임무로 삼았다. 후설은 이 순수의식이 사실성과 반대되는 의미의 본질을 말하는 것이 아님을 강조하고 있다. 그가 '순수'라고 말하는 것은 실증과학의 태도에 의한 선입견이 제거된 순수를 말하는 것이다. 즉 후설이 환원으로 확보한 영역은 선험적 영역이다. 그 영역은 순수의식이 아니라 의식의 가능적 조건으로 이해되어야 한다. 그러니 후설은 텅 빈 자아를 말하는 것이 아님을 누차 강조한다.

> 내가 나의 완전한 자유 속에서 그렇게 한다고 해서 마치 내가 소피스트인 양 이 '세계'를 부정하는 것은 아니다. 또한 마치 내가 회의론자인 양 세계의 현존Dasein을 의심하는 것도 아니다. 그러나 나는 본래의 의미에서 '현상학적인' 에포케[판단중지]를 수행한다. 즉 나에게 존재하는 것으로서 지속적으로 미리 주어지는vorgegenene 세계를, '나'는 자연적이고 실천적인 전체 생활 속에서 받아들이는 것처럼 받아들이지 않고, 내가 실증 과학들을 하면서 받아들이는 것처럼 직접적으로 받아들이지도 않는다 … 나는 이제부터 실재에 대한 그 어떤 경험도 소박하게 곧이곧대로 수행하지 않는다.[85]

후설의 환원은 태도 변경이자 전회이기 때문에 그의 순수의식은 공허하지 않다. 태도를 변경한다는 것은 내용을 제거하는 것이 아니라, 일상적 태도에 대한 믿음이나 편견을 멈춘다는 것을 의미한다. 후설은

85 후설, 《순수현상학과 현상학적 철학의 이념들1》, p. 56.

일상적 태도를 자연적 태도라고 하고, 그것이 근대적 세계관에 의해서 형성된 것이라고 말한다. 자연적 태도 속에서 세계를 이해할 때, 존재하는 모든 것은 자명하다. 세계는 의심 없이 우리에게 존재한다. 태도 변경 또는 전회를 통해 우리는 분명하다고 생각했던 모든 것에 대한 믿음을 멈춘다. 그러나 그렇다고 해서 우리가 사는 세계가 다른 세계가 된다는 것을 의미하지는 않는다. 세계는 여전히 그대로 존재한다. 다만 세계를 이해하는 '편견'을 제거하자는 것이다.

후설의 판단중지는 데카르트의 방법적 회의와 구별된다. 후설과 데카르트는 학문의 토대를 마련하고자 각각 이 방법들을 사용했지만, 후설은 데카르트의 학문적 방법에 제동을 걸었다. 데카르트는 우리의 감각과 판단에 일어날 수 있는 오류 가능성을 점검하면서 결코 부정할 수 없는 '토대'를 찾으려 했다. 데카르트가 마련한 학문적 방법은 근대적 삶에 매우 큰 영향을 미쳤고 이로써 삶을 심각하게 훼손시켰다.

후설은 판단중지를 통해서 일상적 태도에 스며든 반성 없는 믿음, 즉 선입견을 제거하며, 그의 환원을 두 단계로 진행하였다. 첫 번째 단계는 형상적 환원이며, 두 번째 단계는 선험적 환원이다. 본질 파악은 형상적 환원에서 이루어진다. 우리가 앞서 살펴보았던 것처럼 본질은 직관적 경험으로 얻어진 것으로 플라톤의 본질과는 전혀 다른 의미를 지닌다. 후설은 형상적 환원에 멈추지 않고 그것을 가능하게 하는 선험적 환원의 단계로 나아간다. 문제는 여기에 있다. 과연 선험적 환원은 가능한가?

다시 고양이 이야기를 해보자. 내가 나의 고양이를 생각하는 지금, '내 고양이는 귀엽다'라고 생각한다. 그러나 곧 아무 곳에 배뇨한 고양이를 떠올리며, '말썽쟁이'라고 생각한다. 귀여운 고양이와 말썽쟁이 고양이. 이 두 고양이는 다른 고양이가 아니다. 그러나 내게 각각의 경험으로 들어온다. 말썽쟁이 고양이와 귀여운 고양이는 독립적 개체가 아니다. 내 의식에 귀여운 녀석 또는 말썽쟁이라는 내용으로 들어와 있다. 하지만 고양이가 내 의식에 주관적인 것으로 남아있지 않게 하려면 보편성을 확보해야 한다. 즉 말썽쟁이 고양이와 귀여운 고양이를 보는 의식의 가능적 조건인, 보편성의 가능조건을 확립하는 일이 중요하다. 후설의 현상학적 환원은 이를 확립하는 과정이다. 후설은 그 조건을 '선험적 자아'라고 말한다. 이미 우리는 선험적 주관성이 확보되는 지향적 구조를 앞장에서 세밀하게 살펴보았다.

후설은 데카르트의 코기토가 순수자아가 아니라 경험적 자아에 머문다고 말한다. 데카르트는 환원과 지향성의 의미를 몰랐기 때문에 경험적 자아의 선험성을 발견하지 못한 것이다. 후설은 환원과 태도 변경을 통해서 경험적 자아가 선험적 자아임을 확인하게 한다. 선험적 현상학에 이르면 경험적 자아와 그것의 가능조건인 선험적 자아는 구별되지 않는다. 환원은 경험적 자아가 선험적 자아임을 확인하는 작업이다. 의식은 하나의 실체가 아니다. 시간 속에서 끊임없이 대상을 담지하며 흘러간다. 흘러가는 의식에 포착되는 대상들은 내게 의미로서 파악된다. 나의 삶은 고정되지 않고 체험되며 깊이와 부피와 시간을 쌓아간다. 선험적 자아는 유동하는 삶, 흘러가는 의식을 전체적으로 통일한다.

세계의 발견이자 몸의 발견으로서 환원

왜 퐁티는 후설의 환원이 불가능하다고 말하는 것일까? 퐁티의 입장에서 볼 때, 후설이 주장하듯 선험적 자아는 텅 빈 자아가 아니라고 말한다면 완전한 환원이 불가능함을 스스로 밝힌 셈이 된다. 또 퐁티는 후설이 환원을 위해 너무 많은 시간을 소비했다고 말하고 있다. 후설이 수행한 판단중지와 선험성의 영역은 기존의 철학적 편견을 제거하는 새로운 학문을 위한 출발점 또는 토대라는 점에서 퐁티에게 중요한 의미를 가진다. 그러나 후설의 환원은 지나치게 멀리 갔고, 그가 궁극적으로 복귀하기를 염원했던 선험적 의식은 그 결과로 남을 뿐, 여전히 생활세계의 복원은 요원하다. 따라서 퐁티가 보기에 선험적 주관성의 영역을 확보하는 일이 과연 가능한지도 문제가 되지만, 현상학적 환원은 생활세계의 복원을 위한 방법으로도 부적절하다. 이런 이유에서 퐁티는 후설이 환원을 수행하는 과정에서 크나큰 오해를 하고 있다고 비판하는 것이다. 퐁티는 환원을 하려면 환원의 진정한 의미를 놓쳐서는 안 된다고 말한다. 환원의 진정한 의미는 세계의 발견이며 몸의 발견이다. 그것은 타자의 존재와 세계에 대한 이해를 포함한다. 타자의 문제는 전적으로 데카르트가 해결하지 못한 중요한 문제이다. 퐁티는 다음과 같이 말하고 있다.

> 붉은색에 대한 나의 감각은 어떤 감각된 붉은색의 현시로서 통각되고, 이 붉은색은 붉은 표면의 현시로서 통각되거니와, 결국 이 붉은 색종이는 붉은 사물, 즉 그 책의 현시 또는 음영으로 통각된다. 그러므로 그것은 어떤 질료를 고차적 현상을 의미하는 것으로, 의미부여로, 의식을 규정하게 될 의미의 능동적 작용으로 파악함일 것이며 세계는 '의미 세계' 이외의 다른 것이 아닐 것이다. 현상학적 환원은 세계를 폴과 피에르에게로 분할되지 않는 그리고 그들의 조망이 그 안에서 다시 나누어지게 되는, 또한 '폴의 의식'과 '피에르의 의식'이 서로 소통하게 되는 가치의 통일성으로서 다루어지는 선험적 관념론의 의미에서 관념적일 것이다 … 두 사람의 의식이 서로 소통하는 이유는 '피에르의' 세계의 지각이 피에르의 행위가 아니며 '폴'의 세계의 지각이 폴의 행위가 아니라서가 아니라, 각자에게 그것은 의식, 의미 또는 진리의 정의 그 자체에

의해서 요구되는바, 의사소통이 아무런 문제도 되지 않는 선개인적 의식의 행위이기 때문이다.

《지각의 현상학》, 19~20쪽.

후설이 복귀하고자 하는 '선험적 의식'은 불투명성이 제거된 것이다. 따라서 인용에서 사례로 든 폴과 피에르, 그러니까 우리 식으로 말하자면 후설의 방식으로 볼 때 순이와 철이는 '각자성'을 가질 수 없다. 비록 후설이 경험적 자아와 선험적 자아는 구별되지 않는다고 말했지만, 오히려 그렇게 말을 했기 때문에 후설의 환원은 불가능한 환원이 될 수밖에 없다.

후설의 환원으로는 개별성을 보장받지 못하며, 타자의 존재도 드러나지 않는다. 그러므로 소통은 그 의미를 상실하고 무시된다. 퐁티는 문제가 뒤틀린 이유를 처음부터 바로 잡아야 한다고 생각했다. 사유는 의식의 흐름만으로 이해될 수 없다. 먼저 내가 무언가를 생각한다는 것은 감각을 통해서다. 즉 보고 듣는다. 그러니 그것은 지각의 문제다. 다시 눈을 통해 의식이 판단을 내리는 것이 아니라, 눈과 귀 등 감각하는 몸인 내가 지각한다. 나의 지각은 온몸을 통해서다. 그러니 생각은 몸 없이 불가능하다. 몸은 세계와 지향적 관계 속에 엮이고 밀착되어 있다. 그러므로 내가 사유하는 자아라면 나는 몸을 지닌 자아라는 것이며, 상황 속에 있는 자아이다.

퐁티는 환원의 궁극적인 목표를 오이겐 핑크가 말했듯, 세계와 만났을 때 우리가 경험하는 그 '경이'에서 발견한다.[86] 그래서 퐁티는 "환원의 가장 중요한 교훈은 완전한 환원의 불가능성"[87]이라고 말하는 것

86 메를로-퐁티, 《지각의 현상학》, pp. 22~23.

87 같은 책, p. 23.

이다. 만일 우리의 의식이 절대적이라면, 환원은 아무런 문제가 안 된다. 그러나 우리의 의식은 순수하게 의식작용을 통해서 지향성을 설명할 수 없다. 그러므로 선험적 의식은 없다.[88] 그렇다면 현상학에서 환원은 어떤 것이어야 하는가? 퐁티는 오히려 현상학적 환원이 실존철학의 공식이어야 한다고 말한다.

퐁티는 현상학적 환원을 다음과 같이 비판하며 보완한다. 첫 번째, 현상학적 환원을 통해 도달하는 선험성의 영역은 의식이 아니라 바로 '몸'이다. 몸이야말로 우리의 체험이 이루어지는 장이자, 세계와 직접 교섭이 이루어지는 곳이기도 하다. 그러므로 만일 선험성의 영역이 있다면 그것은 모든 지각 또는 체험을 가능하게 하는 몸이어야 한다. 두 번째, 퐁티는 후설의 판단중지를 문제로 삼는다. 후설은 판단중지를 통한 환원에 집중한 나머지 현상학이 바라는 문제의 본질을 망각한다. 판단중지는 근대의 일상적 믿음을 멈춘다는 것을 의미한다. 그래서 후설에게 현존Dasein에서 본질Wesen로의 이행은 매우 중요하다. 그러나 이 일에 경도되어서 그 본질이 무엇인지 놓쳐버린 것이 후설의 실수다.

퐁티가 보기에 후설의 환원은 선험적 의식으로의 복귀이므로, 그가 말한 환원은 데카르트 철학의 투명성과 다르지 않다. 퐁티는 세계의 투명성이 가능한지 묻는다. 환원이 불가능한 이유는 바로 세계의 투명성, 자아의 투명성이 불가능하기 때문이다. 퐁티는 본질 파악으로서 형상적 환원은 "모든 복귀에 앞서 세계를 있는 그대로 우리 자신에게 나타나게 하려는 결단이며, 반성과 의식의 비반성적 삶을 동등시하려는 야심"[89]이라고 말하고 있다. 후설이 말하듯 자연적 태도가 가지는 소박한 믿음을 판단중지한다는 것은 그 태도가 가지는 편견에 대해 판단중지

88 위의 책, p. 23.

89 메를로-퐁티, 《지각의 현상학》, p. 26.

한다는 의미다. 우리가 이를 통해 확인해야 하는 것은 무엇을 믿고 있는지를 분명히 아는 것이며, 동시에 우리가 살고 있는 세계를 의심해서는 안 된다는 점이다. 세계는 바로 우리가 지각하는 바로 '그것'이다.

2. 같으면서도 다른 메를로-퐁티와 사르트르

퐁티와 사르트르는 현상학적 방법을 공유하면서도 접근 방법이 각기 달랐다. 퐁티는 '몸'으로, 사르트르는 '자아' 즉 '자기의식'을 통해 사실 자체를 파악하려 했다. 퐁티가 영향을 받은 후설 현상학은 의식 현상학이 아니라 생활세계의 현상학, 즉 후설의 영향 아래에 있던 하이데거의 환경세계였다. 그런 점에서 퐁티가 사르트르보다 훨씬 더 현상학적 관점에 충실한 것으로 보인다. 후설과 하이데거 현상학을 기준으로 했을 때, 사르트르가 후설 현상학에 가까웠다면 퐁티는 하이데거 현상학에 가깝다.

하이데거는 인간이 세계에 거주한다고 말한다. 그는 거주의 방식을 도구적 연관성으로 설명한다. 인간과 사물이 서로 긴밀한 연관성을 가지고 서로를 지시한다는 것이다. 생활한다는 것은 세계가 의미를 가지고 열린다는 뜻이다. 그래서 한 사람의 공간은 그 사람의 삶이 드러나는 구체적 삶의 세계이다. 그래서 인간은 세계-내-존재이다. 퐁티는 하이데거의 생활세계를 받아들였으나 생활세계를 거주라는 개념으로 이해한 하이데거와는 달리, 생활세계를 지향 개념으로 이해한다. 퐁티가 이해하는 인간은 세계-에로-존재, 즉 지향하는 존재이다. 이를 이해하기 위해 몸은 무엇보다 중요한 출발지점이 된다.

퐁티와 사르트르가 현상학적 관점에서 몸과 자아라고 하는, 각각 다른 출발점을 가지고 있다고 하더라도 두 철학자의 방향은 다르지 않다. 이 장에서는 퐁티와 사르트르가 현상학적 방법을 어떻게 공유하고 어떻게 실현해나가고자 했는지 서로의 입장을 비교, 대조하면서 살펴보려 한다. 먼저 실존에 대한 그들의 입장을 살펴본 후, 관념론자와 유물론자, 마르크스주의자와 가톨릭계가 실존주의를 대하는 태도를 살피려 한다. 그리고 존재와 참여에 대한 퐁티와 사르트르의 입장을 살펴볼 것이다.

01 현상학적 실존주의

사르트르는《존재와 무》를 집필하고 퐁티는《지각의 현상학》을 집필한다. 퐁티는《지각의 현상학》에서 사르트르를 상당히 염두에 둔 듯 사르트르를 겨냥한 설명들을 많이 넣는다. 그는 이 책뿐 아니라 여러 논문에서 사르트르를 옹호하면서 사르트르를 비판하는 사람들이 그를 오해하고 있다고 말하고 있다. 그렇다고 해서 퐁티를 사르트르 연구자 혹은 사르트르의 영향 아래에 있는 철학자라고 말하려는 것이 아니다. 오히려 퐁티는 사르트르 현상학을 보완하고 확장하기 위해 그의 사례와 논지들을 인용하고 있다. 퐁티와 사르트르는 같은 학교에 다닌 동료였고, 당대의 사회문제를 공유했으며, 같은 길을 걸었던 현상학적 실존주의자들이다.

그들의 차이를 논하기 전에 그들이 어떻게 공통점을 형성했는지 살펴보려 한다. 퐁티는《존재와 무》에서 사르트르가 드러내고자 한 현상학적 입장에 동의하고 있다. 퐁티는 1945년 이후,《현대》지와《르 피가로》지에서 사르트르와 그의 저서《존재와 무》를 옹호한다. 또한 퐁티는 사르트르를 비판하는 프랑스 지식인들을 문제 삼으면서 사르트르와 자신의 철학적 입장을 견지하는 에세이들을 잇달아 발표한다. 우리가 살펴볼 에세이들은《의미와 무의미》에 실린 에세이들로, 〈스캔들을 일으킨 작가*Un Auteur Scandaleux*〉(1947)와 〈실존주의 논쟁*La Querelle de l'Existentialisme*〉(1945) 등이 있다. 비록 퐁티가 한국전쟁 이후 사르트르와 거리를 두기 시작했고,《변증법의 모험들》과 같은 책에서 사르트르를 비판했다고 하더라도 퐁티와 사르트르를 대립하는 철학자로 볼 이유는 없다. 사르트르에 대한 퐁티의 옹호와 비판은 또 다른 존중의 표현이라고 보아야 한다.[90]

퐁티가 사르트르를 옹호하면서 제기한 문제는 주관적 의식과 객관적 대상의 관계로, 데카르트가 제시한 이원론적 인식론이 야기한 문제들이다. 퐁티는 19세기 이후 이 문제들을 비판적으로 다시 논의해야 한다고 강조한다. 퐁티는 사르트르가 비판받는 이유를 '그가 가지고 있는 대중적인 힘'으로 문제를 제기했기 때문이라고 본다. 사르트르의 대중적인 영향력이 사르트르가 퐁티 자신보다 더 많이 비판받는 이유라는 것이다. 이렇게 생각한 퐁티는 프랑스 지식인들이 사르트르에게 가하는 비판에 예민하지 않을 수 없었다. 퐁티는 사르트르에 대한 비판이 자신을 향한 비판 내지 비난이라고 생각했을 것이다. 퐁티는 사르트르에 대한 그들의 평가를 냉정하게 분석하면서 자신과 사르트르가 추구하는 실존적 입장을 내세운다.

실존주의가 프랑스 사회에 미치는 영향은 매우 컸다. 사르트르가 주목받은 이유는 그가 지닌 대중적인 힘 때문이기도 하지만, 그가 실존주의에서 받은 영향 때문이기도 하다. 만일 실존주의가 그에게 그렇게 강하게 영향을 주지 않았다면 그는 비난을 받지 않았을지도 모른

---

90 베르나르 앙리 레비,《사르트르 평전》, p. 98.

다. 사르트르는 거리로 나가서 자신의 생각을 힘껏 말했으며, 대중이 읽는 문학을 통해 자신의 생각을 쏟아놓았다. 퐁티와 사르트르가 추구하는 실존적 입장은 관념론적이거나 유물론적인 입장이 아닌 제3의 입장이다. 이 입장은 프랑스가 처해있던 정치 사회적 상황 속에서 애매한 태도로 보였기 때문에 더욱 많은 비난을 불러왔다. 예를 들어 정치 국면에서 사르트르는 분명 마르크스주의자였지만, 태도에 있어서는 제3의 입장을 취했다. 정치뿐 아니라 철학에서도 그들은 애매한 태도를 취했다. 그들은 학문에 있어서도 관념론자가 아니었으며, 더구나 유물론자도 아니었다. 그들의 제3의 입장은 철학보다 정치 상황에서 볼 때 매우 위험하다. 그들은 마르크스주의자로부터 배신자로 보일 여지가 다분하고, 반대편에 있어서는 적대적인 정치적 입장을 가진 철학자로 간주될 수 있기 때문이다. 우리가 퐁티와 사르트르를 삶의 철학자 또는 진정한 실존주의자로 보는 것은 그들이 자신들의 삶 자체를 철학적 입장과 분리해내지 않기 때문이다. 그들은 자신의 삶이 그 자체로 자신의 철학적 입장을 드러내는 구체적 사례로 남는 것을 두려워하지 않는 것 같다.

《존재와 무》에 대한 퐁티의 견해를 들어보자.

> 한 개념과 다른 개념 간의 체험적인 유대 관계와 교류로서 설명되기보다는 나 자신에 대한 나의 견해와 타인의 견해의 반명제, 그리고 즉자와 대자 간의 반명제가 하나의 양자택일로서 제시되고 있다. 주체와 자유를 설명함에 있어서, 저자의 주요 관심은 그들을 사물과의 어떠한 타협 속에도 포함되지 않는 것으로 제시하는 데 있으며, 훗날 어느 때까지는 존재 속의 무의 '실현' — 이것이 행동과 도덕성을 가능케 하는 것인데 — 에 대한 탐구를 연기하고 있음이 분명하다. 《존재와 무》는 우선 주

체란 하나의 자유이며 부재이며 부정으로서, 이런 의미에서 무가 존재한다고 제시한다. 그러나 동시에 그것은 주체는 단지 무이며, 자신을 존속하기 위한 존재를 필요로 하고, 또한 그는 세계라는 배경에 대해서만 단지 사유될 수 있을 뿐으로, 마치 호메로스의 시에서 귀신들이 생명의 피를 마시며 사는 것처럼, 존재로써 양육된다는 것을 의미하는 것이다. 그러므로 우리는《존재와 무》에 이은 모든 규명과 완성의 방식을 기대할 수 있다. 그러나 사르트르의 설명이란 전 세기의 업적 이후, 예리하고 새로운 심오성을 띠고 등장한 것이므로 철학의 중심 문제를 제시하고 있음은 부인할 수 없다. 데카르트 이후, 의식으로서의 실존은 사물로서의 실존과 근본적으로 다르며, 양자의 관계는 무와 충만의 관계라는 사실을 부인할 수 없게 되었다. 그리고 19세기 이후, 정신에 대한 역사적 가치가 부여된 이래 의식은 항상 어느 한 상황 속에 존재한다는 것도 부인할 수 없게 되었다. 두 가지 모두를 동시에 이해하는 것이 우리의 임무이며, 단지 어느 한 고전적 입장을 취한다면 가톨릭이나 마르크스주의에 대한 어떠한 해결책도 불가능할 것이다. 이것은 그 자체만으로는 불가능하며, 심지어 기독교나 마르크스주의의 내적 논리에 입각한다고 해도 불가능할 것이다.

〈실존주의 논쟁〉,《의미와 무의미》, 107~108쪽.

인용문에서 보듯 퐁티는 사르트르가 제기한 문제들이 철학의 중요한 문제임을 강조한다. 프랑스의 좌파와 우파에 속한 지식인들은 각자의 입장에서만 보았기 때문에 사르트르가 말하고자 하는 근본적인 문제를 직시하지 못했다. 프랑스 지식인들은 사르트르를 매우 위험한 철학자로 간주한 것이다. "《라 크루와La Croix》 6월 3일판에서는 사르트르의 철학을 '18세기의 합리주의나 19세기의 실증주의보다 훨씬 심각한' 위험이라고 논평"[91]하였다. 특히 프랑스 지식인들이 사르트르의 철학을 아직 판단력이 미숙한 어린 학생들에게 위험하다고 간주한 것은 그들이 얼마나 사르트르를 견제하고 있는지 잘 보여주는 사례라 하겠다.

퐁티는 사르트르를 비판하는 지식인들이 그들의 학문적, 정치적 입장을 지키느라 실제로 퐁티 자신과 사르트르가 문제 삼고 있는 것이 무엇인지조차 눈치채지 못하고 있다고 말함으로써, 현상학은 아직도 수행 중인 학문이어야 한다고 강조한다. 퐁티는 사르트르가 작품 속에서 던지는 실질적인 물음은 "인간과 자연 혹은 사회적 환경과의 관계"[92]에 대한 것이었다고 말한다. 이는 근대철학이 세계에 대해서 가지고 있는 이분법적 세계관에 대한 비판이며, 사르트르와 퐁티가 공유하는 문제의식이다.

반면, 이분법적 인식론이 가지고 있는 '근원적' 문제점을 보려 하지 않았던 가톨릭계 지식인들은 사르트르가 무신론적 실존주의자라는 것만 보았고, 마르크스주의자들은 그들이 중요하게 생각하는 사회나 역사의 문제가 아닌, 개인을 전면에 내세우는 실존주의를 반대하였다. 퐁티는 〈실존주의 논쟁〉에서 '인간과 사회', '내적 조건과 외적 조건' 그리고 '주관과 객관'의 이분법적 문제가 근대 이후 오랫동안 제기되어 왔던 문제이며, 이 문제를 실존주의자들이 전면에 드러내고 있다고 말한다. 주관과 객관에 대한 이들의 고전적 견해로는 아무것도 알 수 없다. 사실은 주관적 심리 속에 갇혀 드러나지 않거나 인간이 결코 경험할 수 없는 물자체가 되어 아무것도 아닌 것이 된다. 그러나 진리는 '사실 자체의 문제'여야 한다.

---

91 위의 책, p. 105.
92 같은 책, p. 106.

> 만일 인간이 다수 중의 하나인 것이 사실이라면, 인간은 하나의 의자나 테이블과 마찬가지로, 그 자신의 한계 속에 갇혀 어떤 특정한 공간 속의 위치에 현존하며, 따라서 그 자신에 대해 자기 외의 것을 표현할 수 없을 것이기 때문에 어떠한 것도 알 수 없다.
>
> 〈실존주의 논쟁〉, 《의미와 무의미》, 106쪽.

퐁티의 이 말은 매우 인상 깊다. 퐁티에 따르면 인간은 사물이 공간에 놓이듯 그렇게 놓이는 존재가 아니다. 인간은 공간의 일부가 아니다. 만일 인간이 공간의 일부라면, 인간은 사물과 같은 지위를 가지게 된다. 이때 사물은 어떤 의식도 가지지 않은, 다시 말해 지향적 의식을 가지지 않은 사물적 존재자다. 사물과 사물이 각각 독립된 무엇으로 자기 자리를 점유하고 있으나 서로에게 어떤 영향도 미치지 못하는 것과 같이, 인간 또한 자신을 드러내는 것 외에 아무것도 할 수 없다. 만일 그러한 의미에서 사물적 존재인 인간이라면 인간은 자기 세계를 가지지 못한다. 그렇다면 공간은 인간에게 어떤 의미인가? 퐁티는 인간 자신과 세계를 공간성으로 설명해낸다. 인간은 몸 자신인 깊이를 가진 존재이며, 시간성 속에서 역사를 가진 존재이자 하나의 세계 즉 공간성을 지닌 존재이다. 그러니 몸 자신인 나는 하나의 공간성이며, 스스로 공간을 확장해가는 무한한 힘을 가진 존재다.

그렇게 본다면 인간의 존재방식은 사물이 존재하는 방식과 사뭇 다르다. 특히 존재방식에서 그렇다. 우리는 여기에 존재의 위계적 질서, 즉 존재론적 지위의 차이를 말하는 것이 아니다. 그럼에도 현상학자들은 주체의 전통적인 입장을 견지하고 있는 것은 분명하다. 단적으로 말하자면 현상학자들은 사물이 즉자적으로 존재하는 반면, 인간은 대상의식으로 자기의식을 가질 수 있다고 말한다. 이미 앞장에서 우리는 후설이 그것을 지향적 의식으로 설명하고 있다는 것을 살펴보았다. 의식은 순수하게 의식으로 남아 있지 않다. 그것은 항상 상황 속에서 생긴다. 그래서 의식은 지향적이다.

그렇다면 사르트르의 무, 그러니까 텅 빈 의식을 우리는 어떻게 이해해야 할까? 텅 빈 의식은 어떻게 대상을 지향하며 끊임없이 능동적일 수 있는 것일까? 사르트르에 의하면 의식은 끊임없이 대상과 관계하며 자신을 비워낸다. 예를 들어, 내가 내 고양이 라임이 자는 모습을 보고 있다고 하자. 나의 의식은 고양이가 하품하고 있는 입을 바라보고 있는 의식이다. 나를 초월하여 대상을 향하는 나의 의식은 나의 고양이의 하품하는 입을 바라보는 것에만 머물러 있지 않다. 나의 시선은 고양이의 졸린 눈에서, 살랑살랑 흔드는 꼬리로 향한다. 이렇게 나의 의식은 하품하는 입을 바라보는 의식에서, 졸린 눈을 바라보는 의식에서, 꼬리를 바라보는 의식이 된다. 사르트르는 이것을 의식의 끝없는 무화작용néantisation이라고 말한다.

사르트르는 즉자와 대자 간의 관계 방식을 무화작용으로 설명하면서 인간 존재는 창조되는 것이 아님을 주장하고 있다. 여기서 분명하게 드러나는 것은 인간은 사물적 존재와 존재방식에서 차이가 있으며, 인간은 자유인 까닭에 외부환경, 즉 자연이나 사회적 상황에 의해 삶의 방향이 '결정'되는 존재가 아니라는 것이다.

'자유'이자 '실존'인 인간은 어떤 누군가에 의해 만들어진 존재, 직접적으로 말하자면 신의 피조물이길 거부한다. 신을 거부한다는 점에서 볼 때 가톨릭주의자들과 마르크스주의자들은 서로 충돌할 이유가 없다. 그럼에도 불구하고 가톨릭주의자들과 마르크스주의자들은 사르트르를 그들 가운데 두고 비난한다. 가톨릭주의자들의 입장에서 볼 때 사르트르는 유물론자이며, 마르크스주의자들의 입장에서 볼 때 그는 관념론자이다. 이런 이유로 사르트르는 가톨릭주의자들에 의해서도 마르크스주의자들에 의해서도 비난받고 비판받는다.

실존하는 인간은 표현함으로써 자신을 드러낸다. 다시 말해 인간은 표현하는 존재이다. 또한 인간은 어느 것에도 속하지 않으면서 모든 사물과 관계하는 매우 '특수한 존재'이다. 퐁티는 이러한 인간을 '지향적 존재l'être intentionnel'라고 말한다. 지향적 존재로서의 인간은 '순수정신'으로 존재하지 않는다. 인간이 순수정신으로 존재한다면, 외부세계와 애초에 섞일 수 없기 때문에 우리는 결단코 세계를 이해할 수 없게 되며, 세계와 어떤 방식으로든지 '관계맺음'이 불가능하게 된다. 데카르트 이후 자아는 경험적 자아, 즉 대상적 경험 없이 자신을 드러낼 수 없기 때문에 우리는 세계 없이 세계를 사유할 수 없다. 그런데도 우리는 불순한 모든 것, 예를 들어 그 자신이 아닌 외부에서 온 모든 것들을 제거하고 남은 순수한 무언가를 끊임없이 갈망한다. 그러나 우리의 질문은 좀 더 근원적이어야 할 것이다. '순수한 무언가를 찾을 수 있는가?'라고 물을 것이 아니라 '순수정신은 경험적 사실을 제거하고 남겨질 수 있는 것인가?'라고 물어야 한다.

간단한 예를 들어보겠다. "당신은 무엇을 생각하고 계십니까?"라는 질문에 우리는 무엇을 떠올리게 되는가? 어젯밤 친구와 다투었던 일을? 아침 창가에 비친 햇살을? 아니면 비밀스럽게 생각하고 있는 나를? 순수정신이 무엇이든지 생각은 경험에서 온다. 퐁티는 데카르트가 인간을 사유하는 존재라고 말하는 것에서 출발하되, 사유하는 존재로서 인간은 지향적 관계 속에서 설명되지 않으면 안 된다고 말하는 것이다. 그는 데카르트의 코기토를 새롭게 해석해야 한다고 말한다. 《지각의 현상학》에서 그는 다음과 같이 말한다. "나는 데카르트의 코기토를 생각하고 있고 이 작업을 종결하기를 원하며, 나의 손 밑에 있는 지면의 차가움을 느끼고 창문을 통해 거리의 나무를 지각하고 있다."[93]

02 관념론과 유물론에 대한 비판

▎사르트르의 한계

퐁티는 "존재와 무의 변증법은 단지 사르트르의 마음속에서 일어나는 것이 아니라, 계급투쟁에서 숙청된 낙심한 노동자들의 마음속에서도 일어나는 것이다."[94]라고 말한다. 인간을 어떻게 관념으로만 이해할 수 있을 것인가? 마찬가지로 인간은 사물적 존재인 것만도 아니다. 퐁티는 "(나의) 삶이 어떤 정치적 의미를 갖는다면, 그것은 그 자신의 결정을 통해서 그의 삶에 의미를 부여한다"[95]고 말함으로써 관념론과 유물론 양극단의 철학적 입장에 대해 모두 비판적으로 해석한다. 물론 퐁티는 이 두 가지 철학적 입장을 무조건 거부하지는 않는다. 나는 세계를 의미 세계로 열어가는 하나의 의식이지만, 이 의식은 물질적이며 질료적이다. 다시 말해 몸적 의식이다. 나는 하나의 의식이지만, 내가 몸적 존재이므로, 내 의식 또한 몸의식이다. 그런 이유로 의식은 하나의 몸, 질료적인 몸이다. 몸과 의식은 불가분리로 엮여있다. 세계와 내가 그렇게 얽히고 엮여있는 것처럼 말이다. 그래서 퐁티의 철학은 애매성의 철학, 즉 관념적이면서도 유물론적인 철학이다. 이는 퐁티의 몸철학에서 분명히 주장하고 있는 바이다.

관념론과 유물론이라는 양극단의 철학적 입장은 매우 오랜 역사적 전통을 가지고 있다. 퐁티는 관념론과 유물론을 다음과 같이 소개한다.

---

93 메를로-퐁티, 《지각의 현상학》, p. 551.
94 메를로-퐁티, 〈실존주의 논쟁〉, p. 117.
95 같은 책, p. 117.

이에 대한 것으로 두 가지의 고전적인 견해를 들 수 있는데, 그 하나는 인간을 외부로부터 형성하고 그를 다수 중의 하나로 특징짓는 물리적, 생리학적 그리고 사회학적 영향들의 결과로서 간주하고 있는 것이며, 다른 하나는 인간은 하나의 정신으로서 바로 그에게 작용하는 원인이며, 스스로를 표상함에 있어 인간의 무세계적 자유를 인식함으로써 이루어져 있다고 보는 것이다.

〈실존주의 논쟁〉, 《의미와 무의미》, 117쪽.

플라톤의 실재론적 관념론과 근대인식론적 관념론은 구별되어야 하는데, 현상학자들이 비판하는 것은 인식론적 관념론이다. 인식론적 관념론은 유물론에 대립되는 개념으로 사용된다. 관념론은 물질세계의 존재를 관념으로 환원시키고, 유물론은 정신적인 모든 것을 물질의 부수현상으로 취급한다는 점에서, 관념론과 유물론은 각각 현상학이 문제 삼고 있는 극단적 주관주의와 객관주의의 철학 이론의 형태라 할 수 있다.

관념론자들은 주체와 객체 관계에서 대상을 주관적 대상 또는 주체에 의해 구성되는 객체로 파악했다. 관념론자들이 취하는 이러한 관계를 '인식관계rapport de connaissance'라고 한다. 이와 같은 이분법적 인식관계에서 우리가 알 수 있는 것은 사실상 아무것도 없다. 퐁티는 이러한 인식관계를 비판하면서 새로운 관계, 즉 존재론적 관계를 제시한다. 지향성이 현상학에서 중요한 연구 주제가 되는 것은 지향적 관계가 새로운 관계 구조를 보여주기 때문이다. 그러나 지향적 관계에서 간과되어서는 안 되는 것은 '몸'이다. 무언가를 지향하기 위해서는 지향지점이 되는 공간성을 지니는 몸이 없어서는 안 된다. 동등한 위상에 존재하는 개별적 몸은 소통불가한 두 개의 세계인 이원적 구조에 매이지 않는다.

이원적 구조 속에서 한 몸은 다른 한 몸을 인정하지 않는다. 그것은 각기 다른 성질의 것으로 설명되며, 하나가 다른 하나를 예속시키려 하거나 대상화하려 하며, 반대로 예속당하려 하지 않거나 대상화되지 않으려 하는 끊임없는 살능의 양상을 보여준다.

몸은 이런 의미에서 퐁티와 사르트르 두 사람 모두에게 중요한 관심사였다. 그러나 사르트르에게 몸은 의식의 투영이라, 몸을 가진 또 다른 의식과의 갈등과 투쟁의 양상이 적나라하게 나타난다. 사르트르에게 몸은 이원적 구조에서 열등한 지점을 차지하는 게 아니라 주체에 대립한 타자이거나, 그 자체로 주체가 되기도 한다. 사르트르는《존재와 무》 3부에서 타자의 문제를 깊이 있게 다루고 있는데, 여기에서 타자의 현전을 구체적으로 드러내는 '시선'과 '수치심'이 나온다. 우리의 시선이 닿는 곳은 몸le corps이다. 누군가 "나는 네가 어젯밤 한 일을 알고 있지"라고 말한다면, 우리는 전날 저녁 자기가 한 일들을 하나하나 떠올려 볼 것이다. 내가 어디에 갔었지? 누구랑 있었지? 내가 입은 옷에 문제가 있었나? 내가 혹시 누군가에게 심한 욕설이라도 뱉었나? 등등. 분명한 것은 결코 내가 어제 무슨 생각을 했는지에 대해 고민하지는 않을 것이라는 점이다. 그러나 사르트르의 몸이론은 그렇게 세밀하게 진행되지 않는다. 사르트르에게도 몸은 주체로서의 몸이며 의식과 구분되지 않은 차원의 몸이지만, 시선에 의해 객화된 몸, 타인의 시선에 잡힌 몸이다.

반면 퐁티의《지각의 현상학》에서는 지각된 몸을 중심 주제로 다룬다. 퐁티는 몸을 몸주체로 구조화한다. 주체는 전통적으로 이성주체 또는 의식주체였다. 이러한 전통적인 견해를 비판하면서 퐁티가 말하고자 하는 몸주체는 세계와 분리되지 않는 인간, 몸과 정신이 서로 엮여있는 인간을 말한다. 그것은 '상황'으로 이해되는 '존재 관계raport d'être'이다. 사르트르 또한 이러한 관계를 말하고 있으나, 아쉽게도 사르트르의《존재와 무》에는 그러한 얽힘의 관계가 분명하게 드러나지 않는다. 사르트르의 관심이 여전히 자아에 있기 때문이다. 그렇게 본다면 사르트르에게도 몸은 중요하지만 여전히 부차적인 문제로 남는다. 퐁티는 의식 또는 자아가 문제의 중심에 선다면 근대적 문제는 해결될 수 없다고 본다. 퐁티는 사르트르가 놓친 부분이 바로 이 점이라고 생각한다.

▌가톨릭 비평가와 마르크스주의자의 한계

가톨릭 비평가들과 마르크스주의자들도 사르트르를 비판하지만 그들의 비판에는 한계가 분명히 드러난다. 그들이 스스로 논리적이고 이론적인 틀로 사르트르를 비판한다고 생각하는 데 숨겨진 이면은 무엇일까? 사르트르는 실존주의자이지만, 실존적 선택의 이유와 정당성을 확보하는 데 신을 필요로 하지 않았다. 이는 퐁티도 마찬가지였지만, 왜 유독 사르트르가 주요 공격 대상이 되었을까?

사르트르는 무신론자이다. 사르트르의 자유와 실존은 신 없이 가능하다. 퐁티도 무신론적 현상학의 입장에 심취되었다. 그런데 퐁티가 가톨릭 집안에서 태어났다는 사실을 간과할 수는 없다. 종교를 가진 현상학자들에 대한 약간의 변명일 수도 있지만, 퐁티가 실존적 현상학을 전개하는 과정에서 신을 거론하지 않는다고 해서, 퐁티가 무신론적 전제 아래 현상학을 말하는 것이라고 이해할 필요는 없다. 실존주의적 현상학은 현사실성의 문제에서 출발하기 때문에 신의 개입은 아무런 의미가 없기 때문이다.

퐁티의 비판에서 확인하려는 것은 가톨릭 비평가들과 마르크스주의자들이 현상학적 실존주의를 두려워하는 이유에 관해서이다. 그리고 왜 그렇게 노골적으로 사르트르를 공격하는지에 관해서다. 그들이 처한 논리적 모순을 확인함으로써 퐁티와 사르트르의 철학적 입장을 분명하게 드러낼 수 있다. 물론 이 모순은 그들이 취하고 있는 관념론과 유물론이라는 이분법적 문제에 걸려 있다.

가톨릭 비평가들은 사르트르를 유물론자라고 비판한다. 유물론자라면 인간의 자유와 의지를 말하지 않을 것이다. 반면 실존론자는 자연과 사물은 필연의 법칙을 따르지만, 인간은 필연성에서 벗어나 자유의 속성을 가진다고 말한다. 즉 자연과 사물에는 자유가 없지만, 정신적 존재인 인간은 자유를 가진다는 것이다. 그런데 왜 가톨릭 비평가들은 실존주의자인 사르트르를 유물론자라고 비판하는 것일까? 실존은 자유로운 존재의 현실태이다. 사르트르를 비판하는 이유는 그가 신을 인정하지 않아서일까? 그가 신을 인정하지 않고 신적 속성을 부여받은 인간의 영혼과 자유를 인정하지 않는다고 판단해서일까? 가톨릭 비평가들이 노골적으로 비판하고 있는 사르트르의《존재와 무》에 무슨 문제가 있는 것일까? 단적으로 말하자면 그들은 존재와 무 모두를 비판한다. 사르트르에게 존재는 즉자적인 것이며, 무는 대자적인 것이다. 그들이 보기에 사르트르에게는 내적인 정신이 사실상 없으며, 언제나 즉자적인 것과의 관계 속에서 자신을 드러낸다. 가톨릭 비평가들은 사르트르가 존재라고 말하는 "사물 그 자체에 대한 직관"과 "주체가 무라고 하는 직관"을 모두 거부한다.[96]

가톨릭 비평가들이 사르트르를 유물론자로 보았다면 마르크스주의자인 앙리 르페브르는 사르트르를 관념론자로 본다. 그는 가톨릭 비평가들과 똑같은 이유에서 사물 자체는 존재에 대하여 드러나는 것이라 보는 것이다. 그러나 사르트르에 대한 르페브르의 이와 같은 비판은 퐁티에 의해 거부당한다. 퐁티는 르페브르가 마르크스주의자이면서도

96 위의 책, pp. 108~109.

"'모든 철학, 특히 현대철학에서 근본적으로 가장 훌륭한 물음이란 사유와 존재의 관계에 주목하는 것이다'라는 엥겔스의 주장을 망각"[97]한다고 지적한다.

마르크스주의자들은 현상학자들과 마찬가지로 이원론적 입장을 거부하고 있다. 그들은 이것과 저것 중 하나, 다시 말해 하나의 극단을 선택하라고 강요하지 않는다. 그렇다면 그들에게는 뭐가 문제가 되는 것일까? 퐁티는 마르크스주의자들이 자신의 입장을 제대로 모르고 있다고 지적한다. 진정한 마르크스주의자인 엥겔스와 레닌이 변증법적 철학을 말하고 있는 데도 대부분의 마르크스주의자는 그들에게서 물질적인 것만을 발견하기 때문이다. 그래서 마르크스주의자는 통상 유물론자로 알려져 있다. 물론 마르크스주의자가 주관성을 포기하는 것은 그들만의 타당한 이유가 있다. 주관성에 치우치다보면 현실에서 도피하고 관념 속에 빠져들어, 당면한 많은 문제를 회피하게 될 것이기 때문이다. 분명한 것은 그들도, 퐁티와 사르트르도 세계와의 관계없이는 존재할 수 없다고 본다는 사실이다.

그들이 사르트르를 비판하는 또 다른 이유가 있다면, 그들이 사르트르에게 가지는 편견을 들 수 있겠다. 마르크스주의자들의 불안은 사르트르가 보이는 애매한 입장 때문이다. 그들은 동지가 필요했다. 동지가 아니라면 적이 될 수도 있는 상황에서 사르트르의 사회적 입지와 명성은 그들에게 불안 요소가 될 수 있었을 것이다. 마르크스주의는 정치적 상황 속에서 한 극단에 서 있었기 때문이다.

사르트르의 자유는 자유로운 영혼의 다른 이름이 아니다. 또한 그가 말한 자유는 한낱 마음속에서 일어나는 환상이 아니다. 그 자유는

---

97 위의 책, p. 113.

현실적 상황 속에서 실현되어야 하는 자유이다. 사르트르가 사회적이고 정치적인 상황에 관심을 가질 수밖에 없었던 것은 바로 이러한 이유 때문이다. 자유란 주어진 상황에 순응하는 것이 아니라 살펴보고 선택하고 움직이는 것이다.

누구든 주체이고자 한다. 주체이고자 하는 자는 사물화되는 것에 수치심을 가진다. 정말 살아있는 마르크스주의자라면 사르트르를 비난할 수 없다. 오히려 실존주의에 대한 경계를 풀고 실존주의를 추구해야 할 것이다. 유물론과 관념론이라는 고전적인 두 견해는 철학적으로 대립하지만, 유물론적 태도와 관념론적 태도는 현실 상황 속에서는 필요에 따라 선택되어졌고, 선택해야만 했다. 가톨릭 비평가들과 마르크스주의자들은 이러한 선택의 상황에서 한 치도 벗어나지 않았다. 그랬기 때문에 그들은 스스로 모순에 빠졌다고 볼 수 있다.

03 의식, 자아 그리고 몸

▎자기의식의 지향성과 몸의 지향성

퐁티는 의식의 투명성 내지 순수성을 부정했다. 의식은 언제나 무언가로 채워져 있다. 다만 그 무언가가 매번 바뀔 뿐이다. 그 이유는 내 의식이 흘러가기 때문이다. 의식이 흘러간다는 것, 여기에서 저기로 이동한다는 것은 공간성을 가지지 않으면 안 된다. 후설도, 사르트르도 의식의 흐름을 그렇게 말한다. 그러나 어떻게 의식이 흘러가는가? 퐁티의 위대성은 여기에 있다. 의식의 흐름은 몸의 움직임이다.

퐁티는 우리의 의식이 심지어 사망했을 때조차 무언가를 표현한다고 말한다. 인상주의 화가 모네는 아내가 죽어가는 순간을 포착하여 그림을 그리지 않았는가? 그런데 모네의 그림에서 아내의 의식은 죽어가는 순간순간 사라지고 있다. 죽음이 깃든 정도만큼 모네의 아내는 사라진다. 그렇다면 죽음은 존재하지 않음이자 무이며, 표현될 수 없음인가? 표현은 한 사람의 의식이 생으로 남았을 때인가? 퐁티가 화가라면 모네처럼 표현하지 않았을 것이다.

에두아르 모네, 〈임종을 맞이한 카미유〉

죽음을 다루는 방식을 살펴보면 인간의 몸이 어떻게 이해되고 있는지 보다 분명해지리라 생각한다. 근대 이후 인간의 몸은 물질 외 다른 것이 아니다. 인간이 살아있는 한에서 몸은 느낄 수 있고 생각할 수 있다. 이것을 누가 부정하겠는가? 그러나 죽음을 맞이한 인간의 몸은 더 이상 느낄 수도, 생각할 수도 없다. 그래서 몸은 죽은 후 '처리'된다. 처리된다는 생각은 정신과 몸을 분리하기 때문에 할 수 있다. 정신과 몸을 분리하는 자들은 정신 또는 의식이 없는 몸은 더 이상 인간이 아니므로 '처리'되어도 된다고 말한다. 그런데 몸이 의식이라면? 몸이 주체라면?

우리는 그 몸을 그렇게 처리할 수 있는가? 몸은 처리되지 않은 죽음으로 삶과 종결을 간직한 몸, 즉 완결된 삶으로 이해되어야 한다.

투명하다는 것은 공간도 깊이도 부피도 없다는 것을 의미한다. 즉 어떤 것도 존재하지 않음이다. 투명하다는 것에는 어떠한 물질성도 찾을 수 없다. 의식은 어떤 물질성도 가져서는 안 된다는 것이 전통적인 생각이었다. 전통적으로 물질인 몸은 무언가로 가득한 무엇이고, 그 무엇을 제거해야만 가장 인간다운 본성인 의식 또는 정신이 남는다고 생각했다. 그것이 순수의식, 또는 절대정신이다. 그러나 퐁티는 그러한 의식은 없다고 말한다. 나의 의식은 늘 불투명하다. 나의 의식이 무언가로 꽉 차 있는 지향적 의식이자 몸의식이기 때문이다. 이 점은 자아에서 출발하는 사르트르와 결정적으로 다르다. 사르트르는 무로서의 대자존재l'être- pour-soi는 꽉 차 있는 즉자존재l'être-en-soi와 다르다고 말함으로써 의식이 결국 텅 빈 의식이라고 말하는 것처럼 보인다. 단적으로 말하자면 퐁티가 보기에 사르트르는 자기의식이 아니라 몸의식에서 출발했어야 했다. 사르트르가 인간을 주체로 본 것은 인간이 의식을 가진 존재이기 때문이고, 그렇기 때문에 나도 주체이며 너도 주체가 된다. 인간 사이의 갈등은 각각이 모두 주체라는 의식을 가지고 있기 때문에 생겨나는 것이다. 사르트르는 이러한 생각 후에 비로소 '너'라는 존재를 몸으로 설명한다.

현상학이 '사물'을 그 자체로 기술하고자 하는 학문임을 상기한다면, 우리는 사르트르의 출발점에 다소 문제가 있음을 발견한다. 그렇다고 본질의 문제를 사실성의 차원에서 설명하려고 한다면, 소박한 실재론자들의 믿음을 무조건 받아들이지는 않을 것이다. 그들의 믿음은 내게 주어진 사실이 구성된 것이라는, 생각 과정 없이 실재적인 것이라는 데 있다. 이원론적 인식론자들은 실재하는 것이 내 의식에 맺힌 상, 즉 심리 '현상'일 뿐이라고 말한다. 그들은 객관적 실재의 가능성을 이성과 인식 조건에서 찾으려고 하지만, 그러한 근대철학의 시도는 실패한다. 그들이 모두 심리주의에 빠져 있기 때문이다. 그러면서도 그들은 스스로 객관적이라고 생각한다. 인식론자들의 문제는 스스로를 극단적 주관주의자나 객관주의자로 규정하고 있다는 점이다. 세계는 인간과 상관없이 있을 수 없고, 인간의 의식이 전적으로 세계를 구성하는 것도 아니다. 퐁티와 사르트르가 말하고자 하는 것은 의식과 물질의 관계이다. 이 관계를 어떻게 보는가에 따라 우리는 퐁티와 사르트르의 차이를 간단하게 구별해낼 수 있다. 반복해서 말하지만, 퐁티는 의식과 물질의 관계를 고유한 몸의 회복이라는 관점으로 보며, 사르트르는 그 관계를 자기의식의 관점으로 본다. 공통점이 있다면 몸과 의식은 각각 지향성으로 관계되고 타인 또는 세계와 관계 맺는다는 점이다.

대자존재와 세계-에로-존재

먼저 사르트르의 '의식'에 대해서 알아보자. 우리는 앞서, 무화작용에 대해 언급한 바 있다. 이제 그것을 좀 더 구체적으로 살펴보려 한다. 사르트르에게 의식은 텅 빈 의식, 즉 존재 속의 빈틈le vide dans l'être이다. 그러나 이 의식은 순수의식이 아니라, 지향적 의식으로서 주체성을 가진다. 인간은 끊임없이 무엇인가를 의식한다. 사르트르는 의식의 유무에 따라 즉자존재와 대자존재를 구분한다. 사르트르는 인간만이 유일하게 의식을 가진 대자존재임을 강조한다. 의식을 가진 대자존재는 대상을 통해서 자신을 파악한다. 이때 자기를 파악하는 의식은 지향적 의식이다. 그러므로 지향적 의식은 즉자존재와 같지 않고 '무'라고 표현된다. 의식은 텅 비어있지만, 대상을 통해 자신을 드러내며 자신의 실재성을 확보한다. 의식은 지향적 의식이라는 점에서 대상에 관한 의식이기도 하고, 자기 자신에 대한 의식이기도 하다. 앞에서도 말했지만, 사르트르의 의식을 텅 빈 의식이라고 말하는 것은 비어있지 않으면 채워지지 않기 때문이다. 채워지면 다시 비워야 하는 일이 반복된다. 이것이 무화작용이다.

예를 들어보자. 나는 열심히 자료를 정리하다가 나의 집에 방문한 누군가를 맞이했다. 온통 자료 정리에 대한 생각으로 가득하던 나는 이제 그 방문자와 나눈 어떤 이야기에 집중했다. 그 사람이 돌아가고 다시 자리에 앉아 그가 방문하기 이전에 했던 일들을 다시 떠올리면서 일을 이어나간다. 나의 의식은 자료에서 나를 방문한 그 사람에게로, 그리고 다시 나의 자리로 옮겨진다. 이 모든 과정은 의식의 무화작용이 없다면 불가능한 일이다.

의식은 대상 없이 드러나지 않지만, 대상은 그 자체로 있다. 사르트르는 그래서 대상을 즉자존재라고 한다. 반면 의식은 지향적 의식이므로 의식을 가진 존재는 대자존재다. 따라서 대자존재는 의식 또는 인간존재의 다른 표현으로 이해해도 된다. 사르트르는 존재를 즉자존재와 대자존재, 그리고 대타존재 세 영역으로 설명한다. 좀 더 구체적으로 살펴보자면 다음과 같다.

즉자존재와 대자존재는 모두 우연적 존재다. 즉자존재는 우연히 있으되, 이유를 모르고 그냥 '있다'. 자신에 대해서 의문을 던지지도 않는다. 그래서 타자에 대한 이해도 가지지 못한다. 따라서 즉자존재만 있다면 '관계'도 형성되지 않을 것이다. 그러나 대자존재는 자신을 향해 존재한다. 그런데 대자존재는 자신을 포착하지는 못한다. 자신을 포착하는 순간 사물화되기 때문이다. 그래서 대자존재는 사르트르의 말을 빌리자면 '현재 있는 것으로 아니 있는 존재l'être qui n'est pas ce qu'il est'이며 '현재 아니 있는 것으로 있는 존재l'être qui est ce qu'il n'est pas'이다. 대자존재는 현재의 자리에 머물지 않는다. 끊임없이 변화를 꿈꾼다. 오늘의 나에 만족하지 않고 내일을 꿈꾸는 사람이 대자존재인 셈이다. 만일에 한 인간에게 내일이 없다면 그는 살아있는 존재, 즉 대자존재라고 말하기 어렵다. 그래서 누군가 당신에게 "당신은 누구입니까?"라고 물을 때, 서슴지 않고 말하기가 쉽지 않다. 나는 누구인가? 나는 그 누구라는 존재로 규정될 것인가? 다시 말해 나는 엄마인가? 아내인가? 딸인가? 선생인가? '나'를 설명하기 위해 나는 무수히 많은 나를 떠올려야 한다. 그 모든 것이 '나'라면 나는 한 마디로 규정될 수 없는 존재인 것만은 분명하다. 대타존재는 하나의 원초적 사건으로서 타자존재다. 그것도 존재의 우연성에 속하는 사건이다.

매번의 우연성이 나를 필연으로 이끄는 과정을 사르트르가 그리고 있는 반면에 퐁티에게 존재는 전체적 통일성 속에서 확보된다. 다시 말해 즉자와 대자의 관계로 이원화되는 것이 아니라 몸 지향성이 세계와 관계 맺는다. 그런 의미에서 퐁티에게 존재는 '세계-에로-존재être-au-monde'다. 세계는 인간이 구성하는 것이 아니며 그 자체로 한계이자 인간의 조건이다. 예를 들어, 나는 몸이다. 나는 걷고, 춤추며, 노래하며, 노래를 듣고, 냄새를 맡고, 무언가를 바라보며, 만진다. 나의 세계는 나의 경험만큼 넓어진다. 즉 내가 활동하는 만큼 나의 세계는 깊어지고 넓어진다. 그리고 그만큼 나는 한계지어진다. 활동하는 몸인 나는 세계로 향한 나의 한계 지점으로서의 '몸'이기도 하다. 나의 정신이 무한히 확장되는 것처럼 나의 몸은 무한히 확장된다. 몸은 나의 것이면서 곧 나이며, 그래서 나의 한계는 바로 무한히 확장되어가는 '몸 자체'이다. 퐁티가 인간을 '세계-에로-존재'로 표현하는 것은 인간이 세계와 얽히면서 밀착하는 몸적 지향성으로 존재하기 때문이다. 끊임없이 움직이고 표현하며 관계하는 존재인, 세계-에로-존재로서 인간은 구체적 삶을 통해 자신을 드러낼 수 있는 존재이다. 퐁티는 자연 앞에서 인간은 "마치 세계 평화 속의 한 오점과도 같은 존재"[98]라고 말한다. 퐁티는 〈실존주의 논쟁〉에서 다음과 같이 표현한다.

> 마치 하나의 저주인 동시에 모든 인간의 위대함의 근원과 같은 것이다. 그것은 분할할 수 없는 혼돈의 원리이며 인간질서의 원리이다. 만일 주체가 되기 위해 사물의 질서에서부터 자신을 절단시킨다면, 그에게는 단지 순전한 사물의 존재방식 외에는, 불타는 자유도 어떠한 '의식 상태'도 '감정'도 존재하지 않을 것이다. 여기에서 모든 것을 양의적으로 설명하는 행위 분석이 뒤따르게 된다.
>
> 〈실존주의 논쟁〉, 《의미와 무의미》, 109쪽

인간은 자신의 무늬를 세계와 관계 맺으면서 스스로 그려낸다. 이때 내가 그려내는 나의 삶은 하나의 무늬가 된다. 나의 삶은 내가 선택한 환경에 의해 결정된다고 말해도 큰 무리는 없다. 몸인 나는 나의 세계를 결정하며, 또한 나의 몸은 세계에 의해 특별한 무늬로 자신을 드러낸다. 그러나 우리는 이것을 내가 존재하기 위한, 또는 내가 드러나기 위한 조건으로 이해해야 한다. 이 조건을 배경이라고 말하는 것은 배경 없이 무늬가 있을 수 없는 것처럼, 조건은 바로 나라는 존재의 실존적 상황이기 때문이다. 그러므로 주체가 되기 위해 자신을 다른 모든 것에서 분리한다면, 나는 실존적 상황을 상실하게 될 것이다. 그리하여 나는 아무것도 아니게 된다. 마치 광활한 바다에 표류하여 닻을 내리지 못하는 배와 같이 또는 거대한 우주 공간에 중심을 잃고 부유하는 이름 없는

98 메를로-퐁티, 〈실존주의 논쟁〉, 《의미와 무의미》, p. 108.

존재처럼 아무런 존재가 아니게 될 것이다.

04 자유와 참여의 문제

❙ 상황 속의 자유

퐁티와 사르트르에게 자유의 문제는 다르면서도 같다. 퐁티의 자유 문제를 중심으로 사르트르의 자유 문제를 함께 거론하려 한다. 오랜 철학적 논쟁 중 하나가 결정론과 비결정론의 문제다. '인간은 자유로운 존재인가?'라는 물음 앞에 쉽사리 답하기 어렵다는 것은 누구나 아는 사실이다. 결국 우리는 자유로워야 한다고 귀결되기도 하지만 늘 개운치 않다. 이 문제를 어떻게 풀어야 하고 어떻게 답을 내려야 할까? 이 어려운 문제를 한 번에 해결한 이가 어쩌면 퐁티가 아닐까 한다. 퐁티는 '자유'의 개념을 바꾸어버렸으니까.

다시 물음으로 돌아가 보자. 나는 자유로운가? 사실 내가 자유롭다면 나는 '자유!'를 외치지는 않을 것이다. 나뿐 아니다. 우리 모두는 더 자유롭고 싶어 한다. 그렇다면 인간은 자유롭지 못한 존재인가? 자유로워야 하는 존재인가? 이제 다시 문제로 돌아간다. '자유란 무엇인가?' 적어도 우리는 퐁티에게서 영혼의 자유라는 말을 듣지 않아도 된다. '영혼'은 이미 우리에게 낭만적 개념으로 자리한다. 영혼은 몸이라는 물리적 한계가 없기 때문에 우리는 영혼이 '자유'라는 것을 의심치 않는다. 그래서 대개 자유로운 영혼이 되고자 하는 낭만을 마음속에 품고 있는지 모른다. 플라톤은 영혼이 인간의 육체로부터 벗어나 본래부터 살았던 별로 나아가기를 얼마나 바랐던가? 물론 비유적 표현이긴 하지만, 영혼은 변하지 않는 진리와 자유의 세계에 속한다. 그러나 그러한 영혼이 있기는 한 건가? 근대 이후, 영혼은 이성 또는 정신으로 대체된다.

그러나 정신이든 이성이든, 그것이 실체가 된다면 영혼과 다르지 않다. 그러면 우리의 영혼은 무한하고 자유롭지만, 유한한 몸에 갇힌 불쌍한 신체가 된다. 이 신체로부터 벗어나는 것이 우리의 최선이며, 그때에야 비로소 우리는 자유가 된다. 자유가 되는 순간 우리는 어찌되는가? 간단하다. 유령이다. 혼으로만 존재하니 더 이상 인간이 아니다. 인간은 살아서 자유일 수 없다. 다시 딜레마다. 인간은 자유가 아닌가? 인간은 영혼적 존재가 아닌가? 영혼이 아니라면 인간은 물리적 존재이며, 인과적 결정론에 따르지 않을 수 없다. 이 말에 동의할 수 있는가?

우리는 몸 없는 자신을 생각할 수 있는가? 몸은 물질이다. 그러나 이 물질은 영혼 없는 물질 또는 영혼의 상자 같은 개념이 아니다. 몸 자신이란 바로 몸주체, 몸의식, 달리 말하면 육화된 의식을 말한다. 자유라는 것이 모든 것의 구속에서 벗어나는 것을 의미한다면 인간은 몸의 자유를 말할 수 없고 몸이라는 선험적 조건을 벗어날 수는 없다. 이제 자유는 전통적인 의미의 자유 개념과 구분되어 '조건 지어진 자유'라 불릴 수 있다. 따라서 퐁티는 외부 없는 절대적 자유libenté absolue를 인정하지 않는다.

그렇다면 사르트르의 자유는 도대체 무엇이란 말인가? 사르트르에게 자유의 문제는 '타자'의 문제와 더불어 이해되어야 할 것 같다. 내가 존경하는 선생님이 계신다. 그분은 내게 늘 하나의 이상적 모델과 같았다. 그런데 어느 날 내가 모르는 그분의 모습을 보게 되었다. 그분은 내가 그동안 알아왔던 분이 아닌 것처럼 느껴졌다. 그는 변했는가? 반대로 다른 누군가가 나를 평가하는 경우를 밀해보자. 누군가 나를 보고 나를 평가한다. 나는 그 평가에 전적으로 동의하기가 어렵다. 그리고 "왜 내가 그 사람에게 이렇게 평가되는 것이지?" 하고 의문스러워지기도 한다. 내가 누군가를 내 의식에 포착하고 포착된 것을 고착

시켜 사물화하듯 다른 누군가도 나를 그렇게 사물화한다. 타인은 나의 자유에 침범하여 나를 훼손시킨다. 그러나 그 순간에 내가 수치심을 느낀다면 나는 자유롭지 않은가? 나는 자유를 포기할 것인가? 나는 어떤 선택을 할 것인가? 사실 이런 고민도 필요치 않다. 나는 무슨 선택이든 할 것이기에.

나는 다른 누군가에게 포착되는 존재이기도 하다. 내가 나를 방문한 누군가에 대해서 어떤 평가나 판단을 내리듯이 다른 누군가도 나를 평가하거나 판단할 수 있다. 내가 누군가에게 포착되는 순간 내가 느끼는 감정은 무엇일까? 사르트르는 이것을 시선으로 말하고 있다. 시선은 다른 존재를 포착함으로써 사물화한다. 그러나 사물화되는 나는 동시에 수치심을 느낀다. 어떤 시선에도 붙들리지 않는다면, 그 시선은 나를 묶어두는 지옥이 아니다. 타인이 지옥인 이유는 여기에 있다. 사르트르에게 타인은 지옥이며, 자유는 인간에게 벗어날 수 없는 천형이다. 타인의 시선은 나를 옭아매는 사슬이다. 사르트르의 자유는 선택의 상황 속에 늘 처해있고, 우리를 이끌어간다. 사르트르와 퐁티의 자유는 그런 의미에서 상황 속의 자유라는 말로 공통점을 묶어낼 수 있을 것이다. 그러나 퐁티의 자유는 더욱 근원적인 의미에서 현상학적이다.

조건이나 선택을 나의 의지의 바깥에 놓인 사건들로 이해해서는 안 된다. 선택한다는 것은 선택의 상황에 놓여있다는 뜻이다. 상황이란 내가 처해있는, 몸적 상황이다. 예를 들자면 나는 식당에서 메뉴를 골라야만 하는 상황에 있으며, 약속 장소로 가기 위해 움직이는 상황에 처해있다. 매 순간 나는 선택하지 않으면 안 되며, 그 순간 내 앞에는 몸이 처한 상황이 펼쳐진다. 그러나 매 순간 반성적 이성의 힘을 빌리지는 않는다. 내 몸이 알아서 선택한다. 그것은 습관에 의해서일 수도 있다. 그렇다고 하더라도 내 몸은 선택한다.

▌상황 속에 조건 지어짐

실존과 자유는 '참여engagement'를 통해 현실화된다. 퐁티는 인간이 사유하는 존재라는 사실을 부정하거나 비판하는 것이 아니다. 인간의 본질을 사유하는 존재로 '규정'하는 것을 비판한다. 퐁티는 인간의 본질을 규정하지 않는다. 그래서 그에게 인간은 '할 수 있는 존재'인 것이다. 퐁티의 현상학을 실존주의 철학과 같은 맥락에서 파악하는 이유도 이 때문이다. 인간은 본질이 아닌 실존으로 자신을 드러낸다. 따라서 '참여'한다는 말은 현상학적 방법으로 인간의 존재방식을 설명할 때, 실존주의 철학에서 인간이 존재하는 방식을 설명할 때 같은 의미에서 중요하다.

퐁티에 따르면 "실존existence이란 그것을 통해서 인간이 세계 내에 존재하며, 곧 세계관이기도 한 물리적, 사회적 상황 속에 스스로 참여하게 하는 운동이다."[99] 스스로 참여하게 한다는 것은 스스로 자신에 대해 책임지게 된다는 말과도 같다. 어떤 조건이나 경우에서든 인간은 자유이다. 분명한 것은 어떤 조건이나 경우라는 것이 하나의 상황이라는 것이며, 인간은 이러한 상황을 배경으로 가지지 않을 수 없다. 자유는 이러한 상황에서의 자기 결정이다.

그러므로 인간이 실존한다는 것은 곧 인간이 '세계-에로-존재'라는 것을 말한다. 이 '세계-에로-존재라는 말의 의미를 세계라는 공간 안에 자리를 차지하는 어떤 점 같은 존재로 받아들여서는 안 된다. 마찬가지로 세계라는 공간에 거주하는 존재로 받아들여서도 안 된다. 참여한다는 것은 세계에 직접적으로 관여함으로써 인간 자신을 확장하고, 세계를 창조해나가는 일이다. 이는 근대적 보편성으로는 결코 이해될

---

99 위의 책, p. 106.

수 없다. 이러한 측면에서 퐁티와 사르트르가 구체성의 철학을 지향한다고 말할 수 있다.

먼저 사르트르에게서 참여가 무엇을 의미하는지 살펴보자. 우리는 사르트르의 참여를 두 가지 의미에서 이해한다. 하나는 "공산주의자들과의 동반여행"[100]이며, 또 다른 하나는 문학적 글쓰기로서의 참여이다. 사르트르의 정치적 행보는 그가 실천하는 학자라는 점에서 중요하다. 사르트르에게서 개인적인 것과 사회적인 것은 구별되지 않는다. 그가 비록 한 개인에 불과하더라도 그의 선택은 사회적인 것이 될 것이다. 더구나 실존철학자로서 그의 과감 없는 행동들은 사회적 파장을 불러오기에 충분했다. 또한 작가이자 철학자인 사르트르에게 문학은 구원의 통로이자 참여이다. 이 말을 이해하기 위해 우리는《문학이란 무엇인가》(1948)를 살펴보아야 한다. 그는 이 글에서 문학이 사회에 참여할 책무가 있다고 말한다. 하지만 이 말이 문학적 글쓰기의 정치적 수단화를 의미하는 것은 아니다. 그는 문학작품에서 그의 정치적 신념 등을 설파해야 한다고 말하지 않는다. 오히려 문학 자체가 참여다.

좀 단순한 예를 들어보자. 여기 사과가 있다. 사과를 사과라고 하는 순간 우리는 이미 사과를 변질시킨 결과를 초래한다. 사과는 말을 통해 참여하게 만들기 때문이다. 이것이 말의 힘이기도 하는데, 문학은 이처럼 말과 더불어 기술된다. 무언가를 표현한다는 것은 용기가 필요하다. 왜냐하면 표현은 어떤 대상을 말로써 단순화시키기 때문이다. 그리고 그 말에 의해 어떤 개체로 자신을 드러내게 된다. 문학은 세계의 자발적 참여로 인한 존재의 드러남이다.

따라서 사르트르의 문학을 가리켜 사물 위에 말을 놓는 행위라는

100 베르나르 앙리 레비,《사르트르 평전》, p. 131.

앙리 레비의 말은 꽤 인상적이다. 참여는 사물의 '순수함'을 상실하도록 한다. 사물을 '변화'시키고, 사물에 또 다른 유형의 '실존'을 부여하고, '새로운 차원'을 부여한다. 말과 사물은 바로 이런 방식으로 서로에게 참여하면서 서로를 변형시킨다. 그러므로 사르트르에게 참여란 우선 말의 힘을 의식하는 것이다.[101] 참여를 어떤 의무를 강요하는 무엇 또는 정치적 개념으로 이해하지는 말자. 오히려 참여는 언어가 야기하는 어떤 형이상학적 힘이다. 사르트르가 정치 문제에 직접 개입하고 자기 입장을 강하게 피력했다는 사실과는 별개 의미이다. 작가들에게 문학은 그 자체가 참여다. 작가들은 자신들이 처한 상황 속에서 각자의 방식으로 사회에 참여한다.

참여를 위해 우리에게 필요한 것은 무엇일까? 글을 쓰는 사람들에게는 글을 실을 수 있는 장이 필요하다. 또는 자신이 쓴 글을 발표할 곳이 필요하다. 예를 들어 신문, 강연회가 있다. 작가들은 무엇에 대해 글을 쓰는가? 작가는 오늘에 대해, 지금 이 시기에 대해 쓴다. 따라서 작가들은 너무나 자연스럽게 참여하고 있다. 그러면 작가들은 무엇을 위해 쓰는가? 또는 누구를 위해 쓰는가? 어떤 특정한 누군가가 아닌, 바로 오늘, 이 시대를 위해서 쓴다. 작가들은 도대체 누구에게 호소하는가? 대중에게 호소한다. 그렇지 않다면 글쓰기가 무슨 소용이란 말인가?

퐁티는 사르트르를 '작가'라고 말하고 있다. 사르트르의 철학은 문학작품 속에 스며들어 있기 때문에 사르트르에게 '참여'는 바로 이런 의미에서 찾아야 할 것이기 때문이다. 앞서 사르트르가 좌파와 우파에게도, 유물론자들과 관념론자들에게도 비난을 받았다고 말하였다. 그뿐 아니다. 그는 작가로서도 많은 비난을 받았다. 사르트르는 왜 이런

101 위의 책, pp. 131~132.

평가를 받았던 것일까? 사람들은 자유의 진정한 의미를 이해하지 못했다. 사르트르에게 타인이 지옥인 이유는 바로 이 때문이다. 타인의 시선은 마치 메두사의 눈빛처럼 나를 얼어버리게 하기 때문이다. 사르트르를 향한 비난이 부당하다고 생각한 퐁티는 사르트르의 소설에 대해서 다음과 같이 말한다.

> 비수와 같은 말을 찾아볼 수 없다. 후기에 와서는 달라졌지만, 그의 인물 속에는 빈정거림satire 외에 어떤 명암, 혹은 애매모호함이나 자기 만족, 관능성 따위는 존재하지 않는다. 사르트르가 즐겨 다루는 인물들은 보기 드문 훌륭한 의지와 예를 가지고 있다. 그런데 대체 어떻게 신문 비평가들이 그의 작품에 대해 거의 이구동성으로 추잡하고 부도덕하며 줏대 없다고 떠들 수 있단 말인가?
>
> 〈스캔들을 일으킨 작가〉, 《의미와 무의미》, 66~67쪽.

퐁티는 사르트르가 작가로서 보여준 자유분방함, 사회적 참여의식 등을 사례로 들면서 그의 글이 살아있는 철학임을 말하고 있다. 사르트르는 철학자로서가 아니라 작가로서 철학을 한다. 베르나르 앙리 레비는 모든 철학자를 작가라고 칭한다. 가장 위대한 철학자들 역시 철학자들의 글들이 명징하다 할지라도 그들의 글에서 허구를 빼면 그들의 글을 읽을 수 있을까? 위대한 철학자 플라톤은 신화의 비유와 문학적 방식으로 자신의 철학을 말한다. 데카르트에게서도 악마가 등장한다. 파스칼은 신을 걸고 내기를 한다. 이처럼 수많은 철학자는 은유와 상상을 활용하여 철학적 사유를 펼쳐낸다. 데카르트의 《성찰》 또는 《방법서설》은 마치 그의 철학 일기를 읽는 듯한 느낌을 준다. 사르트르에 따르자면 이들도 모두 작가들이다.

사실 참여는 행위이자 운동이다. 참여한다는 것은 능동적 행위이다. 그것은 누군가에게 강제되는 것이 아니라, 스스로 그 속으로 들어가는 행위다. 참여한다는 것은 자유이며 동시에 상황 속에 조건 지어짐이다. 그래서 자유와 제한이라는 양의성을 띠게 된다. 이는 사르트르가 말하는 상황적 자유와 엄밀한 의미에서는 다르지 않다. 나는 어떤 상황에서도 자유롭다. 왜냐하면 내게 처한 상황이 비록 나로 하여금 어쩔 수 없는 선택을 하게 한다고 할지라도, 나는 그 선택을 하지 않을 수도 있기 때문이다. 그래서 나는 조건 지어진 가운데 자유롭다. 그렇다고 해도 사르트르와 퐁티의 자유에는 차이가 있다. 사르트르는 상황의 자유를 말하지만, 어디까지나 주체의 의지를 중요하게 여기고 주체적 결정에 의미를 둔다. 그런데 퐁티의 자유는 주체의 의지나 결정을 유도하는 조건의 중요성을 간과하지 않는다. 인간은 시간의 흐름 속에서 공간을 확장하는 존재다. 이렇게 세계와 내가 서로 한 덩어리로 섞여서 존재 의미를 드러낸다. 그러니 퐁티는 자유를 말할 때 계기 또는 동기의 필요성을 강조한다.

퐁티와 사르트르는 등산을 하다 내 앞을 가로막은 바위에 관한 사례를 들고 있다. 바위는 나의 자유를 제한하는가? 나는 그 바위로 인해 등산을 멈출 수도 있고 다른 길을 찾아 올라갈 수도 있다. 누구도 나의 선택을 막을 수 없다. 다른 누군가의 조언은 내가 선택하는 데 참조가 될 뿐이다. 만일 내가 굳이 오르려고 한다면 나는 어떻게든 갈 것이고, 포기한다면 나는 등산하기를 멈추고 집으로 돌아갈 것이다. 사르트르는 나의 '의지'가 다른 선택을 하게 한다고 말한다. 내가 계속 등산을 하든 집으로 돌아가든, 그것은 나의 선택이자 자유다. 똑같은 상황에서 퐁티는 어떻게 말하는가? 퐁티는 선택하고자 하는 나의 '의지'에 자유가 있다고 말하지 않는다. 퐁티는 오히려 '바위'가 선택상황이라고 말한다. 그 선택상황이 자유라고 말한다. 나의 선택에 따라 나는 나의 삶을 만들어가는 존재이다.

퐁티에 의하면 '나'라고 하는 존재는 자연과 별개의 것으로 이해될 수 없고, 역사 바깥에서 존재할 수도 없다. 나는 자연적 존재이며 역사적 존재이다. 비록 내가 세계를 바라보는 관점을 일정 부분 묶어둔다고 할지라도, 내 관점을 묶어두었기 때문에 나는 세계-에로-존재인 것이며, 내가 그 속에서 무엇인가를 할 수 있게 되는 것이다. 퐁티는 "새로운 철학의 장점은 바로 실존의 개념 속에서 인간 조건에 관한 사유 방식을 찾으려 한다는 사실에 있다"[102]고 주장한다. '참여'의 문제에 관한 퐁티와 사르트르의 태도는 다르지 않다. 두 사람은 현상학적 방법론에서는 각기 달랐지만 참여와 자유 문제에 관한 한, 거의 같은 입장을 취하고 있었다고 보아도 무방할 것이다.

102 메를로-퐁티, 〈실존주의 논쟁〉, p. 106.

제3부

현상학 또는 현상학적 존재론

《지각의 현상학》은 퐁티의 대표적인 저서이다. 그는 이 책에서 몸과 정신의 이분법을 해소하는 핵심 개념으로 '지각'을 실마리로 하고, '몸'을 화두로 삼아 현상학적 방법을 전개한다. 근대 이후 많은 철학자들이 몸과 정신의 이분법을 해소하려는 노력을 해왔지만 정작 '몸'에 대해 관심 갖지 않았다. 실제로 몸은 나 자신임에도 불구하고 나는 내 몸을 수단으로 취급해왔다는 것을 인정해야 할 것이다. 눈은 카메라의 렌즈로, 다리는 자동차의 바퀴 정도로 이해했던 것을 부정할 수 없다. 그래서 카메라의 렌즈에 세상이 포착되듯 내가 보는 시각적 감각은 객관적 사실이어야 한다는 강박에 있었고 나만의 감정이나 감각에 무심했다.

근대에 지각은 앎의 영역에 속했다. 그래서 지각은 이성에 의한 판단이어야 했다. 지각과 판단을 분리하고, 판단에 능동적 작용의 역할을 주면서 지각은 수동적인 것일 수밖에 없었다. 물론 판단이란 감각적 경험에 근거한 판단이다. 퐁티는 근대의 지각perception 이론을 정면에서 반박하면서 이성적 판단에 의한 지각이 아닌 몸지각을 우선으로 말하고, 몸지각 자체가 하나의 판단이라고 주장하면서 자연스럽게 몸에 대한 새로운 해석을 시도한다. 우리는 1장에서 몸과 지각의 문제를《지각의 현상학》을 통해 살펴볼 것이다. 동시에 몸과 지각의 문제가 어떻게 퐁티의 후기철학에 속하는 살 존재론으로 나아갈 수 있는지 확인할 것이다.

몸과 지각의 문제는 퐁티의 철학에서 가장 중요한 키워드였지만, 그의 후기철학인 '살 존재론'으로 가면서 그 위상이 달라지는 양상을 보인다. 퐁티가 유작으로 남긴《눈과 마음》, 그리고《보이는 것과 보이지 않는 것》에 '살' 개념을 새롭게 등장시키면서 그의 철학이 현상학에서 존재론으로 넘어가는 것처럼 보이기 때문이다. 그러나 이러한 변화는 그의 철학적 태도에서 볼 때, 철학적 주제의 연결선상에 단절이 없는 것으로 파악된다. 퐁티는 몸과 지각에 대한 문제를 화두로 끌어옴으로써 현상학적 과제를 수행하였다. 그러나 현상학이 철학의 방법론이라 생각할 때, 그가 과제로 삼은 철학적 문제는 살 존재론으로 이행될 수밖에 없다.

퐁티가 회복하고자 하는 몸은 분석되는 몸이 아니다. 분석되는 몸은 사물적 몸이기 때문에 퐁티는 그 몸을 객관적 몸이라 말하고, 객관적 몸과 구별되는 고유한 몸의 회복을 주장한다. 다시 말해 퐁티는 '몸'이 현미경으로 들여다보듯이 살필 수 있는 것이 아니라 그 몸이 처한 상황, 또는 세계와의 관계 속에서 드러나는 것이라고 말한다. 이러한 관계 속에서 몸은 생명을 지니고 구체화될 수 있다. 구체적인 몸은 매 순간 상황 속에서 드러나는 몸이다. 몸은 역사적이고 시간적인 흐름 속에서 공간성으로 자신을 드러낸다. 즉 몸은 시간성이자 공간성이다. 그러나 몸의 개별성이 상호주체이자 상호신체성이기 위해 '살'로의 이행은 필수불가결하다. 이제 우리는 현상학이 '지향적'이고 '사실 그 자체'로서의 본질을 찾고자 하는 본래성의 학문이라는 점을 확인할 수 있다.

좀 더 보태자면, 퐁티는 게슈탈트 이론을 통해 지각장을 설명하고 있다. 게슈탈트 이론은 요소주의적 심리학과 구별되는 것으로, 우리의 지각이 순수감각자료들의 연합에서 이루어지는 것이 아니라, 전체적 상황 속에서 이해되는 것임을 잘 보여주고 있다. 단순하게 말해보자면, 어떤 하나의 무늬는 배경 없이 드러날 수 없다는 말이다. 무늬가 개별성이라면, 그리고 그 무늬가 의미를 가지고 자신을 드러낼 수 있다고 한다면, 그것을 가능하게 하는 배경이 있어야 한다. 몸은 다른 몸과 똑같은 몸이다. 지구에 수백억의 몸이 있으면, 그 몸은 모두 다른 몸이다. 그 모든 몸은 다른 몸과의 관계에서 주체성을 가지기 위해 배경으로서의 살이 필요하다. 그래서 퐁티에게 살은 존재의 근원이자 토대가 되는 것이다. 이런 이유에서 퐁티의 살은 몸-살이자, 세계-살이다. 그래서 우리는 퐁티의 현상학을 현상학적 존재론이라 일컫는 동시에 그의 철학을 몸-살 존재론이라 해도 될 것이다.

1. 몸과 지각, 《지각의 현상학》을 중심으로

퐁티에게 지각은 전통철학이 말하는 이성의 영역에 한정되지 않는다. 지각은 판단의 영역이 아니라 체험의 영역이다. 이 말의 의미는 지각이 이성에 의해 판단되는 것이 아니라, 체험으로 이해된다는 것이다. 그러므로 지각은 감각과 구별될 이유가 없으며, 감각지각은 그 자체로 판단이다. 즉 지각은 몸지각이자 판단이다. 퐁티가 말하는 몸은 정신과 대비되지 않는다. 몸은 행위한다. 몸은 타인을 유혹하기도 하고 유혹당하기도 한다. 그래서 몸은 감정적 대상이기도 하지만, 감정적 주체이기도 하다. 퐁티는 이러한 몸을 성적지각과 표현의 문제로 다루고 있다. 이성간의 사랑에는 성적인 것을 배제하기 힘들다. 굳이 말한다면, 성적지각이 구체적이라면 사랑이라고 하는 관념은 추상적이다. 그런 의미에서

성은 사랑보다 더 실존적이다. 퐁티는 이 문제를 표현의 문제로 접근한다. 이 절에서는 실어증을 앓고 있는 소녀의 사례를 통해 사랑, 그리고 성적지각에 대해 살펴보고 이와 더불어 표현이 드러나는 방식을 영화기법에 대한 퐁티의 성찰을 통해 살펴볼 것이다.

우리가 성과 사랑에 대해서 살펴보면서 확인하게 될 것은 몸과 지각의 문제가 감정의 문제와 연결된다는 점이다. 우리의 감정들, 예를 들어 사랑이나 분노와 같은 감정들은 개인적 의미로만 남지 않는다. 왜냐하면 우리는 무엇인가를 지각할 때, 결코 감정적인 판단을 배제할 수 없기 때문이다.

01 우리에게 몸이란 과연 무엇인가?

▌전통적인 몸

영혼이라는 것이 존재하고 몸은 영혼의 감옥이라고 이해하던 때, 인간이 꿈꾼 것은 몸의 제약을 받지 않는 어떤 신적인 존재였다. 인간이 한계를 가진 몸을 초월하기를 소망하는 건 예나 지금이나 다를 바 없어 보인다. 그러나 한계를 벗어나고자 하는 욕망은 현실적으로 실현될 수 없었고, 결국 인간은 그 욕망의 원인과 혐의를 몸에 덮어씌우기에 이른다. 그리고 진정한 '나'는 자유로운 영혼이라고 자위한다. 이제 몸은 영혼을 구속하는 감옥이거나 영혼을 어지럽히는 훼방꾼이다. 진정한 '나'는 몸의 이러한 훼방질을 충분히 통제할 수 있어야 한다. 나는 몸에서 벗어나 오로지 나의 것인 영혼에 집중할 수 있다. 그리하여 나는 자족한다. 나의 결핍된 몸은 내 것이 아니며, 내 것은 오로지 영혼이다.

우리는 영혼의 활동인 정신과 몸의 완벽한 구분이 가능해진 시기를 데카르트 이후라고 본다. 데카르트가 정신적 실체와 물질적 실체로 구분했으니 말이다. 게다가 데카르트 이후 물질세계의 중요성이 과학의 발달과 함께 부각되면서 세계는 기계론적으로 파악되었다. 영혼이 빠져 나간 몸은 기계와 다를 바 없게 되었다. 가끔 우리는 농담처럼, "내 몸이 고장 났어"라는 말하는데, 이 말은 그저 농담만은 아니다. 우리는 병원에 갔을 때 우리 몸이 기계나 사물처럼 취급받는다고 직접 체감한다. 병원 원무과에 진료 기록을 등록하는 순간, 내 몸은 이미 고장 난 기계가 된 것이다. 의료진에게 오른쪽 팔이 묶여 피가 뽑히고, 몸은 뉘어지거나 세워져 연결된 기계에 의해 속속들이 관찰되고 측정되고 분석된다. 그 결과는 모두 객관적 수치로 기록된다. 아무리 아파도 수치가 정상이면 그 고통은 심리적인 것으로 치부되기 일쑤다. 고통은 몸과 상관없다는 듯이 말이다. 이렇게 몸은 대상화되고 객관화된다. 내 것이면서도 내 것이 아닐 수 있는 몸, 이것은 근대가 제시한 몸이다.

몸은 내게 '쓸모가 없거나 쓸모가 있거나'로 판단된다. 이성적 주체는 쓸모없는 몸을 쓸모 있게 만들어야 하며, 쓸모 있는 몸을 더 강화할 필요가 있다고 판단한다. 이렇게 이성은 몸을 지배한다. 몸은 수단이 되고, 인간은 몸을 통해 자신을 드러낸다. 그래서 몸은 일종의 객화된 사물이다. 그러니 나는 몸을 용도에 맞게 변경할 권리가 있다. 내가 몸이 아니라 몸은 나의 소유로서 의미를 가지게 된다. 여기서 사물화된 몸은 나와 세계를 연결하는 수단이자 매개에 지나지 않으며, 나는 오로지 정신적인 존재로서만 의미가 있을 뿐이다. 수단으로서의 몸이 하는 역할은 세계와 연결하기 위한 매개에 있다.

눈은 마음의 창이라는 말이 있다. 눈의 기능은 '보는 것'에 있다. 본다는 것은 안다는 것과 상통한다. 그만큼 시각은 전통적으로 우위에 있었다는 것을 알아야 한다. 시각은 몸의 기관 중 눈의 역할로 고정되었다. 나의 마음은 눈이라는 창을 통해 세계와 연결될 수 있다. 그래서 마음이 있고 나서 눈이 있고 눈이 있고 나서 세계가 있으며, 마음, 즉 주관적 정신과 객관적 세계 사이의 창이 '눈'이 된다. 이렇게 몸이 세계와 나를 연결하는 매개에 불과하다면 나의 존재는 오직 정신적 존재인 경우에 한에서만 규정된다. 그렇게 된다면 우리의 관심사는 더 이상 몸에 있지 않다. 몸은 그저 수단일 뿐이므로. 결국 버클리가 말하듯 존재는 지각 이외의 아무것도 아니다. 지각은 경험 없이 불가능하다는 점에서 버클리는 경험론자이지만, 버클리의 지각은 경험된 것, 즉 관념에 속한다. 따라서 우리는 그를 관념론자로 본다. 관념론자는 정신세계만 인정하고, 유물론자는 물질세계만 인정한다. 심지어 유물론자는 영혼마저 물질로 취급한다. 우리는 주지주의적 관점과 경험주의적 관점으로 관념론과 유물론이라는 극단적 세계관을 이해한다.

두 극단은 마주 보는 거울에 불과하다. 이원론적 세계관의 문제는 무엇인가? 마주 보는 거울처럼 거울에 비친 자기 모습만 보는 것이다. 이 세계관은 소통을 문제 삼지만 '소통할 수 없다는 것이 문제'다. 현상학자들은 이분법의 인식론에 의해 구분된 이원론적 세계를 거부한다. 현상학이 이처럼 관념론과 유물론을 거부하는 이유는 이 두 종류의 철학이 이분법적 인식론의 태도에서 나온, 비유하자면 한 몸의 두 얼굴에 불과하기 때문이다. 존재, 특히 인간존재를 정신과 물질로 구분할 수 없다. 그뿐만 아니라 세계존재도 마찬가지다. 물질적 실체와 정신적 실체는 허상에 불과하다. 그것은 하나의 이념 또는 관념이다. 퐁티를 비롯한 현상학자들은 객관이라고 불리는 것과 주관이라고 불리는 것 사이에서 드러나는 것이 무엇인지 밝혀내려 했다. 그것은 의미세계이므로 물질도 아니고 정신도 아니다. 오히려 그 둘 다이다. 이러한 존재를 상호세계 또는 사이세계l'inter-monde라고 한다. 좀 더 구체적으로 말하자면 주체와 객체가 애매하게 교차하는 그런 중간지대이며, 하나의 존재 안에 얽힌 이중적 관계이다. 이러한 관계는 인간의 특징이기도 하고, 세계의 특징이기도 하다. 따라서 나는 곧 세계인 것이다. 퐁티의 사이세계를 이해하기 위해 퐁티의 초기 현상학에서 중요한 개념으로 등장했던 지향성 개념을 상기할 필요가 있다. 현상학자들은 의식과 대상, 주관과 객관 사이의 관계를 지향적 관계로 파악한다. 현상학의 성공 여부는 지향적 관계를 어떻게 드러내는가에 달려있다.

▎나를 찾는 일, 몸 찾기

나를 찾는 일은 몸을 이해하는 일에서 시작되어야 한다. 몸을 마치 하나의 수단처럼 대했을 때 우리는 어떤 오류를 범하게 되는 것일까? 퐁티는 환각지fantôme와 질병부인증anosognosie의 사례를 통해 몸에 대한 전통적인 사유가 어떻게 우리를 몰이해에 이르게 했는지 보여주고 있다.

전통적인 사유 방식으로 우리는 결코 자신을 이해할 수 없다. 몸을 이해하는 일은 나를 이해하는 일이고 인간을 이해하는 일이다. 더구나 이원론적 세계관을 해소하는 핵심에 몸 이해가 있다. 우리는 앞서 지향성의 의미를 충분히 살펴보았다. 그리고 이 지향성이 의식이 아니라 몸을 회복함으로써 드러낼 수 있다는 것을 확인하였다. 몸은 존재 진리를 드러내고 밝히는 활동에서 근원적인 역할을 한다. 그렇다면 몸이란 무엇인가? 몸은 인식되지 않고 체험함으로써 자신을 드러낸다. 그래서 몸 현상학은 현상학적 존재론이지 않으면 안 된다. 또한 퐁티의 몸 현상학이 지각의 문제에서 출발해서 살 존재론, 바꾸어 말해 현상학적 존재론으로 이행하는 이유는 이 때문이다. 우리는 몸이 무엇인지 먼저 밝히는 일부터 시작해야 한다.

우리는 모두 몸으로 살아간다. 뼈와 살과 피, 그리고 고통과 쾌락을 느끼는 몸. 욕망하는 몸, 사랑하는 몸 등. 마음에 들든, 그렇지 않든 간에, 우리는 핏덩이로 태어나 세상을 하직하는 그 순간까지 주어진 이 몸을 벗어날 수 없다. 산다는 건, 결국 주어진 단 하나의 몸으로 살아간다는 것이다. 또 다른 의미에서 몸은 우리의 한계다. 몸은 우리가 결코 벗어날 수 없는 한계이기에 불행하고, 동시에 크고 작은 많은 기쁨과 즐거움을 주기에 축복이기도 하다. 책을 읽는 행위도 장대한 자연을 만나는 순간도 몸 없이 불가능하다. 몸은 우리에게 기쁨과 즐거움 같은 쾌락을 준다. 기쁨과 즐거움을 쾌락이라고 할 때, 이 쾌락은 감각적 쾌락일 뿐이어서 그 쾌락이 결코 정신적 쾌락에 비할 때가 못 된다는 식의 말은 더 이상 설득력을 얻지 못한다. 모든 감각지각은 몸 없이는 사실상 불가능하다.

퐁티는 정신과 몸을 대립시키지 않는다. 대립하는 몸을 말한다면 그 몸은 나의 주관과 마주하고 서 있는 소위 '객관적인 몸'이 될 것이다. 객관적인 몸은 정신에 대해서는 하나의 대상으로 정립된다. 즉 즉자적 '대상'이다. 단정하자면 객관적인 몸은 인간의 몸에 대한 왜곡이다.

퐁티는 환각지와 질병부인증의 사례를 들면서 객관적인 몸이 인간의 몸이 될 수 없음을 잘 보여준다. 환각지와 질병부인증을 앓는 사람들은 일상생활을 할 때 매우 큰 불편함을 겪는다. 이런 이유로 이 증상은 고쳐야 하는 질병으로 분류된다. '환각'은 '잘못된' 지각을 의미하므로 사라져야 할 지각이다. 환각지 현상은 몸의 일부가 없음에도 불구하고 있다고 느끼는 현상이다. 간단한 예를 들어보자. 다리를 잃은 어떤 사람이 있다. 그는 오랜 치료 과정을 끝내고 퇴원해 집으로 돌아왔다. 집으로 돌아온 후 일상생활에는 달라질 것이 없다는 기대는 아침에 일어나 눈을 뜬 순간부터 무너진다. 그는 무의식중에 사고로 다리를 잃기 전처럼 기지개를 켠 후 침대에서 일어나기 위해 두 다리를 침대 밑으로 내려놓는다. 그런데 그는 그렇게 할 수가 없다. 다리가 없기 때문이다. 그런데 문제는 없는 다리에서 느끼는 통증이다. 환각지 현상이 나타난 것이다.

사람들은 환각은 가짜지각이므로 심리적 현상으로 보기도 하고 생리학적 문제라고 보기도 한다. 먼저 환각지 현상은 생리학 기제로는 설명이 안 된다. 다리의 통증은 마취를 해도 사라지지 않기 때문이다. 그렇다면 환각지는 심리학적 문제인가? 사고 당시의 충격이 트라우마가 되어 나타나는 것인가? 퐁티는 이러한 설명들로는 환각지를 충분히 설명하지 못한다고 말한다. 사고 당시의 충격에서 벗어나도 환각지가 사라지지 않는 경우가 있다. 게다가 예전에 있던 다리의 기억과 절단되고 없는 다리의 기억이 일치하는지도 확인할 수 없다. 그러니 심리학적으로도 설명되지 않는다. 어쩌면 환각지는 과거의 습관과 현재의 몸이 처한 새로운 상황 사이에 나타난 갈등으로, 낯선 세계에 대한 부적응기제일 수 있다. 퐁티는 환각지 현상이 심리학으로도 생리학으로도 설명될 수 없다는 사실을 보여주면서, 몸은 객관적으로 파악될 수 없는 것임을 말한다. 그리고 퐁티는 현상적 몸Corps phénoménal을 말한다.

현상적 몸을 이해한다면, 나의 고통은 더 이상 엄살이 아닐 수 있다. 분명 아파서 병원에 갔는데 의학적 의견으로는 아플 만한 요인이 없다고 진단된 경우가 종종 있다. 그래서 아무리 하소연해 봐도 원인을 찾아낼 수 없다. 대개의 경우, 이 고통을 심리적인 것으로 다룬다. 심리적 현상이 통증이라는 형태로 나타난다고 보는 것이다. 우리는 앞서 환각지에 대해 이야기하면서 그것이 진짜 고통인지 아닌지에 대해 의문을 가졌고, 어떤 것으로도 설명할 수 없다고 말했다. 혹, 그들이 거짓말을 하는 것인가? 퐁티는 이러한 억울한 심정을 단번에 해결해준다. 우리의 몸은 현상적 몸이라는 것이다. 내 몸은 없는 다리에서도 통증을 느낀다. 퐁티는 그것이 내 몸이 현상적 몸이기 때문에 가능하다고 말한다. 즉 퐁티는 현상적 몸이 느끼는 감각은 거짓감각이 아니라고 말한다. 통증은 통증을 느끼는 그 사람에게는 사실이기 때문이다. 통증과 다른 종류의 사례이긴 하지만, 지각에 관한 재밌는 사례가 있다. 한류 드라마 〈대장금〉의 어린 장금이가 고기를 먹은 후 고기에서 홍시맛이 난다고 했다. 이유를 묻는 정상궁에게 장금이는 그냥 홍시맛이 나서 홍시라고 했다고 말한다. 그 이후에 왜 고기에서 홍시맛이 나는가에 대한 객관적 추리가 나왔지만, 퐁티를 이해한다면 그 때 고기를 먹는 환경, 예를 들어 그릇이나 날씨, 주변 분위기 등이 홍시가 아니더라도 객관적으로 증명할 수 없는 맛이 나게 한다는 것을 안다. 이것을 어떻게 설명할 것인가? 그저 심리적인 것으로 설명할 수 없다. 그 자리에서 음식을 먹는 사람에게는 사실적 상황이기 때문이다. 이처럼 환각지는 과거의 행동 습관이 재생된 것이거나 상기된 것이 아니다.[103]

우리가 한 가지 더 짚고 넘어가야 할 것이 있다. 이미 존재하지 않는 다리와 그 다리가 느끼는 통증에 대한 정보는 국지적이지 않다는 사실이다. 나의 다리에서 오는 통증은 엉뚱하게도 나의 얼굴에서 느껴질 수 있다. 물론 이 문제는 뇌의 가소성과 관련이 있다. 뇌에 주어진 자극은 그 자극이 제거된 후에도 그 자극이 지속된다고 생각된다. 그렇다면 뇌가 곧 몸인가? 우리는 당연히 이런 의문에 도달할지도 모르겠다. 이 문제는 다시 눈의 문제로 생각해보자. 시각의 주 담당은 눈이다. 그러나

103 메를로-퐁티, 《지각의 현상학》, p. 148.

우리는 시각으로만 지각하는 것이 아니다. 모든 감각은 전체적 통일성에 의해 주어진다. 바다의 푸른빛은 풍겨오는 바다내음과 바람이 주는 부드러움으로 더 은은하게 빛날 수 있다. 그래서 눈으로 소리를 듣는다는 말이 성립하게 된다.

비슷한 다른 사례를 들어보자. 사고로 왼팔을 절단한 화가가 있다. 그는 왼팔이 없지만, 왼팔이 부재하다는 사실을 의식하지 않는다. 오른손으로 붓을 잡고 있던 그에게 누군가가 옆에 떨어진 종이를 달라고 했다고 하자. 그는 잡고 있던 붓을 자리에 놓고 종이를 주워 건넨다. 평소 그는 손에서 붓을 놓은 적이 없었다. 오른손은 늘 붓을 잡고 있었고, 왼손은 그 외 다른 일들을 했다. 그러나 이제 그에게 오른손과 왼손의 차이는 없다. 그저 손일 뿐이다. 그에게 왼손은 사라지지 않았다. 그의 증세는 질병부인증이다. 질병부인증은 몸 일부가 없음에도 불구하고 그 사실을 인정하고 싶지 않은 심리상태이다. 심리학에서는 질병부인증을 인지불능 또는 지각불능으로 받아들인다. 질병부인증이 환각지의 경우와 다른 점은 환각지는 판단오류이지만 질병부인증은 지각불능의 현상이라는 점이다. 화가의 사례는 자신의 팔이 없다는 사실을 인정하고 싶지 않은 욕구라는 점에서 질병부인증이라 할 수 있고 이것은 심리적인 현상이다. 그런데 이 질병부인증은 감각의 내수용적 자극의 단순지속이라는 생리학적 설명도 가능하다. 환각지는 심리학적으로도 생리학적으로도 설명할 수 없지만, 질병부인현상은 이 두 가지 모두 설명이 가능하다. 결국 심리학적 설명과 생리학적 설명은 환각지와 질병부인 현상을 설명하기에 적절하지 않다는 말이다. 다시 말해 퐁티가 환각지 현상과 질병부인 현상을 통해 말하고자 하는 것은 우리의 몸이 심리적인 것과 생리적인 것으로 구분되어 이해될 수 있는 것이 아니라는 점이다.

대부분 전통적인 몸을 일반적인 몸이라 말하지만, 전통적인 몸에는 내가 없다. 나는 개별적이고 구체적인 존재다. 생각해보면 나를 이해하는 일은 몸을 이해하는 일이다. 나는 너와 다르다. 다르다고 해서 어느 한 쪽이 잘못되었다고 말하는 것은 아니다. 우리는 각자라는 말이다. 그러니 몸은 일반적인 몸, 보편적인 몸이 아니라 고유한 몸이어야 한다.

몸은 전통적으로 소유 개념 또는 분석 가능한 사물적 대상으로 취급되어 왔다는 것을 앞서 '전통적인 몸'에서 살펴보았다. 전통적인 몸은 근대 이후 '객관적인 몸'으로 설명된다. 객관적인 몸은 의식에 대립하는 사물적 존재를 말한다. 사물은 의식이 없으므로 객체이며 수동이며, 수단이다. 그래서 객관적인 몸은 관찰되고 분석되고 설명되는 몸이다. 몸의 객관화란 내가 몸에서 벗어나 나의 몸을 관찰한다는 말이다. 그러나 그것이 가능한 일인가? 정신과 몸이 분리되지 않는 한, 불가능하다. 퐁티는 '객관적인 몸'과 구별하여 몸을 '고유한 몸'이라고 말한다.

그렇다면 고유한 몸은 어떤 몸인가? 퐁티가 설명하는 이중감각은 고유한 몸의 속성을 잘 보여주고 있다. 퐁티가 하는 말을 들어보자.

> 내가 나의 왼손으로 오른손을 만질 수 있다면 왼손이 그 대상을 만지는 동안 대상인 오른손은 만지는 오른손이 아니게 되기 때문이다. 대상인 오른손은 공간의 점으로 부서진 뼈, 근육, 살의 얽힘이 되고, 만지는 오른손은 외부의 대상을 그 장소에서 드러내려고 미사일처럼 공간을 관통한다. 그것이 세계를 보거나 만지는 한, 나의 몸은 그래서 보여질 수도 만져질 수도 없는 것이다. 그것이 어느 때이고 대상이기를, 어느 때이고 '완전하게 구성된' 것이기를 막는 것은 그것에 의해 대상들이 있게 된다는 바로 그 점이다 … 따라서 몸은 언제나 거기에 있다는 특수성을 제공

할 뿐인 외부 대상들 중의 어느 하나가 아니다. 그것이 영속적이라면 그 영속성은 사라질 대상들, 실제의 대상들의 상대적 영속성의 기초로서 사용되는 절대적 영속성이다. 외부 대상들의 현존과 부재는 원초적 현존의 장의 내부, 나의 몸이 힘을 행사하는 지각적 영역의 내부의 변화들일 뿐이다. 나의 몸의 영속성만이 외부 대상 세계의 영속성의 특수한 경우가 아닌 것만이 아니라, 첫 번째 오른손에 의해서만 이해되는 두 번째 오른손까지도 그런 경우가 아닌 것이다.

《지각의 현상학》, 158쪽.

내가 나의 몸을 벗어난다면 나는 내 몸을 볼 수 있다. 그러나 나의 몸을 내가 만질 수 있는가? 물론 내 오른손이 내 왼손을 만질 수는 있다. 그러나 이 행위는 항상 동시적이다. 오른손과 왼손은 각각의 몸이 아니라 그 자체로 몸이기 때문이다. 나는 만져지는 몸인 동시에 만지는 몸이 되는 것이다. 객관적인 몸은 나와의 분리를 가정한다. 이때 나는 몸이 아니다. 몸이 나라면 나는 몸과 분리될 수 없다. 그래서 몸은 영속적이다. 몸인 나는 몸의 영속적 현존을 느낀다. 나는 내 몸을 떠나 내 눈을 볼 수 없다. 내가 눈이기 때문이다. 나는 나의 오른손으로 오른손을 만질 수 없다. 나는 내 오른손이기 때문이다. 그래서 우리는 몸을 나의 몸이라고 말하기보다, '나는 몸이다'라고 말해야 더욱 분명하다.

이중감각의 경우를 볼 때, 나는 감각하는 몸이자 감각되는 몸이다. 전통적으로 감각은 수동적인 것으로, 지각은 능동적 판단의 영역에 속하는 것으로 말해져 왔다. 그러나 퐁티는 더 이상 '감각과 지각'을 구별하지 않는다. 왜냐하면 그는 지각을 종래와 같이 몸과 분리된 이성적 판단의 영역이 아닌 몸에 맡기기 때문이다. 그래서 퐁티에게 지각은 '원초성'을 회복하면서 몸지각으로 이해되며, 몸과 정신은 더 이상 구별되지 않는다. 다시 말하자면 퐁티는 지각이 세계와 몸에 있다고 생각하기 때문이다. 퐁티에게 지각은 '세계 속에 개입'이다. 반면 사유는 반성의 영역으로서 거리두기다. 이제 다시 '본다는 것'의 의미를 생각해 보자. 눈은 사물이 투사된 창이 아니다. 그것은 '사물과 접촉하는 특정한 힘'이며 "나의 지각이 그 자체로서 세계 및 사물에로 열림"[104]이다. 그래서 몸은 사물과 직접 맞닿아 있다. 이것이 지각이며 고유한 몸의 속성이다. 지각의 문제는 몸의 문제이기는 하나, 이성지각과 몸지각을 다룰 때 구체적으로 말할 것이다.

현상적 몸

고유한 몸은 지금 여기에 살고 있는 몸이다. 내가 있고, 내가 몸을 소유하는 그런 방식이 아니다. 나는 몸 안에 거주하지 않는다. 몸이 나다. 내가 너와 다른 이유는 내 몸이 너의 몸과 다른 이유와 같다. 나는 몸이기 때문이다. 그래서 나의 몸은 고유한 몸이다. 나는 사유하는 존재 이전에 행위하는 존재 즉 몸적 존재다. 그래서 몸은 나의 존재와 더불어 영속성을 가지고 현존한다. 현상적 몸은 그러한 몸에 대한 이야기다.

나의 몸은 세계와 맞닿아 있다. 보고 듣고 느끼고 생각하는 것은 세계와 접촉하는 과정에서 일어나는 일들이다. 그래서 몸은 감각세계에 내리는 닻이다. 나는 닻을 내리고 세계는 열린다. 그리고 곧 나는 닻을 올리고 항해를 할 것이다. 세계를 더 이상 열지 못할 때, 나는 죽음을 경험할 것이다. 내가 내린 닻으로 인해 열린 세계, 사실 이 말은 매 순간의 체험을 의미한다. 문을 열고 들어왔을 때, 우리집 라임이가 기지개를 켜고 나온다. 하루의 피곤함이 그 녀석의 기지개 켜는 모습에 사라진다. 내 집의 평화가 단 하나의 행동에서 나온 것이다. 내가 디디는 한발 한

104 위의 책, p. 470.

발이, 내가 손짓하는 곳곳마다 꽃망울이 터지듯, 그렇게 세계가 열린다. 그 세계는 원래 없었던 세계가 아니지만, 그 세계는 나로 인해 열리는 세계다. 이렇게 몸은 세계를 열어낸다. 퐁티는 이 몸을 '현상적 몸'이라 부른다.

다른 말로 현상적 몸은 지각하는 몸이다. 몸과 세계는 동시에 탄생하게 되는데, 이때 펼쳐지는 것이 하나의 장champ이다. 퐁티가 몸을 시간성과 공간성으로 파악한 것은 이 때문이다. 다시 말하자면 하나의 장은 마치 공간성을 지니는 듯하지만, 이 공간성은 시간성에 대한 이해 없이 형성되지 않는다. 예를 들어 '원고를 쓰다가 진한 커피를 마시고 싶어 주방으로 걸어가는 나'와 같은 방식으로, 지금의 나 혹은 우리의 체험을 설명하기 위해서는 현재의 상황을 말할 수밖에 없는데, 여기에는 시간성과 공간성이 교차한다. 그러나 그 교차지점은 매 순간 다르다. 걸어가는 시점, 커피를 내리는 시점, 커피를 마시는 시점, 그것을 우리는 각각의 시점으로 이해한다. 그 시점들이 내 세계의 전체성을 이룬다. 그래서 퐁티는 몸이 지각의 이해와 같다고 말한다.

몸이 분석되지 않듯이 지각도 분석되지 않는다. 지각은 이해되고 기술된다. 물론 나는 나의 지각을 판단하거나 분석할 수도 있다. 그 행위는 반성적 작업, 즉 원초적 지각이 이루어진 후에 오는 이차적 과정이다. 일차적인 원초적 지각경험과 이차적인 반성적 분석과 판단의 차이를 예를 들어 살펴보자. 나는 가끔 기차를 타고 여행을 떠나곤 한다. 느릿느릿 가는 무궁화호를 오래 탄 후에 도착한 강원도의 어느 기차역에 내리자마자 만난 바다 풍경은 내가 마치 한 번도 본 적이 없었던 바다 같아 마냥 설레고 새로움으로 가득 찬다. 나는 거기서 만나는 세계를 온몸으로 맞아들이며 체험하고 느낀다. 자유로움, 행복, 상쾌함 같은 감정이 나를 사로잡는다. 이것이 바로 일차적인 원초적 지각경험이다.

즐거운 피곤을 느끼며 숙소로 돌아가자마자 노트북을 꺼내 들고 내가 체험한 바를 써 내려가고 싶은 욕구를 느끼기도 한다. 생생한 체험을 가급적 날 것으로 표현하고 싶은 욕구가 나를 사로잡는다. 하지만 막상 여행을 끝내고 일상으로 돌아간 후에는 생생한 글을 쓰기 힘들다. 이미 많은 부분이 흐릿해졌을 뿐만 아니라 어떤 체험은 이미 가지고 있던 선입견과 선지식으로 색이 입혀져서, 표현하기 어려운 여러 가지 상황들은 객관화되고 추상화되어 남겨진다. 생생한 경험은 사라지고 기억에 대한 이차적인 분석과 반성, 판단이 개입하여 일차적인 지각경험이 보편적이고 객관적인 사유로 전환되어버리기 때문이다.

왜 이런 일이 일어나는 것일까? 왜 우리는 경험의 객관화를 통해 생생하고 개별적인 구체성을 포기하게 되는 것일까? 우리는 구체성이 개별성을 지니기 때문에 보편성을 얻을 수 없고, 보편성을 얻을 수 없다면 객관적 지식이 될 수 없다고 생각한다. 그런데 객관적 지식을 공유할 수 있어야 세계의 토대를 세울 수 있기 때문에 객관적 지식이 필요하다고 생각한다. 근대철학의 아버지 데카르트는 학문의 확실성의 토대를 마련하기 위해 코기토를 이야기했지만, 코기토의 유아론에 갇히는 바람에 그 토대를 마련하지 못했다. 퐁티는 데카르트에서 이어진 이러한 보편적 토대의 가능성을 끝까지 놓치지 않으려 했기 때문에 우리가 여태껏 구체성을 포기해왔다고 진단한다. 퐁티가 지각의 기본적 우위를 확인하고 그것을 구체적이고 살아있는 몸에서 찾으려 한 것은 데카르트가 실패했던 그 토대가 몸에 있다고 생각했기 때문이다. 퐁티의 시도가 성공한다면 우리는 객관성과 구체성을 모두 포획할 수 있다. 한번 살펴보자.

크리스마스 전날 친구들과 함께 공연장에 갔을 때였다. 주차를 하고 예술관 입구에 섰을 때 받은 느낌은 여느 때와 사뭇 달랐다. 평소 그

앞을 다니긴 했지만, 그날의 예술관은 어마어마하게 거대한 느낌으로 내게 다가왔다. '여기가 참 큰 곳이었구나' 하는 느낌 말이다. 예술관 내부로 들어가 티켓을 확인하고 자리에 앉아 음악이 들리기 시작하면 나는 아주 사적인 공간 속으로 진입한다. 사람들로 가득 찬 공연장에서 다른 사람들은 더 이상 의식되지 않고, 음악 속으로 빠져들어 음악과 하나가 된다. 나의 구체적 체험은 그곳에 간 사람들과 함께 음악으로 하나가 된다.

나의 구체적이고 개별적인 체험은 주관적 영역에 머무르지 않고 공연자와 관람자들과 함께하는 체험이 된다. 즉 그들과 하나가 된다. 이를 우리는 전체적 통일성이라 할 수 있는데, 여기에서 개별성은 보편성과 객관성을 확보하게 된다. 반복하자면, 개인적 체험은 오로지 나의 것이지만, 그 체험은 그 자리에서 함께했던 사람들과 공유함으로써 주관성을 뛰어넘을 수 있다. 그리고 그것을 가능하게 하는 토대가 '현상적 몸'이다.

앞서 현상적 몸을 이야기하면서 언급했던, 하나의 사건이 일어나는 상황을 받아들이는 나에 대해 조금 더 언급해 보자. 원고를 쓰는 내가 잠시 휴식을 위해 내리는 커피는 내게 그 어떤 휴식보다 달콤하다. 커피를 내리기 위해 일어서는 순간부터 커피의 향을 맡고 커피를 마시는 때까지는 내게 전체적 상황으로 지각된다. 퐁티는 여기에서 스타일의 중요성을 언급한다. 개인은 하나의 스타일을 가지며, 그 스타일은 각각의 스타일과 함께 새로운 스타일을 만들어낸다. 비슷한 종류의 일을 하는 사람들은 늘 원고 마감일에 시달리며 원고지나 컴퓨터 앞을 떠나지 못할 것이며, 대개 커피를 즐기며 일을 할 것이다. 그러나 그 커피를 내리는 방법, 마시는 커피의 종류, 좋아하는 컵, 작업하면서 입고 있는 옷 등은 같지 않다. 사람은 저마다의 스타일이 있으며, 그 스타일이 한 사람의 정체성을 표현하기도 한다. 스타일은 한 개인의 다양한 모습을 하나로 통일시켜준다. 특정시대를 살아가는 사람들의 라이프 스타일은 비슷하다. 각 개인이 개별적이고 구체적인 존재임에도 서로를 이해하는 것은 특정시대의 스타일로 묶일 수 있기 때문이다. 그래서 우리는 같은 일을 두고도, 또는 같은 상황 속에서도 무수히 많은 이야기를 할 수 있다. 이렇게 스타일이 드러나는 방식을 퐁티는 몸짓이라 한다. 나와 세계는 이와 같은 방식으로 만나며 서로를 탄생시킨다.

몸은 우리에게 알려지는 것이 아니다. 몸은 이미 나이기 때문이다. 오히려 몸은 행위로 자신을 드러낸다. 그런 이유로 퐁티는 사유하는 자아가 아닌 행위하는 자, 또는 몸이라고 말하는 것이다. 몸이 보편적일 수 없는 것은 몸이 처한 각각의 상황 속에서 드러내는 독특하고 고유한 성질 때문이다. 그래서 퐁티는 몸을 구체적이고 특수한 하나밖에 없는 몸으로 규정한다. 고유한 몸인 나는 타인과 구별되는 개별적 존재인 내가 되며, 이 몸이 세계와 관계 맺는 방식으로 세계와 몸의 교차가 이루어진다.

몸틀과 몸 습관

나는 오늘만 살지는 않는다. 어제도 살았고 지금도 살고 있으며, 어쩌면 내일도 살 것이다. 과거와 현재, 미래의 나는 분명 '나'일 것이다. 이 문제는 전통철학에서 자아동일성의 문제로 논의되었으며, 여기서 중요한 개념은 '기억'이었다. 기억이 어제의 나와 오늘의 나, 그리고 미래의 나를 내가 될 수 있도록 한다. 퐁티는 그것을 습관으로 형성된 '몸틀le schéme corporel'이라고 말한다.

내가 세계와 관계 맺는 방식은 일상 속에서 하나의 습관 또는 틀을 만들게 한다. 내가 술에 취했을 때도 어김없이 집을 찾아들어가는 행위,

책을 읽으면서도 일정한 속도로 타자를 치는 행위, 우리는 흔히 이것을 훈련을 통해 몸이 얻게 된 습관 또는 기술이라고 말하지만, 퐁티는 이러한 행위를 몸틀로 설명한다. 몸틀을 이룬다는 것은 몸이 대상과 관계 맺으면서 '몸 습관'이 형성된다는 것을 말한다. 내가 커다란 식당에 들어갔을 때, 어디에 앉을까 망설이며 어색해하는 것은 무엇 때문일까? 아마 식당의 구조가 내게 한 번에 들어오지 않아, 낯설기 때문일 것이다. 그리고 그 식당의 종업원의 안내를 받아야하는지, 내가 알아서 들어가야 하는지 순간 파악되지 않아서일지도 모른다. 그러나 늘 가던 곳이라면, 나는 기다리거나 적당한 곳에 망설임 없이 앉을 것이다. 또 그곳이 내 집이라면 더 말할 것 없다. 이러한 행동은 결국 내가 서 있는 지점을 보여주고 있다. 기억은 조작될 수 있지만 몸틀은 불가능하다. 그것은 세계가 함께 조작되지 않으면 안 되는 일이다.

퐁티는 이러한 행동의 구체적 사례로 대뇌에 손상을 입은 '슈나이더' 환자를 든다. 그는 자신의 코에 모기가 앉았을 때 망설이지 않고 모기를 쫓을려고 코 위로 손을 올렸을 수 있다. 그러나 모기가 달아나면서 모기를 쫓아내는 행위를 멈춘 그에게 누군가가 방금 모기가 앉았던 곳에 손을 올려보라고 한다면, 그는 처음에 코 위로 손을 올린 것처럼 빠르고 자연스럽게 행동하지 못한다. 퐁티는 이러한 행위를 구체성과 추상성으로 설명하면서 후자의 행위를 추상적 운동이라고 말한다. 슈나이더는 추상적인 행위는 못하지만, 구체적인 행위는 할 수 있다. 그가 이러한 행동을 할 수 있는 것은 몸이 기억하기 때문이다. 그 기억은 나의 몸이 처해 있는 곳, 습관, 관계 맺는 방식이다. 퐁티는 이러한 것들의 구조를 몸틀로 명하고 있다. 이와 비슷한 예는 대뇌손상환자처럼 특수한 경우 외에도 무수히 많다. 술에 취한 내게 누군가 집이 어디냐고 묻는다면 나는 설명해내지 못한다. 그러나 비틀거리는 나를 뒤따라온다면 틀림없이 내 집을 알아낼 수 있을 것이다. 타자를 치면서 손이 가는 키보드의 위치를 생각하다 보면 타자치는 속도가 느려질 것이고 오타 또한 무수히 많을 것이다. 나는 생각으로 존재하지 않는다. 내 몸은 상황에 따라 움직인다. 운전을 하면서 다른 생각을 해도 늘 가던 길을 가는 일에는 문제가 없다. 다만 돌발 상황을 대처하는 데 문제가 생길 수도 있다. 익숙한 상황을 체화한 나는 돌발 상황에 대한 즉각적인 반응을 보일 수 없다. 왜냐하면 나는 새로운 상황과의 접촉에 실패했기 때문이다. 운전 중 다른 생각을 하는 나는 생각하는 상황 속에 있기 때문에, 몸은 기존의 질서에서 벗어나지 못한 채 생각이 펼쳐내는 다른 상황 속에 빠져있게 된다. 이러한 상황이 내가 처한 상황이다. 몸은 세계를 벗어나지 않는다. 늘 하던 대로 운전대를 잡고 가야하는 곳으로 방향을 잡을 것이다.

몸은 나의 뇌가 명령하는 것에 따라 움직이는 것이 아니다. 오히려 스스로 움직인다고 해야 옳다. 명령이라는 것을 이성적 판단이라는 말로 바꾸어 이해해보자. 정말 몸에 모든 것을 맡기는 나는 아무런 판단능력이 없는가. 이렇게 생각하는 것은 몸과 생각과 뇌를 구분하기 때문에 일어나는 습관이다.

뇌도 몸이고 생각도 몸이다. 반복해서 말하지만 몸이 생각이다. 몸의 기억을 퐁티는 원초적 기능이라 한다. 숙지하고 판단한 후에 행동하는 것이 아니라, 행위가 먼저 있고 그 이후에 판단한다. 따라서 우리의 행위는 인과적 원리에서 벗어나게 된다.

▍몸의 확장

데카르트는 몸의 속성을 '연장'이라고 했다. 물질은 부피를 가진다. 그러나 그는 물질의 유연성에 대해서는 설명하지 못했다. 물질은 고정된 형태를 가지고 있고 물리적인 힘 등에 의해 변형될 뿐, 스스로 자신의 형태를 변형하지 못한다는 것이다. 전통적으로 정신은 물질성을 가지고 있지 않기 때문에 무한히 크기를 확장할 수 있다고 보았다. 퐁티는 몸도 정신과 마찬가지로 무한히 확장할 수 있다고 말한다. 그렇다고 퐁티가 몸의 물질성을 부정하는 것은 아니다. 전혀 과학적이지 않은 사실이라 언뜻 이해하기 힘들고, 마치 비유인 듯 생각될 수 있다. 하지만 퐁티는 이것을 사실의 차원에서 접근한다. 사실 아메바는 자유자재로 자신의 몸을 변형시키지 않는가? 우리는 이 사례를 예외 정도로 취급할 수 없다. 좀 더 직접적으로 말하려면 아메바가 아닌 인간 몸을 사례로 드는 것이 더 정확할 것이다.

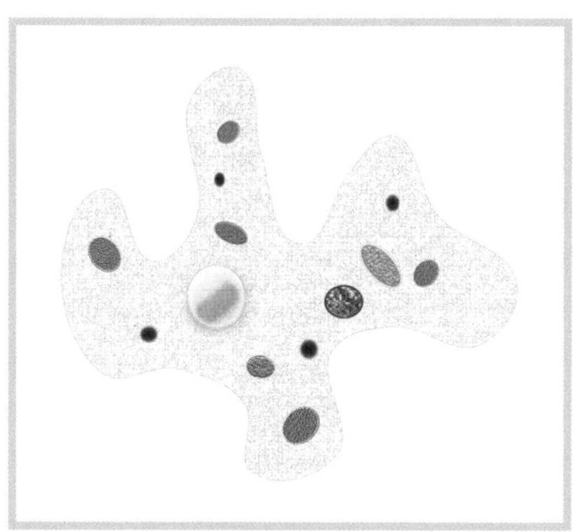

몸의 확장, 아메바의 변형 사례

좀 더 자세히 살펴보자. 전통적으로 정신은 훈련을 통해 그 능력을 키울 수 있다고 생각해왔다. 그 정신이란 완전한 존재인 신적 영혼을 닮은 것이라 육체의 욕망에 가까울수록 축소되고, 멀어질수록 확장된다. 그러나 몸이 정신과 다를 바 없다면 당연히 몸도 정신처럼 확장될 수 있다. 몸의 욕망은 정신의 축소가 아니라 확장이 되는 셈이다. 퐁티는 아메바의 위족僞足 기능을 사례로 들고 있다. 아메바는 다리도 팔도 없다. 그런데도 아메바는 움직여야 할 필요성이 생길 때 다리를 사용한다. 없던 다리가 생겨나는 것이다. 아메바는 몸을 길게 쭉 늘여 다리의 역할을 할 수 있도록 한다. 그런데 어떻게 몸이 아메바와 다를 바 없다는 말인가?

퐁티는 아메바의 이러한 기능을 인간의 성기에서 발견한다. 몸은 성적 분위기 속에서 위족이 자신을 옮겨가듯이 상대를 향해 간다. 몸은 눈이기도 하고 가슴의 두근거림이기도 하다. 그러나 좀 더 직접적이고 구체적인 몸을 말하자면 성기일 것이다. 예를 들어 우리가 사랑을 나눌 때 남자와 여자의 성기는 확장된다. 사랑을 멈출 때 성기는 다시 축소된다. 이처럼 아메바와 인간 몸의 확장 기능은 퐁티에 의해 실질적인 사례로서 제시된다. 특히 성기의 확장은 우리 스스로 확인할 수 있는 분명한 사례다. 그러나 몸의 확장을 성기의 확장으로만 설명할 수는 없다. 퐁티는 우리 몸이 감정적 대상이자 주체, 특히 성적 주체라는 점을 이야기한다. 성감대는 성기에만 있는 것이 아니라 온몸에 있다. 그러므로 우리는 '성기'라는 사례에서 몸의 특정 부위만을 떠올리지 말아야 한다. 만일 내 몸이 성적 대상일 뿐이라면 내 몸은 소비될 뿐이다. 감정이 훼손되듯 소비되는 몸은 훼손된다. 퐁티는 대상화되는 몸을 지양하고 주체인 몸을 회복하려고 한다. 그렇다면 이 몸이 어떤 기능을 가졌는지 스스로 알지 못하면 안 된다. 주체성을 가지지 못하는 몸은 자신을 확장시킬 수 없기 때문이다. 그래서 내 몸은 성적 주체로서 몸이며 동시에 감정적인 몸이다.

앞서 들었던 이중감각의 예를 다시 떠올려보자. 우리는 자신의 양

손을 서로 감싸 쥘 수 있다. 이때 오른손과 왼손은 각각 지각의 주체이자 대상이 된다. 몸은 대상이자 주체로서 감각되고 감각한다. 여기서 고유한 몸의 반성이 일어난다. 만지고 만져지는 과정에서 대상과 주체는 상호교차한다. 우리는 몸의 이중감각으로 몸주체의 상호주체성을 이해할 수 있을 것이다. 몸지각은 여러 면에서 입체적이다. 그래서 몸지각은 감정적일 뿐 아니라 관능적이기까지 하다. 여기에서 몸의 성적 주체성을 확인할 수 있다. 저기 멀리서 누군가가 뛰어오고 있다. 그가 누구인지 내 몸은 미리 안다. 심장박동이 그것을 증명한다. 뛰어오고 있는 저 사람이 나를 자극하는 주체인 것이 아니라 내가 뛰어오는 저 사람에게로 향하는 주체이다. 그러나 뛰어오고 있는 저 사람도 마찬가지로 나에게로 향하고 있다. 우리는 서로에게 대상이지만, 서로에 대해 주체적이다. 이 모습을 제3자가 본다면 어떨까? 아마 그 사람은 나와 나에게 뛰어오는 사람을 번갈아 쳐다보며 이 둘 사이에서 심상치 않은 분위기를 알아차릴 것이다.

내 몸은 세계를 향해 끝없이 확장해간다. 몸은 나의 한계이지만, 그 한계를 결정하는 것은 나이다. 그러므로 몸의 확장은 곧 정신의 확장이다. 내 몸은 정신이 확장되듯 세계를 향해 확장해간다. 아메바는 상황에 따라 몸을 위축하거나 확장한다. 아메바처럼 인간은 몸을 통해 세계와 접촉하며 정신을 확장해나간다. 몸은 기억의 총체이며, 감정의 저장소다. 나의 감정은 지극히 주관적이지만, 몸 기억을 통해 세계에 닻을 내린다. 그러므로 내 몸은 어떤 주체성도 지니지 않은 기계와 같지 않다. 기계는 지향성을 가지고 있지 않지만, 몸은 몸주체이자 체화된 의식conscience incarnée이기 때문이다.

몸의 확장은 다양한 방식으로 나타난다. 예를 들어 시각을 잃은 사람에게 주어진 지팡이가 있다. 갑자기 시력을 잃은 사람이 처음 지팡이에 의존해서 문밖을 나가는 일은 위험천만하다. 지팡이 하나로는 사방을 파악할 수 없다. 거리 감각 또는 공간 감각도 전무하다. 시력을 잃기 전에 자신이 살아가던 세계는 더 이상 존재하지 않는다. 시력을 잃고 난 후 만난 세계는 매우 낯선 세계다. 거리에 나서는 순간부터 넘어지고 다치는 일이 비일비재하다. 결국 타인의 도움을 받고서야 세상의 문을 열 수 있다. 그렇게 시간을 보내면서 차츰 자신과 세계에 익숙해지고 친숙해진다. 동시에 지팡이 끝은 점차 새로운 감각기관으로 변한다. 자신만의 새로운 감각이 생겨나는 것이다. 몸은 지팡이로 확장되고, 그는 세계와 접촉하는 새로운 방법을 익히게 된다.

시력을 잃은 사람은 자신이 익숙한 세계를 잃게 되지만 동시에 새로운 세계를 만난다. 그 순간이 세계와 접촉하는 순간이다. 익숙한 세계에 대한 기억과 익숙한 세계를 잃은 슬픔과 고통은 새로운 세계를 만난다 하더라도 사라지지 않는다. 그 슬픔과 고통이 몸에 각인된 채 새로운 세계를 만나기 때문이다. 그래서 내 몸은 기억이고 슬픔이며 아픔이고 고통이다. 또한 몸은 나의 역사가 된다. 그런 점에서 몸은 감정의 주체이자 대상으로서 몸이다. 내 몸은 누군가가 그저 내게 감정을 소비하는 그런 대상적 몸이 아니다. 이 말에 우리는 '공감'의 의미를 확인한다. 누군가와 감정을 주고받는다는 것은 세계와 직접적으로 접촉한다는 것을 의미한다. 나의 몸과 타인의 몸이 닿을 때, 나는 공감을 경험한다. 그리고 이 공감으로 인해 우리는 무한한 확장을 꿈꾼다. 몸은 분석되는 것이 아니라 그 고유한 속성을 드러내는 것이다. 그리고 그 드러남의 방식이 세계-에로-존재이다.

02 이성지각과 몸지각

❙지각에 대한 편견

우리는 왜 지각을 잘못 이해하게 되었을까? 이 문제는 사실상 오랜 철학사적 전통 속에서 찾을 수 있다. 그 옛날 파르메니데스는 존재와 진리는 변하지 않는다고 했다. 데카르트적 전통은 플라톤과 파르메니데스에서 이어져 온다. 즉 전통적으로 진리는 변하지 않는 것이어야 했다. 지각에 대한 편견은 여기에서 시작되었다.

퐁티는《지각의 현상학》에서 "몸에 대한 이론은 이미 지각에 대한 이론이다"라고 언명한다. 퐁티의 이 말은 전통적인 지각perception 이론에 대한 전면적인 도전이다. 간략하게 설명하자면, 퐁티의 지각이론은 전통적인 인식론적 지각이론과 결정적으로 두 가지 점에서 차이가 난다. 먼저 전통적인 인식론에서는 지각을 객관적으로 존재하는 어떤 대상을 우리 의식이 '어떻게' 인식하는가의 문제로 보는데, 이때 지각은 주로 감성적 대상 인식경험을 말한다. 두 번째로 전통적인 지각경험에서는 몸이 수행하는 역할이 사실상 거의 배제된다. 몸은 단지 생각하는 의식 외부에 존재하는 대상 정도로만 생각되었던 것이다. 또 감성적 인식은 몸을 대상의 진리에 접근하는 올바른 방법인 이성적 인식에 이르는 출발점으로 보거나 혹은 이성적 판단으로 교정해야만 하는, 오류에 빠지기 쉬운 감각자료들로만 본다. 오류를 줄이기 위한 가장 좋은 방법은 순수한 감각을 확인하는 일이다. 이것이 이성이 하는 역할이며, 옳은 지각은 이성에 의한 지각이어야 한다.

오랫동안 우리는 지각에 대한 편견을 가지고 있었고, 이로 인해 지각의 본래적 모습을 알지 못했다. 퐁티는 두 가지 면에서 지각을 이해한다. 첫 번째는 몸이야말로 모든 지각경험의 원초적 근거라는 것이다.

그에게 몸은 의식 외부의 대상이 아니라, 모든 지각경험을 가능케 하는 선험적 근거이다. 이러한 조건 속에서 지각은 몸의 지각경험이 된다. 두 번째로 퐁티에게 지각경험이란, 공감각적인 감성적 인식을 포함할 뿐만 아니라, 과거의 기억과 감정, 느낌을 포괄적으로 포함한, 퐁티가 '지각장'이라고 부르는 장에서 발생하는 몸의 체험과 이해이다. 예를 들어, 내가 키우는 고양이를 지각할 때, 나는 나의 고양이를 관찰가능한 대상으로 파악하는 것이 아니다. 고양이와 내가 지냈던 시간들이 나의 지각이다. 그리고 그 지각은 나의 생활세계를 형성하는 하나의 장으로 나타난다. 나의 고양이 라임에 대한 특별한 기억과 느낌, 그리고 공감각적 경험의 총체로 다가오는 것이다.

퐁티는 데카르트가 '명증한 의식'이라는 이름 아래 배제했던 '몸'이야말로 인간의 모든 지각과 인식경험의 진정한 토대라고 말하며, 모든 규정적 사고에 앞서 우리의 경험에 끊임없이 현존하는 잠재적 지평으로서 몸의 지각을 발견한다고 이야기한다.

그래서 지각은 지각장에서 지각된 것으로 알려진다. 지각된 것은 표현의 행위이며, 모든 몸짓언어이다. 또한 들리지 않는 목소리이며, 간접적인 언어다. 표현된 것은 의미를 가진 것으로 내게 드러나며, 이 의미는 보이지 않는 것, 즉 무의미를 이면으로 가진다. 지각된 것은 내게 의미로 나타나며, 시지각으로 포괄적으로 표현된다. 다시 말해 지각장은 '보이는 것과 보이지 않는 것' 사이의 경계와 깊이를 표현한다. 분명한 것은 퐁티에게 지각은 의식 판단의 영역이 아니라 몸 체험의 영역, 즉 몸지각이라는 점이다. 근대적 지각은 몸을 부정하면서 몸지각의 원초성과 근본성을 잃어버렸다.

▎근대인식론의 문제

근대인식론은 주체와 객체라는 이원적 구조를 가진다. 이는 정신적인 것 이외의 모든 것을 폄훼하는 데서 비롯된다. 주체는 이성적이어야 하며, 객체는 이성에 의해서 파악된 무엇이어야 한다. 객체가 무엇이든 이성은 주체의 지위를 가지고 객체를 평가하고 판단한다. 이성은 그러한 능력을 가지고 있다. 퐁티는 근대인식론이 스스로 알고 있는 문제에서 철학적 사유를 시작한다. 근대인식론자들이 알고 있는 문제란 무엇인가? 여기서는 이것을 다루고자 한다.

이제 우리는 지각한다는 것의 의미를 분명히 파악하기 위해 지각이론이 근대 이분법적 인식론으로만 이해되어온 사실과 그러한 인식이 어떻게 우리를 편견에 빠지게 했는지를 살펴보아야 한다. 이는 퐁티의 문제의식을 드러내는 중요한 과정이라 생각한다. 살펴보자면 다음과 같다. 인식이란 앎이다. 인식론은 앎에 대한 이론, 즉 지식에 관한 이론이다. 앞 내용과 반복될 수는 있으나, 몸지각을 이해하기 위해서는 과거의 인식론이 우리에게 무엇을 포기하게 했는지 살펴보아야 한다. 지식의 습득은 일차적으로 경험에서 시작된다. 경험 없이 우리는 어떤 것도 알 수 없다. 우리가 경험으로 확인하는 지식은 불변하는 지식이어야 한다. 그러한 지식을 우리는 진리라고 한다. 고대철학자 플라톤은 진리가 이데아계를 상기하는 영혼에 의해 알려진다는 상기설을 말한다. 근대 이후 인간의 영혼은 인식능력을 가진 실체나 순수주관인 이성으로 이해되었고, 이것과 상관적으로 대립하는 사물들을 대상으로 간주하였다. 좀 더 구체적으로 말하자면 데카르트는 의심할 수 없는 한 가지를 신이 아닌 것에서 찾으려 했다. 신을 증명하는 일은 학문의 영역이 아니기 때문이다. 그는 의심할 수 있는 모든 것을 의심했고, 그 결과 의심하는 자신만은 의심할 수 없다는 것을 발견했다. 의심한다는 것, 이것은 사유의 활동이다. 그러니 '코기토'는 명석판명한 명제가 된다. 그러나 데카르트에게는 이와 같은 이성이 모든 사람들에게 골고루 나누어져 있어야 한다는 전제가 있어야 했다. 그렇지 않다면, 이성은 진리의 객관성을 보장할 수 있는 근거가 되지 못하기 때문이다.

다시 말하자면 순수주관으로서의 이성은 개별성을 포기하고 보편성을 획득해야만 진리성을 얻을 수 있다. 주관은 개별적인 것으로 객관성을 얻을 수 없다. 그러니 주관 안에 들어온 대상의 객관성을 확보하는 것이 중요한 관심사였다. 이성은 대상의 객관성을 확보할 수 있는 보편적 원리로 작용한다. 진리는 하나였지만, 진리를 파악하기 위한 방법으로 근대인식론이 구조적으로 체계화되면서 진리의 문제는 새로운 양상으로 드러났다.

근대인식론에 따르면 인식한다는 것은 대상을 파악한다는 것이며, 대상을 내 것으로 소유한다는 것이다. 내가 내 몸을 인식한다면 내 몸은 나의 소유가 된다. 마찬가지로 우리가 대상을 인식한다는 것은 대상을 나와 분리한다는 것을 의미한다. 여기에서 우리는 근대인식론자들이 처한 모순을 발견한다. 인식론자들은 주체에 의해 파악된 객체는 객관성을 띨 수 있다고 말하지만, 주체가 인지한 것은 그의 관념 속에 들어온 것 이상도 이하도 아니다. 결국 그들은 사물의 객관성을 결코 확보할 수 없을 것이다.

유아론, 어떻게 빠져나올 수 있을까?

데카르트 이래 유아론은 철학적 난제가 되어버렸다. 주관이 객관과 분리되는 한, 주관은 결코 객관에 이르지 못하기 때문이다. 고독한 무인도에 갇혀 빠져나갈 어떤 수단도 찾지 못하고 자기만의 세상 속에서 살 수밖에 없는 것일까? 현대철학자들은 그 수단을 찾기 위해 다양한 방법을 시도한다. 바로 경험론과 합리론이다. 그러나 이들이 제시한 방법은 우리를 만족시킬 수 없다. 도대체 왜일까?

내게 알려지는 것이 마치 모든 이들에게 똑같이 알려진다고 어떻게 믿는가? 대상은 객관화되는 것 같지만, 사실상 대상은 인식의 영역으로 들어올 때 주관성의 영역으로 들어오게 되는 것이다. 그것은 이미 대상 자체라 할 수 없다. 우리가 데카르트의 코기토를 유아론이라 하는 것은 이 때문이다. 알려져 있다시피 데카르트는 학문의 확실성의 토대를 마련하기 위해 방법적 회의를 시작하고, 여기서 명석판명한 명제인 코기토 에르고 숨cogito ergo sum을 도출해낸다. 그러나 이때의 코기토는 데카르트의 의도와는 달리 세계와 단절된 나만의 세계에 불과하다.

데카르트적 유아론에 따르면 세계는 그 자체로 내게 인식되지 않고, 그 세계의 존재에 대해 내가 말할 수 있는 것은 아무것도 없다. 내게 인식되지 않은 대상은 존재하지 않는 것이다. 칸트는 그러한 세계를 '물자체'라 한다. 칸트는 우리에게 알려진 세계를 구성된 세계라고 말한다. 칸트는 구성된 세계의 객관성을 확보하기 위해 인간 이성의 선천적 구조를 확인하려 했고, 동시에 이성의 한계가 어디까지인지 확인하려 했다. 이것이 칸트가 행했던 '순수이성비판'이다. 칸트는 이성의 한계를 설정하고 그 한계를 벗어나 설명된 모든 것은 오류의 가능성이 있다고 보았다. 칸트는 유아론적 한계를 벗어나기 위해서 대상의 보편적이고 필연적인 것의 가능성을 검토하고 그것을 이성의 영역이라 규정한다. 대상은 내 의식 속에서 보편성을 얻게 되는데, 칸트는 이로써 관념의 세계에 갇히고, 게다가 물자체를 요청함으로써 전통적인 인식론의 딜레마인 주관과 객관의 분열을 해소하는 것이 아니라, 오히려 그 분열을 확고하게 하는 결과를 초래한다. 이것이 대략적인 플라톤에서 칸트까지의 인식론이다.

이제 주관과 객관이라는 이분법적 인식의 구조를 견지하는 근대를 대표하는 두 경향인 경험론과 합리론의 인식 방법을 확인해보겠다. 퐁티는 이 인식 방법들의 문제가 주관과 객관에서 비롯되는 것이므로, 이 방법들에서 발생하는 문제는 다르지 않다고 말하고 있다. 퐁티는 플라톤 이후 데카르트와 칸트까지 주지주의자들로 묶는다. 주지주의자, 특히 데카르트를 비롯한 합리론자들은 본유관념을 인정했고, 경험론자들은 본유관념을 인정하지 않는다는 점에서 큰 차이를 가진다. 경험론자들이 의지하는 것은 오로지 '경험'이다. 경험주의자들 가운데 흄은 대상이 맨 먼저 강렬한 인상으로 우리에게 들어온다고 말한다. 일상에서 우리는 그것을 '첫인상'이라고 말한다. 첫인상은 지각대상에 대한 강렬한 무언가를 우리에게 준다. 그러나 그것은 시간이 지나면서 점차 흐려진다. 흐릿하게 남겨진 이 관념은 첫인상의 강렬함이 제거되면서 남겨진 '관념'이다. 이것이 지각된 대상에 대한 관념이다.

▌지각에 대한 새로운 이해

지각은 몸지각이다. 퐁티의 이와 같은 주장은 전통적인 주장과 다르다. 그들이 말하는 지각은 우리가 알고 있던 지각이 아니다. 명료해져야만 만족하는 우리의 학문적인 습관은 지각에도 그대로 적용되었기 때문에 몸지각 같은 애매함을 견뎌내기란 쉽지 않다. 퐁티의 철학을 애매성의 철학이라고 말하는 것도 이 때문이다.

진주의 첫 느낌은 어땠을까? 부산의 첫 느낌은 어땠을까? 진주에 사는 내가 진주에 대한 첫인상을 지인들에게서 들으면 새삼스럽기까지

한다. 그들의 입장에서 그럴 수 있구나, 생각하는 정도로 그친다. 부산에 대한 나의 첫 느낌은 비오는 날 비린내 나는 질퍽한 땅에 대한 느낌이다. 그런 이유에서인지 부산은 내게 늘 불편한 도시였다. 시간이 흐르면서 부산에서 쌓인 여러 경험이 그 인상을 흐리게 하고 새로운 관념으로 자리하게 했다. 그러나 경험이라고는 해도, 내 개인적인 경험보다 부산에 대한 객관적인 평가가 부산에 대한 관념을 만드는 데 더 많은 기여를 한 것은 부정하기 힘들다. 장소에 대한 기억과 그것에 대한 관념은 첫인상 후의 다른 경험 없이도 시간이 지나면 관념이 된다. 한 장소가 내게 어떤 기억을 남기게 되는 것은 대개의 경우, 그 장소에 대한 강렬한 인상 때문이다. 그 인상은 내가 기억을 왜곡하게 한다. 그 인상이 점차 사라지는 대신에 내게는 추상적인 기억만 남게 된다. 그렇게 남은 것이 관념이다. 다시 그 장소를 찾았을 때, 나는 깜짝 놀라곤 한다. '이런 느낌이 아니었는데…' 물론 때로는 그때의 감상을 불러일으키기도 하지만, 그것은 상상 때문이다.

다시 내 고양이 이야기를 해보자. 이 녀석을 처음 만났을 때의 설렘을 기억한다. 그러나 지금 내가 기억하는 그 설렘은 그 당시의 설렘과는 분명 강도가 달랐을 것이다. 너무도 작고 귀여운 이 녀석을 가끔 학교에 데리고 가서 풀밭 사이에서 놀게 했다. 사람들에게 자랑하고 싶은 마음이 들어서였을 것이다. 이 녀석이 조그맣고 귀여운 녀석이었다는 기억을 어렸을 적 사진을 보면서 떠올렸지만, 지금의 이 녀석은 나와 친숙해진 능구렁이 같은 녀석이 되어버렸다. 만일 시간이 흘러, 여러 가지 이유로 이 녀석과 헤어지고 나면 내 기억 속에는 능구렁이 같은 녀석이 변하지 않는 고정된 관념으로 자리하게 될 것이다.

테이블과 같은 사물에 대한 관념은 어떻게 형성되는 걸까? 나의 경우 예쁜 카페에 들어가면 전체적인 분위기보다 테이블과 의자가 먼저 눈에 들어온다. 앉기 적당한 높이와 안락함의 정도를 빠른 속도로 살펴본다. 오래 앉아있는 내게 그건 정말 중요한 조건이기 때문이다. 오래 앉아서 책을 보는 곳이 아니어도 테이블은 내게 중요하다. 테이블은 카페 안에서 내가 머물 곳이기 때문이다. 그날 바다가 보이는 카페 야외테라스에 놓여 있는 테이블은 독특했다. 그 테이블은 하얀색이었는데, 매끄럽고 차가운 촉감이 내게 전달되었다. 테이블에서 냄새를 맡아보지는 못했다. 다만 이 테이블이 놓여있는 바닷가에서 풍기는 냄새가 느껴졌다. 그 테이블이 도심의 어느 카페에 놓여있었더라면 내가 보는 이 느낌의 테이블은 아니었을 것 같다. 그러나 인식론자들은 이 테이블을 이렇게 인식하지는 않을 것이다. 테이블은 모서리가 각져 있지 않은 사각 모양을 하고, 하얀색이며 철재로 만들어져서 차가운 느낌을 준다. 이것이 인식론자들에 의한 테이블의 설명이다. 이들에게 이 테이블은 도심의 매장에 놓여있는 것과 다를 바 없다. 오히려 매장에 놓여 있는, 사용되기 전의 테이블을 내가 보고 있는 이 테이블의 본래 형태라고 생각할 것이다. 카페에 놓여있는 테이블은 여러 흠집이 생기고 색도 일부 벗겨졌으니까.

바닷가의 어느 카페 그리고 노상 테이블, 사물지각의 형성 과정

인식론자들은 감각을 단순화시켰고, 그것을 순수감각이라 이름 붙였다. 색은 시각으로, 소리는 청각으로, 냄새는 후각으로 주어진다. 그러나 그러한 정보로는 테이블에 대해 내게 알려주는 내용이 없다. 테이블에 대해 기술했듯이, 지각이 개별적인 감각의 총합이 아니라 총체적인 감각이라면 테이블은 내게 보다 더 분명하게 자신의 모습을 드러낼 것이다. 그것은 내게 감정적이며 에로틱한 느낌마저 불러일으키니까. 이 테이블은 하얀색이지만, 바닷물에 비친 그림자 때문에 흰색으로 느껴지지 않는다. 따라서 순수감각은 없다.

붉은 장미에 대한 지각도 이와 마찬가지다. 내가 붉은 장미를 본다면 그 장미에 대한 구체적인 정보는 색과 꽃잎의 크기 등일 것이다. 그러나 보다 분명하게 붉은 장미에 관한 지각을 가지기에는 이것만으로는 부족할 것이다. 좀 더 세밀한 관찰력이 필요하다. 바람소리도, 주변의 풍광도, 붉은 장미를 지각하는 데 아무런 도움이 안 된다. 오히려 방해만 될 뿐이다. 감각을 단순화해서 명료한 지각으로 파악한 붉은 장미는 내게 아무런 의미를 주지 못한다. 그것은 백과사전 속에 들어있는 내용에 불과할 것이며, 나와는 상관없는 장미다. 이제 붉은 장미에 대한 나의 지각은 좀 각별하다. 그 붉음은 너무나 강렬하여 마치 사랑이라는 감정이 이런 것인가 하는 생각마저 든다. 짙은 향은 붉은 장미꽃이 피어있는 정원을 한결 풍요롭게 한다. 이처럼 나의 지각은 단 하나의 감각으로 내게 들어오지 않고 몸지각, 좀 더 구체적으로 말하자면 온몸지각이다.

감각한다는 것

인식론자들은 감각과 지각을 구분한다. 그들은 과학적 방법을 택해, 감각을 데이터로 취급하여 수집하고 데이터들을 종합하여 분석하는 과정을 거친다. 우리는 근대 지식인들의 선택을 일면 이해할 수 있다. 객관적인 진리, 변하지 않는 것에 대한 열망은 그렇지 않은 것들을 부정하게 할 수밖에 없었을 것이다. 과학자들이 선택한 방법은 보편적이었고, 어느 곳에서나 적용 가능한 진리판단의 기준이 되었다. 현상학자들이 비판하는 것은 과학적 방법과 이에 대한 믿음이다. 현상학은 인간의 삶의 다양성에 관심을 가진다. 따라서 현상학은 학문 이론이기보다는 철학적 방법론이라고 보아야 할 것이다.

삶의 구체적인 장에서 체험하는 모든 것들이 인식론적 방법에 의해 알려진다는 생각은 우리의 세계를 아주 많이 좁히는 결과를 초래했다. 감각한다는 것, 퐁티적 관점에서 지각은 대상에서 오는 것에 대한 판단이 아니라, 대상과 대상이 놓인 상황 또는 배경에서 발생한다. 퐁티는 그것을 형태주의 심리학에 근거하여 밝히고 있다.

먼저 후설이 비판한 근대인식론의 문제점이 어디에 있었는지 상기해볼 필요가 있다. 대상을 정확하게 설명하고자 하는 욕구에는 대상과 대상을 바라보는 인간에 대해 아무런 관심을 가지지 않으려는 탓이 있다. 사물은 그냥 사물이 아니다. 확실성을 추구하는 것에 경도되었던 전통철학은 순수감각을 너무 쉽게 받아들였다. 순수감각에 대해 퐁티는 다음과 같이 말하고 있다.

> 눈을 감을 때 나를 둘러싸고 있는 회색과 '나의 머리에서' 울리고 있는 반수면 상태의 소리가 순수감각이 무엇일 수 있는가를 알려줄 것이다. 내가 감각된 것과 일치하는 정도에 따라, 감각된 것이 객관적 세계에서 그 어떤 자리도 차지하지 않게 되는 정도에 따라, 그리고 감각된 것이 나에게 아무 것도 의미하지 않는 정도에 따라 나는 감각하게 된다고 말해질 수 있을 것이다. 이렇게 되면 감각은 질적인 모든 내용과 무관하게

> 탐구되어야 한다고 고백하는 것과 같다. 왜냐하면 붉음과 푸름은, 서로 다른 두 색으로 구별되기 위해서는 각자 정확하게 국소화되어지는 않을지라도 이미 내 앞에 어떤 장면을 형성해야 하고, 따라서 나 자신의 일부이어서는 안 되기 때문이다.
>
> 《지각의 현상학》, 38쪽.

퐁티는 지각을 인식 영역에 두지 않고 존재론 차원에서 해석하는 방법을 선택한다. 존재의 본질은 사실성에 있고, 그것이 무엇인지 아는 것은 이성의 판단에 의해서가 아니라 온몸으로 지각하는 체험에 의해서다. 존재는 인식이 아니라 체험으로 내게 알려진다. 그것도 온몸의 감각들이 동시에 작용하는 공감각적 체험이다.

바닷가 카페의 테이블을 이성적으로 정확하게 이해하고 분석하려 하면 할수록 오히려 테이블에 대한 구체적인 정보를 숨기는 결과를 불러온다. 순수감각이란 바닷가의 하얀 테이블이 아니라 하얀색을 말한다. 하얀색은 하늘과 바다, 햇살이 어우러진 하얀색이 아니다. 그 흰색은 다만 추상으로서 흰색이다. 내 눈에 보이는 검정이 검정이라는 본질을 가지고 있다고 생각하는 것, 이것이 순수감각을 기대하는 마음이다. 이처럼 퐁티는 감각이 무엇인지, 그리고 감각을 지각한다는 것이 무엇인지 근원적인 것에서 묻고 있다.

검정이 다른 색과 구별되어 내게 인식되기 위해서는 지각의 장이 형성되어야 한다. 배경색 없이 무늬색은 드러나지 않는다. 다음의 그림에는 검정에 가까운 커다란 바탕 위에 검정사각과 흰색사각이 있다. 이 검정사각과 흰색사각 안에는 다시 동일한 색의 연한 회색사각이 있다. 검정에 가까운 바탕의 색은 그 위에 놓인 검정색으로 인해 마치 회색처럼 보인다. 그러나 흰색과 대비해 볼 때는 검정색으로 보일 수 있다.

검정 이미지, 감정지각의 예

이처럼 검정색이나 흰색으로 우리에게 보이는 색은 바탕에 따라 검정이 회색으로, 흰색이 밝은 회색으로 보일 수 있다.

명도 대비를 통해서도 우리는 배경색이 무늬색에 어떤 작용을 하는지 알 수 있다. 또 우리는 각각의 면적에서 색의 선명함의 정도가 다르다고 느낀다. 우리는 색이 주는 강렬한 인상에 대해 말할 수 있다. 그러나 그 인상은 항상 상황 또는 배경에 의해서 드러난다. 그러니 순수인상은 불가능하다.

검정 이미지, 두 번째 감정지각의 예

퐁티는 성질로서 감각, 즉 감각성질에 대해서도 검토한다. 인식론자의 이론에 따르면 보는 행위는 색이나 빛을 가지는 것이고 듣는 행위는 소리를 가지는 것이다. 그렇다면 우리가 빨강을 본다는 것은 빨강을 가진다는 것이 된다. 이제 붉음이나 푸름과 같은 감각들은 우리가 가질 수 있는 대상이거나 속성이 된다. 그러나 그 붉음이 어떤 붉음인지 우리는 모른다. 그것은 양탄자의 붉음일 수도 있고, 장미의 붉음일 수도 있기 때문이다. 따라서 우리는 붉음이라는 순수감각을 가질 수 없다. 퐁티는 "순수감각이란 아무것도 감각하지 않음"[105]이라고 말한다. 순수감각이 없으므로 순수감각은 결국 아무것도 감각하지 않음이 된다.

인식론자들은 몸을 개별감각으로 구별하여 분석할 뿐 아니라, 지각된 대상에 대한 인식을 의식으로 옮겨온다. 이는 더 큰 오류를 범하게 한다. 사물 자체와 사물에 대한 의식은 같지 않다. 그 의식은 사실 심리적 주관성에 불과하며, 그 주관성의 객관성을 확보한다고 하더라도 그것이 사물 자체는 아니다. 우리에게 분명한 것은 지각된 것 그 자체, 즉 사물 그 자체는 '지각'을 통해서만 우리에게 알려진다는 것이다. 더구나 그것을 우리가 의식의 요소로 파악한다면, 우리는 아무것도 이해할 수 없게 된다. 그러니 감각성질에 대해서 주의해야 할 두 가지 방식이 있다. 첫 번째 방식은 감각성질이 실은 대상의 속성임에도 불구하고 의식의 요소로 만들고, 그 성질이 구체적인 상황 속에서만 어떤 의미를 가지는데도 의미 없는 인상, 즉 말없는 인상으로 처리하려는 것이다. 또 다른 방식은 대상과 의미가 성질의 차원에서 완결된다고 믿는 것이다. 이 믿음은 세계에 대해 근대가 취하고 있는 편견이다.

상황, 또는 배경을 삭제하고 사건 또는 무늬만 볼 수 있을까? 근대는 불가능한 것을 가능하게 만들려고 한다. 이는 존재하지 않는 보편적 진리에 대한 욕망이기도 하다. 어떤 상황에서도 바뀔 수 없는 무언가가 있어야 한다는 것인데, 사실상 그러한 무언가는 없다. 만일 그 무언가가 있다면, 그렇게 믿고자 하는 마음밖에 없다. 그리고 그것이 타인에게

---

105 위의 책, 《지각의 현상학》, p. 40.

강요될 때, 자칫 위험한 폭력이 된다. 이는 인간이 사물화되는 다른 모습이기도 하다. 퐁티는 "즉자적으로 파악된 세계에서는 모든 것이 규정되어 있다"고 말하면서, 오히려 구체적인 삶, 또는 실존적 삶을 위해서는 "미규정적인 것을 적극적인 현상"으로 인식하지 않으면 안 된다고 말한다. 감각은 의식의 대상도 요소도 아니다. 감각은 과학적 의식이 규정한 대상에 불과하다. 성질로서의 감각은 감각하는 자의 주체성을 드러내지 못하고 오히려 은폐한다.

더 심각한 문제는 이분법적 인식이 감각을 직접적 결과로서 파악한다는 것에 있다. 시각은 눈으로만 인식되고, 청각은 귀로만 인식된다. 인식은 개별감각들이 내 의식 속에 들어와서 관념을 형성하는 것이다. 여기에 자극과 반응이 원인과 결과로서 일대일 관계가 되며, 지각의 항상성 가설이 성립한다. 만일 내게 주어진 현상이 내게 가해진 자극과 일치하지 않는 경우, 항상성 가설은 무너지지 않을까? 때때로 그런 일이 일어나곤 한다. 근대인식론자들은 그것을 시각이 일으킨 착각이라 말한다. 그러나 퐁티는 지각의 문제에 있어서 인식으로 성립된 판단보다 원초적 지각을 더 우선시한다. 앞서 색상 대비를 통해서도 알 수 있지만, 퐁티는 뮐러-라이어Müller-Lyer의 선도 하나의 사례로 들고 있다.

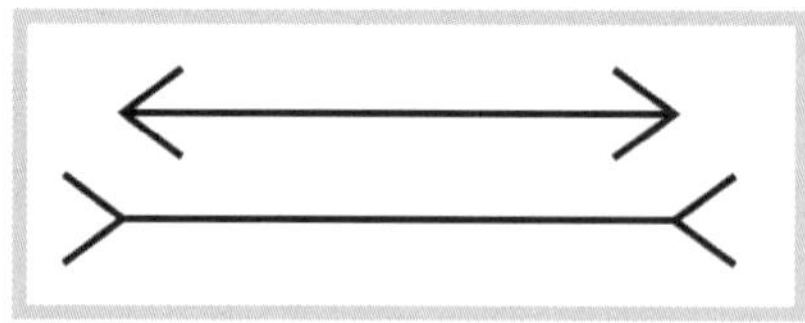

뮐러-라이어의 착시

그림에서 보듯이 동일한 선도 다른 조건이 부여되면 전혀 다른 길이의 선이 된다. 퐁티는 형태 심리학의 이론을 받아들여 무늬 또는 주목하는 대상은 배경과의 관계 속에서 제 모습을 드러낸다는 것을 밝혀낸다. 색의 경우도 마찬가지다. 배경색이 어떤 색이냐에 따라 그 색은 다른 느낌을 가지게 된다. 그렇게 되면 결국 순수감각을 잃게 되는데, 주지주의자들은 순수감각을 잃는 것을 무척 두려워하여, '주의'와 '판단'이라는 개념을 적용한다. 착각은 분명 존재한다. 마당에 놓인 밧줄을 보고 뱀인 줄 알고 깜짝 놀랐지만, 이내 실제 정체를 알아내기도 한다. 인식론자들은 주의작용이 그러한 착각을 줄여줄 수 있다고 말한다. 그들은 착각을 잘못된 인식 또는 잘못된 판단이라 여기지만, 착각이 지각이 아닌 것은 아니다. "감각 가능한 것은 더 이상 외적 자극의 직접적 결과로서 규정될 수 없다."[106]

더위를 추위로 잘못 인식한다는 말은 어떤 의미를 지니는 것일까? 우선 더위의 객관적 기준이 있어야 할 것이다. 그러나 특정지역에 사는 사람들은 한국의 겨울을 전혀 추위로 인식하지 않을 수 있다. 그러니 추위라고 말하는 어떤 기온을 보편적이라고 말할 수 있을 것인가? 보편적 추위를 말한다면 그것은 개념에 불과할 뿐 실질적 추위라고 말하기는 어렵지 않을까? 조금 더 양보해서 대개의 사람들이 덥다고 생각하는 오늘 나는 매우 춥다. 다른 보통의 날에 나는 다른 사람들과 마찬가지의 체감온도를 느끼겠지만, 오늘은 지독한 감기에 걸려있다. 그러니 추위는 이 감기 탓이다. 하지만 감기에 걸리지 않았는데도 추운 경우도 있다. 이때 감기는 남들이 다 느끼는 더위를 내가 못 느끼게 하는 장애 요소가 아니다. 공포 영화를 보거나 무서운 상황에 처했을 때 우리는 추위를 느낀다. 이 경우도 우리는 정상적인 상황으로 여기지 않는다. 역시 어떤 식으로든 이 상황은 내가 더위를 못 느끼게 하는 장애다. 인식을

106 위의 책, p. 45.

방해하는 장애를 거둬낼 때 우리는 잘못된 지각, 즉 착각에서 벗어날 수 있지만, 거짓지각 또한 지각임을 어떻게 부정할 것인가?

주지주의는 이성의 능력을 신뢰하여 주의를 통해 참된 인식으로 인도하려 한다. 경험주의는 감각대상에서 감각자료들을 취하여 지각한다. 퐁티는 주지주의든 경험주의든 대상을 파악하는 주체의 이분법적 구조는 다르지 않으며, 인식 과정이나 인식 방법도 다르지 않다고 본다. 몸의 현상에 대한 심리학과 생리학적 접근도 이분법적 틀 속에서 이루어지는 까닭에 그 두 방법은 한 얼굴의 다른 표정에 불과하다. 심리학이 구체적인 규정이라면 생리학은 추상적인 규정이다. 근대인식론은 결국 우리에게 딜레마를 제공했을 뿐이며, 딜레마의 해소는 지각의 본래성을 회복하는 것에 있다. 지각의 본래성은 지각의 원초성이다. 퐁티는 원초적 지각으로 열린 세계를 생생하게 체험된 세계le monde vécu라고 말한다. 그렇다면 지각은 어떻게 생생함을 드러내는가? 생생하다는 느낌, 그것은 감정지각이다. 타인과의 관계에서 그것은 관능적이기까지 하다. 관능적 지각은 대상과의 접촉에서 일어나는 교감을 말한다. 접촉의 순간에 일어나는 감정들, 이것이 지각의 원래적 성격이다.

03 성적지각의 사례와 표현의 문제

▎'사랑'을 잃은 소녀의 슬픔

때때로 사랑은 한 사람의 모든 것이 되기도 한다. 사랑을 잃은 한 소녀는 자신을 잃고 세계를 잃고 말을 잃는다. 퐁티는 사랑을 잃은 소녀의 실어증phonia을 통해 성적지각이 의미하는 바를 우리에게 전달한다. 퐁티를 사랑했던 그의 옛 연인 라쿠엥도 부모의 반대로 사랑을 잃고 말을 잃었다. 퐁티는 너무도 쉽게 그녀를 포기한 듯 보였지만 라쿠엥의 고통을 모르지는 않았던 모양이다. 퐁티가 말하는 소녀는 앞서도 말했던 것처럼 그가 사랑했던 라쿠엥일 가능성이 크다. 소녀는 잠도 못 이루고, 밥을 넘기지 못할 정도로 자신의 삶 전체를 거부하고 포기하고 있었다. 그녀는 자신의 삶을 위해 할 수 있는 일이 아무것도 없었다. 그녀의 사랑은 다른 사람에 의해 평가받았고, 그녀는 사랑의 주체가 될 수 없었다. 그녀가 사랑을 잃어버렸다는 사실은 그녀가 자신의 세계를 잃어버렸다는 사실과 같다. 동시에 성적 주체성을 상실했다는 의미와 같다. 성적 주체성의 상실은 말의 상실이자, 실존의 상실이다. 사랑의 상실이 자신의 세계를 잃어버렸다는 것에 비유될 수 있는 것은 사랑은 때로는 한 사람의 전부일 수 있기 때문이다. 그녀는 존재하지 않았다.

소녀가 말하기를 멈춘 것은 '침묵'하기 위해서가 아니다. 그녀는 오히려 말하기 위해 침묵한다. 그녀는 침묵함으로써 말하는 것이다. 그녀의 침묵은 사랑을 잃어버린 것에 대한 강한 반항이다. 그녀가 다시 사랑하는 사람과 재회하게 된다면, 그녀는 다시 말을 하게 될 것이다. 그녀의 침묵은 발화된 목소리보다 더 강한 울림을 우리에게 주고 있다. 그녀가 자신이 잃어버린 세계와 사랑이 무엇을 의미하는지를 온몸으로 말하고 있기 때문이다. 그러므로 몸을 이해한다는 것은 세계와 타인을 이해한다는 것이다. 그녀의 실어증을 이해한다는 것은 그녀를 이해한다는 말이 된다.

소녀의 실어증은 병이나 사고로 생긴 것이 아니다. 그렇다면 심리적인 것인가? 소녀의 실어증을 심리적 현상으로 보는 정신분석학자들은 이 증상을 치료하기 위해 억압되어 있는 무의식을 의식화하려고 노력할 것이다. 그들의 방법은 무의식을 밖으로 불러내고 발화하도록 하는 것인데, 문제는 이 소녀가 말을 잃었다는 점이다. 말을 거부하는 그녀에게 우리는 어떤 언어도 발견할 수 없는 것일까? 퐁티는 '동기화'를 통해 이 문제를 해소한다. 동기화란 "한 현상에 의한 다른 현상의 방출을 가리키는 '유동적' 개념들 중의 하나"다.[107] 방출은 효과적인 결과를 얻기 위한 원인에 의해서가 아니라 어떤 현상의 의미가 무엇인지 확인하는 차원에서 이루어진다. 퐁티는《지각의 현상학》과《행동의 구조》에서 '동기화'란 주체와 객체가 만나는 몸에서 이루어진다고 말한다. 그녀가 말을 잃은 현상은 의미를 잃은 것을 의미한다. 그녀가 잃은 것은 삶의 의미다. 퐁티는 이처럼 의미를 행위의 실존적 의미로 파악한다. 우리는 이 말의 의미를 성적지각을 설명하면서 보충할 것이다.

그런데 사랑과 성은 도대체 무슨 관계란 말인가? 성에 대해서 말하기 전 우리는 사랑에 대해서 먼저 말을 해야 할 것 같다. 사랑이란 무엇일까? 사랑은 어떻게 시작되는 걸까? 사랑은 끌림에서 시작된다. 큐피드의 화살이 내 마음을 꿰뚫어버리듯이 사랑은 불현듯 찾아온다. 예기치 못한 끌림을 거부할 수 없는 것, 이것이 사랑이다. 그러나 사랑하는 순간에 우리는 그것이 사랑임을 모른다. 그래서 우리는 그것을 열정이라는 말로도 표현한다. 열정이 사랑이라는 이름으로 굳어지면서 큐피드가 쏜 화살로 입은 상처는 아물기 시작한다. 이제 사랑은 '사랑'이라는 이름으로 남는다. 그리고 '사랑'이라는 이름으로 자신의 세계를 만들어간다.

사랑한다는 것은 데카르트적 사유의 틀 안에서는 불가능하다. 데카르트적인 사랑은 나르키소스가 거울에 비친 자신을 사랑하는 자기애에 불과하기 때문이다. 데카르트적 사유는 자기확실성이므로 상실되지 않는다. 그 사유는 소통 없는 자아, 관계 맺지 않는 사랑, 자기애다. 그러나 사랑은 소통이며 관계이기에 언제나 애매하다. 알 수 없는 감정, 그럼에

107 알버트 라빌 주니어, 김성동 옮김,《메를로-퐁티, 사회철학과 예술철학》, 철학과현실사, 1996. p. 42.

도 온통 나를 지배하는 끌림, 그것이 '사랑'이라고 명확해지면 사랑은 평가된다. 우리는 어떤 사랑이었는지 묻고 정의를 내리고 싶어 한다. 그러나 사랑이라고 말하기 이전에 먼저 다가오는 것, 그것을 우리는 '끌림'이라고 말해야 할 것이다. 이 끌림은 성적지각과 분리될 수 없다. 어떻게? 이제 성적지각에 대해서 말해보려 한다.

성적지각

사랑이 끌림 이후에 오는 감정이고 이 끌림이 성적지각과 관련되는 것이라면, 성은 사랑보다 더 구체적인 체험이 된다. 그래서 퐁티는 성적지각을 몸의 근원적이고 구체적인 지각이라고 보았다. 경험지각은 외부에서 오는 반응 또는 판단이다. 퐁티는 경험지각의 판단영역을 이차적 판단이라고 본다. 지각의 원초성은 판단지각이 아니라 감정지각에서 온다. 감정지각의 지향성, 이것은 몸 없이 이해될 수 없다. 즉 그것은 몸지각이라는 의미다. 성적이라는 것은 이성적인 판단과 다르게 구체적이며 사실적이다. 성적이라는 것은 결국 몸적이라는 말이다. 성적인 느낌이 사랑으로 우리를 이끌어가는 것이라면 단순히 성적인 느낌을 자극에 대한 자동반응으로 보아서는 안 될 것이다. 그런 한에서 우리는 성적지각을 성적 주체의 지향성으로 받아들여야 한다.

조금 더 구체적으로 말해보자. 성적인 느낌이 자극에 대한 자동반응이라면, 누구에게나 동일한 방식으로 일어날 것이다. 이러한 방식은 성적 존재의 대상화이다. 대상화된 몸은 주체성의 지위를 잃은 몸이다. 한 대상에 대해 주체성을 빼앗는 행위 혹은 주체성을 허락하지 않는 행위가 이성 중심주의 또는 주체 중심주의의 한 모습이다. 성적지각 또는 성적 느낌은 대상화되는 나의 몸이 동시에 주체적 몸이 될 수 있음을 보여준다.

성 무능의 경우는 어떠한가? 성 무능은 신체의 기능에 장애를 입은 경우가 있지만, 장애가 없는 경우에도 성 무능 상태가 되기도 한다. 왜 그러한가? 성적 의미를 잃어버린 탓이다. 이 경우는 소통이 단절된 상태, 상대에게 느끼는 감정의 어떤 통로가 차단된 상태를 말한다. 성 무능인 사람은 성적 반응을 일으키지 않는다. 모든 실존이 성적이지는 않지만, 성이 실존인 것은 분명하다. 성은 설렘이고 끌림이기 때문이다. 끌림은 불현듯 일어난다. 그것은 우연적이며 구체적이며 애매하다. 그 설렘과 끌림이 타인과의 관계에서 공감을 가능하게 한다. 따라서 성 무능인 한 사람은 그러한 실존적 장을 상실하게 된 것과 같다. 실존적 장에서 우리는 현재의 상황을 이해하고 새로운 선택을 향해 뻗어가는 힘을 갖는다. 성 무능인 몸은 확장하기를 멈춘다. 확장하기를 멈춘 몸은 그의 세계를 확장하지 않을 뿐 아니라 자신의 생생한 삶을 멈춘다. 성 무능은 실존적 지향성의 상실이다. 퐁티가 성은 자동반응이 아니라고 말한 것은 이러한 이유에서다. 퐁티는 다음과 같이 말한다. "인간의 성의 역사가 인간의 삶의 실마리를 제공한다면, 그것은 인간의 성에 세계, 즉 시간과 타인에 대한 인간의 존재방식이 기투되기 때문"[108]이라고. 성은 단순히 실존의 반영이 아니다. 그렇다면 카사노바의 경우, 실존적 지향성이 무한히 확장되었다고 보아야 하는 것일까?

우리의 몸은 성적 자극에 반응한다. 그 자극은 특정한 몸의 부위가 될 수 있고, 성적 분위기가 될 수 있다. 그런 의미에서 우리 몸은 성적 몸이다. 성은 지향적이며 실존적이다. 퐁티는 성이 주체성을 획득하려면 지향성을 가져야 한다고 말한다. 즉 하나의 주체가 객체를 대상화하는 것이 아니라 두 관계가 지향성을 통해 새로운 몸으로 드러나야 한다.

108 메를로-퐁티, 《지각의 현상학》, p. 250.

이러한 관계의 형성이 성적 도식이다. 다시 말하자면 성적 도식은 성적 상황을 형성하는 관계이다. 이 관계는 관계 맺는 두 사람을 상황 속에 빠져들게 한다. 그래서 그 관계는 다시 성적 분위기이자, 성적지각이다. 사랑에 빠진 몸은 성적 몸이 된다.

누군가 성적 상황 속에서도 그 상황에 참여하지 못한다면 그는 성적 지각의 의미와 이해를 상실했기 때문이다. 그 사람에게 어떤 이가 유혹의 눈빛을 보낸다고 해도 그는 알아차리지 못할지도 모른다. 아마도 그는 상황 속에 들어가지 않았거나, "자기 앞에서 성적 세계를 기투하고 자신을 상황 속에 넣는 능력"[109]을 상실하였을 것이다. 성적지각은 어떤 몸을 파악하고 분석하는 작용이 아니다. 그것은 하나의 몸이 다른 몸을 겨냥하는 일이다. 어떤 이의 유혹하는 눈빛을 감지하는 일은 단순한 표상으로 가능하지 않으며, 그 눈빛이 성적 상황과 결부될 때 이해된다. 성은 실존을 표현한다. 성이 관념적이지도 않고 물질적이거나 대상적이지도 않기 때문이다. 성은 스스로 자신을 드러낸다. 자기의 목소리로 말을 한다는 것은 실존적 몸짓과 다르지 않다. 앞서 말했던 것처럼 실어증을 앓고 있는 그녀는 사랑을 말할 수 있는 목소리를 잃어버렸다. 그것은 바로 실존에 대한 상실을 의미한다.

▍표현의 문제, 영화와 시공간

완벽한 표현은 없다. 표현의 문제는 지각의 애매성을 말하기 위한 중요한 주제가 된다. 퐁티가 표현의 문제와 더불어 침묵함이 중요한 표현 중 하나라고 보는 것도 이 때문이다. 모든 존재는 표현이다. 그리고 그 모든 존재는 관계 속에 자신을 드러낸다. 퐁티는 표현의 문제를 영화

109 위의 책, p. 247.

기법의 상황으로 흥미롭게 묘사하고 있다. 영화는 이미지를 드러내지만, 이미지만으로 이해되지 않는다. 영화는 정지되어 있지 않고 끊임없이 흘러가는 시간을 담지하고 있기 때문이다. 즉 영화는 이미지의 흐름이다. 그러므로 영화를 이미지의 총체로 보아서는 안 된다. 오히려 영화는 "시간적 형식une forme temporelle"[110]이다.

이를 이해하려면 그가 〈영화와 새로운 심리학〉에 제시한 사례를 들고 오는 것이 좋겠다. 그는 소련의 영화감독 푸도프킨Vsevolod Pudovkin(1893~1953)의 몇 가지 실험을 소개한다. 먼저 푸도프킨은 완전히 무표정한 모스조킨을 클로즈업해 찍는다. 맨 "처음에는 수프 접시, 다음에는 관 속에 누워있는 젊은 여인의 시체, 그리고 마지막으로 장난감 곰을 가지고 놀고 있는 어린아이를 보여준 후에 클로즈업된 모스조킨을 영사했다."[111] 모스조킨의 표정은 접시, 젊은 여인, 어린아이를 볼 때 달라 보인다. 접시를 보는 모스조킨의 모습은 허기져 보였고, 젊은 여인의 시체를 바라보는 모습은 슬퍼보였으며, 아이를 보는 모스조킨의 모습은 밝아 보였다. 이반 모스조킨 실험은 장면이 어떻게 편집되는가에 따라 전혀 다른 의미와 정서가 표현된다는 것을 보여주고 있다.

우리가 모스조킨의 얼굴만을 보았을 때 얼굴 변화를 느낄 수 없는 것은 시간적 흐름을 나타내지 못하기 때문이다. 사실 이 사실은 매우 중요하다. 모스조킨의 변함없는 표정은 접시, 관속의 시체, 그리고 아이의 모습을 먼저 본 후에는 분명 다르게 보일 것이다. 직접 한번 해보라.

이 영화 실험에서 우리는 퐁티가 지각장에 대한 이해를 돕기 위해 차용한 게슈탈트 심리학 이론의 의미를 더욱 잘 파악할 수 있을 것이다. 만일 우리가 영화를 보면서 그 영화의 한 장면 장면에 의미를 발견한다

110 메를로-퐁티, 〈영화와 새로운 심리학〉, 《의미와 무의미》, p. 83.
111 같은 책, p. 84.

면, 그 의미는 앞선 화면이 무엇인가에 따라 다를 것이다. 그래서 우리는 편집이 새로운 사실과 내용을 만들고 있음을 알게 된다. 각각의 필름은 감독의 편집에 따라 그 내용이 재구성되고, 그때마다 새로운 현실성이 창조된다.

퐁티가 모스조킨 실험을 통해 말하고자 하는 것은 시간적 형식 속에서 나타나는 직조되는 무늬다. 무늬는 배경과 무늬의 상관관계를 통해 나타나는데, 이 상관관계는 매 시점 흘러가는 삶 속에서 펼쳐지는 시공간적 양상이다. 같은 장미라 하더라도 비가 오고 있을 때의 장미와 화창한 날의 장미는 다르다. 비가 오거나 화창한 날씨가 배경이라면 장미는 각각의 무늬다. 배경은 시간적 형식에서 보면 무늬보다 앞서며 무늬는 시간상으로 배경에 뒤따라온다. 무늬는 배경이 있어야 그 모습을 드러낼 수 있다. 영화의 컷은 이를 설명하는 데 매우 적절하다.

▌표현의 문제, 공감각과 영화

표현과 지각은 상황 속에 참여함으로써 이루어진다. 게슈탈트 이론에서 보여주듯, 표현된 것은 상황 속의 드러남이며 상황 속에 참여하지 않으면 불가능한 일이다. 모든 표현된 것은 시공간성을 지니는데, 지각되지 않으면 표현은 의미가 없다. 지각과 표현은 몸이라는 토대에서 중요한 연관관계를 가진다. 퐁티가 판단의 영역 이전에 원초적이고 근원적인 지각의 우선성을 이야기하는 것은 이 때문이다. 몸지각은 판단 이전의 원초적이며 근원적인 지각인데, 우리에게 늘 애매함으로 다가온다. 즉 몸지각과 애매함은 지각의 본래성을 이해하는 데 가장 기초적인 개념이고 분명 먼저 알려지는 것이지만, 그것을 알아차리기는 매우 어렵다. 왜 어려운 것일까? 몸지각은 우리에게 익숙하지 않은 방식이기 때문이다. 근대적 사유의 특징은 명료함, 단순함, 정확함이다. 이런 특징들에 익숙한 우리는 명료하지 않은 모든 것을 의미 없는 것으로 간주하는 습관이 있다. 그래서 불명료한 상황을 견디지 못한다. 우리는 지각이 공감각임을 먼저 인정해야 한다. 감각은 단순하고 명료하게 알려질 수 없다는 사실을 인정하지 않으면, 우리는 하나의 세계 속에 참여하는 자신을 발견하지 못할 것이다.

영화는 이미지의 총체도 아니고 말이나 소리의 총체도 아니다. 이미지와 말과 소리가 하나의 형태로 어우러져서 의미를 드러낸다. 우리는 영화가 시각으로만 나타나지는 않는다는 것을 알고 있다. 알다시피 영화에는 리듬이 있는데, 리듬은 음향에서도 나타난다.[112] 예를 들어 무성영화는 소리가 없는 영화가 아니다. 무성영화에도 음향은 있다. 그러나 그 음향은 영화 속 장면과 상황을 가장 잘 드러내도록 만들어진다. 음향은 이미지의 다른 표현이다. 소리의 감각은 이미지의 감각으로 되살아난다. 즉 소리는 이미지를 만들어내는 반면, 이미지는 소리를 창조해낸다. 즉 물소리는 물소리로 나타나지 않고, 우리에게 신선한 이미지로 나타난다. 영상은 음향을, 음향은 영상을 생성하지만, 영상과 음향이 서로 만나면서 새로운 지각의 장을 생성하기도 한다. 그것은 단지 한 장면과 한 소리의 결합이 아니다. 지각의 장은 공감각적 현상이며, 전체성이다. 그리고 각각의 상황은 영화 전체에 작용하여 새로운 상황을 전개한다. 이 과정에서 우리는 침묵조차도 소리임을 알 수 있다. '침묵'은 현상학적 실존주의에서 중요한 의미를 가진다. 실존주의자들은 현존을 부재를 통해서 인지한다. 그러니 우리는 지각이 침묵의 목소리를 포함한다는 사실을 부정해서는 안 되겠다.

표현한다는 것, 특히 언어로 표현한다는 것은 대화를 전제한다. 퐁

---

112 위의 책, p. 85.

티는 말로가 《화술*Verve*》(1940)에서 말하는 세 가지 대화에 주목한다. 첫 번째는 설명적 대화dialogue d'exposition로서 극적 행위의 상황을 주지시키는 효과가 있다. 두 번째는 음색적 대화dialogue de ton로서 말에서 묻어나는 개성이다. 우리가 A의 말을 흉내 낼 때 그 사람만이 가지고 있는 특별한 어조를 잘 드러낸다면, 말에서 그 사람의 이미지를 떠올릴 수 있을 것이다. 프루스트가 주로 사용하는 이 기법은 다른 어떤 기법보다 더 분명하게 한 사람의 본질을 드러내 보일 수 있다. 말로는 음색적 대화를 영화에서는 오히려 찾아보기 힘들다고 말한다. 왜냐하면 배우의 시각적 현존 때문이다. 배우는 영화 속 인물을 대신해서 산다. 따라서 배우가 가지고 있는 이미지로 인해 대화를 통해 인간의 본질을 오롯이 드러내기 힘들다. 마지막으로 극적 대화dislogue de scéne가 있다. 말로는 극적 대화가 영화의 주요 대화 형태라고 말한다. 극적 대화는 토론과 충돌을 드러낸다. 그러나 영화에서 극적대화는 지속성을 가지기 힘들다.[113] 여기서 퐁티의 이론에 근거해 주목하는 대화기법은 음색적 대화다. 음색적 대화는 색을 가지고 있다. 색을 가지고 있다는 것은 시간적 흐름 속에 입혀지는 내용 또는 공간인 셈이다.

퐁티는 존재가 시지각으로 드러난다고 말한다. 그러나 시지각의 단일성을 말하고 있지는 않다. 예를 들어 음향은 영상을 위한 보조장치가 아니다. 영상과 음향은 분리되지 않고 함께 어울려 한 장면을 형성하는 지각의 장이다. 퐁티가 '공감각'이라고 말하는 것을 여기서 발견할 수 있다. 감각은 개별적이지 않다. 영화는 사유하는 게 아니라 지각하는 것이다. 영화는 인식이 아닌 체험으로, 삶의 다양한 모습을 우리에게 전달하고 있는 것이다. 영화를 보고 감동을 하는 이유는 영화가 삶 자체

113 위의 책, p. 86.

를 보여주기 때문이다. 영화를 보며 우리는 즐거워하고 고통스러워하고 사랑을 느끼고, 분노와 증오를 느끼기도 한다. 영화를 보면서 이런 저런 분석을 하는 재미도 만만치 않지만, 그런 방식은 영화에 대한 다른 접근일 뿐이다. 분석과 설명 이전에 우리가 접하는 방식이 감정이라면, 영화는 감정지각의 방식으로 우리가 세계와 밀착하는 방식을 보여주게 될 것이다. 영화 감상은 "우리에게 직접적으로 세계-에로-존재, 사물과 타인을 다루는 저 특수 양식"[114]을 제시하지만, 영화에 대한 분석의 태도, 즉 사유 활동은 우리가 결코 영화에 감정을 이입하지 못하게 할 것이며, 공감도 이뤄내지 못하게 할 것이다. 퐁티는 "영화는 정신과 육체, 정신과 세계와의 결합, 그리고 타인 속에 있는 나를 표현하기에 특히 적합하다"[115]고 말한다. 그렇다고 영화가 철학을 전부 설명해준다고 말해서는 안 된다. 영화를 보는 태도에 따라 달라질 것이지만, 영화가 철학적 작업의 한 사례가 되기 위해서는 현상학적 방법으로 바라보지 않으면 안 된다. 이는 과학과 기술에 대한 이해가 현상학적 방법이 아닌 한에서 하나의 편견이 될 수 있는 것과 같은 경우다.

우리는 퐁티가 말한 '성적지각의 문제와 표현의 문제'를 통해 몸 현상학적 존재론의 특이점인 몸지각의 의미를 찾아보고자 했다. 근대 이분법은 인간을 사유하는 존재로 규정하고 인간의 몸 안에서 사유, 즉 이성적 능력만을 따로 분리해냈다. 그러나 이와 같은 방법으로는 인간을 이해하기 어렵다. 인간의 욕구는 통제하려 해도 부정될 수 없을 뿐 아니라, 오히려 인간의 본래성이라고 말해야 한다. 그러한 욕구가 몸에 대한 이해 없이 설명될 수 있을까? 이와 같은 점에서 성적지각의 실존성을 드러내는 일은 퐁티가 몸지각을 판단의 영역에서 해방시키는 중

114 위의 책, p. 89.
115 같은 책, p. 90.

요한 부분이라고 생각한다. 더불어 표현의 문제는 사유에 그치지 않고 발화 또는 몸짓과 더불어 말해져야 한다. 퐁티는 몸이론과 지각이론은 다르지 않다고 보았다. 몸의 질료성과 지각의 애매성은 시공간적 형태와 공감각적 이해로 접근하지 않으면 안 된다.

❙ 나와 세계가 존재하는 방식, 세계-에로-존재

대개 세계 또는 공간은 인간을 비롯한 다양한 존재들이 살아가는 곳으로 이해되어왔다. 세계는 내가 태어나면서 비로소 존재하는 것이 아니라 내가 태어나기 이전부터 존재했다. 그러나 그러한 공간 또는 세계는 내게 의미가 없는 공간이다. 사물이 세계 안에 배치되듯이 세계는 그렇게 존재들이 놓이는 장소가 아니기 때문이다. 내게 의미가 있는 공간 또는 세계는 내가 그 속에 참여함으로써 비로소 열린다. 세계가 열리는 모습으로 우리는 자신을 이해한다.

고·중세의 세계관은 목적론적이다. 본질 또는 신이 있어 그것을 향해 나아간다. 근대 기계론적 세계관에서는 세계의 움직임이나 목적이 합리적 이성에 의해 설명되고 이해되어야 한다. 현상학자들은 세계가 목적론적이지도 않고, 기계론적이지도 않다고 말하고 있다. 세계는 주어져 있지만, 주어진 채로 존재하는 것이 아니다. 오히려 세계는 온몸의 지각을 통해 열리는 지각의 세계이자, 삶의 세계이다.

퐁티의 지각세계는 후설과 하이데거가 복원하고자 한 생활세계의 연장선이다. 그럼에도 퐁티는 후설과 하이데거의 생활세계가 본래적 세계를 구현해내지 못하고 있다고 말한다. 왜일까? 그 이유를 밝힌다면 우리는 퐁티와 후설 그리고 하이데거의 지각세계 간 차이를 발견하게 될 것이다. 앞서 살펴보았지만 후설은 생활세계를 의미세계로 이해한다. 이 세계는 지향적 구조, 즉 노에마(의미대상)와 노에시스(의미작용)

의 상관관계를 통해 우리에게 드러나는 세계다. 어린왕자의 장미는 어린왕자가 장미에게 마음을 주기 전에는 하나의 장미에 불과했다. 이름이 없는 장미는 의미 없는 장미다. 장미에게 이름을 불러주었을 때, 장미는 비로소 특별한 의미로 존재하게 된다. 이름을 불러주었다는 것은 의미가 되었다는 것을 의미한다. 캠퍼스에 어슬렁거리며 다니는 길고양이들 중 몇 마리는 어떤 이에게는 이름을 가진 고양이일 것이다. 내게는 그저 길고양이들 중 한 마리일 뿐인 그 고양이들 가운데 한 마리가 어느 날 보이지 않는다고 해도 나는 그다지 의식하지 않을지도 모른다. 그러나 그 고양이에게 이름을 붙여준 어떤 이에게는 그 고양이가 걱정이며 슬픔이 될 수 있다.

하이데거에게 생활세계는 삶의 세계다. 삶은 관계를 통해서 형성된다. 하이데거는 세계를 도구적 연관관계 속에서 파악한다. 예쁜 카페에 들어가 마시는 커피 한 잔에는 커피를 만드는 바리스타와 커피를 볶은 장인의 노고가 들어가 있다. 그리고 이 커피를 담는 머그잔을 만드는 어떤 이의 존재를 드러낸다. 이처럼 하이데거는 커피와 나의 관계만을 말하지 않고, 커피와 내가 세계와 어떤 의미연관을 가지는지를 밝혀내며 세계를 한꺼번에 존재하게 만든다. 세계와 나의 만남은 불가피하다.

후설과 하이데거의 세계는 관계맺음의 방식으로 세계 의미를 드러낸다. 특히 하이데거는 그러한 세계 속에서 존재에 관한 물음을 던지며 자신의 의미를 형성해나가는 존재를 현존재로서의 인간이라고 말한다. 하이데거에 따르면 현존재는 '세계-내-존재'의 존재구조를 가진다. 후설과 하이데거가 놓친 것은 무엇일까?

퐁티 해석에 따르면 이 만남은 세계와 직접적인 접촉이어야 한다. 그래서 어떤 매개를 필요로 하지 않는다. 하이데거는 존재방식의 구조를 보여주기는 하지만, 그것이 어떤 것인지 말하지 못하고 있다. 나와 세계는 전체적인 통일성으로 파악된다. 그 전체적인 통일성을 후설과 하이데거는 보여주지 못했다. 그래서 퐁티는 후설의 현상학에서 다시 출발하고 현상학의 근원적 문제로 지각과 몸을 이야기하고 있는 것이다. 몸은 세계-에로-존재의 방식으로 존재하지만 결코 그것은 관념도 현상도 아닌 현존하는 몸이다. 퐁티는 현상학적 세계에 대해 다음과 같이 이해한다.

> 현상학적 세계는 선재하는 존재의 설명이 아니라 존재의 정초이며, 철학은 선재하는 진리의 반영이 아니라 예술처럼 진리의 실현이다. 사람들은 그러한 실현이 어떻게 가능한가 하고, 그것이 선재하는 이성을 사물 속에 다시 결합하는 것이 아닌가 하고 물을 것이다. 그러나 선재하는 유일한 로고스란 세계 그 자체이며, 그 로고스를 분명한 존재로 되게 하는 철학은 가능적 존재에서 시작하지 않는다. 철학은 그 자신이 속해 있는 세계처럼 현실적이거나 실재적이다.
>
> 《지각의 현상학》, 32쪽.

퐁티가 말하고자 하는 지각세계는 몸세계이다. 세계는 하나의 거대한 몸이다. 몸이 몸틀을 재구조화하여 스스로를 구성해나가듯이 세계는 그렇게 자신을 구조화해나간다. 그것은 마치 몸이 습관을 가지는 것과 같다. 퐁티는 그렇게 구조화하는 몸주체를 '세계-에로-존재'라고 표현하는 것이다. 퐁티는 하이데거의 생활세계를 지각세계로, 세계-내-존재를 세계-에로-존재로 바꾸어 표현하면서 하이데거와 구별 짓고 있다. 인간은 세계와 별개로 이해될 수 없는 존재이므로, 인간은 조건 지어진 삶을 살아간다. 자유는 세계라는 조건에서 실현된다. 세계와 몸은 그 자체로 자유인 셈이다. 배는 바다를 떠나 배가 될 수 없다. 배는 바다에서 비로소 배가 된다. 그러나 배와 바다의 관계에서처럼 몸과 세계는 하나이긴 하지만 같지는 않다. 한 사람의 개별적인 삶은 특정 지점에 닻을 내리면서 시작된다. 닻을 내리고 머물면서 낯선 세계는 곧 친숙한 세계로 바뀐다.

친숙함은 메스칼린 중독의 사례에서 잘 드러난다. 퐁티에 따르면 메스칼린을 몸에 주입하면 세계는 완전히 뒤바뀌게 된다고 한다. 평소 친숙하던 것들은 가까이 있지만, 그렇지 않던 것들은 더욱 멀어진다. 친숙함 정도에 따라 거리감이 다르게 느껴진다. 메스칼린의 예가 아니어도 우리는 친숙함과 거리감의 의미를 이해할 수 있다. 같이 옆에 있던 어떤 사람에 대해 거리감을 느끼는 순간이 있다. 그와 더 이상 친숙하지 않다는 뜻이다. 내가 살아온 환경과 나의 친구들은 나의 삶과 나의 선택에 분명히 영향을 미친다. 그러나 나의 선택은 그러한 환경을 바꾸기도 한다. 이에 대해 문화와 더불어 생각한다면 쉽게 이해될 것이다. 내가 살아온 환경이 무엇이냐에 따라 나의 성격, 나의 취향, 나의 선택은 달라질 수 있다. 나의 선택이 곧 나의 세계이므로 나는 나의 주체성을 상실하지 않는다.

세계와 친숙해진다는 것은 나와 세계가 하나의 통일체가 되었음을 의미한다. 내가 세계를 나의 세계로 만들고 세계가 나의 몸을 만든다. 나와 세계는 서로를 교차시키며 얽히게 된다. 나는 세계와 이렇게 구조지어진다. 퐁티는 나의 몸이 구조화되는 것을 '몸틀'이라고 했다. 몸틀이 형성되는 것은 나의 구체적인 삶 속에서 가능하므로 이것을 지성의 범주라 할 수는 없다. 몸틀을 형성한다는 것은 내가 살아가고 있는 삶의 상황을 구조화한다는 것이다. 몸틀은 체험에서 획득되므로 우리에게는 사실적이며 실질적인 일이다. 어떻게 구조화하는가를 결정하는 것은 몸주체로서 존재하는 나이다. 내가 하는 일은 내게 친숙한 쪽으로 결정의 방향을 튼다. 인간은 환경에 둘러싸여 살아가지만 그 환경을 만드는 존재이기도 하다. 그래서 몸은 몸주체가 된다.

스트래튼의 안경실험은 몸틀의 형성을 잘 보여주는 사례이다.

> 사람들이 피험자에게 망막의 상을 정립상으로 고쳐 세우는 안경을 끼도록 한다면, 처음에는 모든 것이 비실재적이고 거꾸로인 것으로 보이며, 다음날에는 피험자 자신의 신체가 거꾸로 된 느낌을 가지는 것 외에는 정상적 지각으로 되돌아오기 시작한다. 일주일 동안 계속된 두 번째 실험에서 대상들은 우선 거꾸로인 것으로 보이나 처음처럼 그렇게 비실재적이지는 않다. 이튿날에는 그 광경은 더 이상 거꾸로이지 않으나 몸이 비정상적 위치에 있다고 느낀다. 3일째에서 7일째까지 몸은 점진적으로 바로 서고 결국 정상적 위치에 있는 것으로 보인다. 특히 피험자가 능동적일 때 그러하다. … 5일째부터, 새로운 시각 방식에 의해 처음으로 기만당해, 시각의 혼란을 참작하여 교정되어야 했던 동작들이 틀리지 않고 자기 목표를 달성한다 … 7일째, 소리의 장소는 소리를 내는 대상이 들리기도 할 뿐만 아니라 보이기도 한다면 정확하게 지정된다 … 실험이 끝날 무렵에 사람들의 안경을 벗긴다면, 대상들은 틀림없이 거꾸로 보이는 것이 아니라 '야릇하게' 보이고 운동 반응은 역으로 나타난다. 즉 피험자는 왼손을 내밀어야 할 때 오른손을 내민다.
>
> 《지각의 현상학》, 372~373쪽.

퐁티의 사례에서 우리가 찾는 것은 몸의 공간성, 시간성, 주체성이다. 몸은 세계에 참여하며 세계-에로-존재로 살아간다. 살아간다는 것은 상하좌우라는 지표에 따라 공간에 배치되고 그 자리에 채워진 고정된 무늬가 아니다. 또한 그것은 수학적 이념들에 따라 정밀하게 구성되고 체계화된 이념이 아니다. 살아간다는 것은 내 몸이 내 자리를 찾아가는 구체적인 과정이다. 퐁티가 세계-에로-존재로서의 몸인 나를 공간성과 시간성으로 말하는 것, 그리고 동시에 그것을 주체성이라고 표현하는 것은 살아가는 나는 살아지는 나이기 때문이다.

이와 유사한 다른 예로 베르트하이머Max Wertheimer의 거울방 실험이 있다. 이 실험은 공간성의 형성을 좀 더 재미있게 다루도록 해준다. 45도 각도로 반사되는 거울을 통해서만 바라보도록 설계된 방에 우리가 들어갔을 때 그 방은 우리에게 비스듬하게 보일 것이다. 아무리 바로 서 있으려 해도 몸은 기울어지며, 낙하하는 종이마저도 비스듬히 떨어지는 기이한 현상을 발견하게 된다. 그러나 어느 정도 시간이 지난 후에 우리가 경험하는 기이한 현상은 사라지고 모든 것이 원래의 모습을 찾는다. 낙하하는 종이는 더 이상 비스듬하게 떨어지지도 않고, 나 또한 바로 서 있으려 애쓰지 않아도 된다. 왜 이런 일이 일어나는 것일까? 이는 내 몸이 가지는 잠재성 때문이다. 굳이 45도 각도의 방이 아니더라도 우리는 일상적 체험에서도 이를 경험할 수 있다. 낯선 공간에 들어선 나는 그 공간에 있음에도 그 공간에 거주하는 자가 아니다. 그러나 몸은 그 공간에 스스로 자리를 잡고 익숙해지고 새로운 공간에서 발견하는 새로운 위치를 나의 삶으로 바꾸어낸다. 이 실험들에서 우리가 확인하는 것은 공간과 위치는 지각하는 몸에 의해 구성된다는 점이다.[116] 몸은 세계와 불가분의 관계이며, 실존성이자 실존적 공간이 된다.

---

116 메를로-퐁티, 《지각의 현상학》, p. 378.

데카르트가 던져놓은 딜레마를 해결한 퐁티의 방법은 칸트처럼 관념의 길로 안내하는 것이 아니다. 그는 삶을 사랑한 철학자였다. 철학자로서의 퐁티가 자신에게 부여한 임무는 데카르트를 극복하는 일이며, 이념의 세계에 갇힌 우리의 삶을 살아 숨 쉬는 구체적인 삶의 세계로 끄집어내는 것이다. 퐁티의 지각이론은 앎의 가장 근원적인 출발점인 지각에서 다시 시작하는 것이다. 그런 점에서 그의 지각이론은 몸이론과 다르지 않다. 이것이 퐁티의 《지각의 현상학》에서 놓쳐서는 안 되는 핵심이론이자 철학이다.

2. 살, 《눈과 마음》과 《보이는 것과 보이지 않는 것》을 중심으로

퐁티는 몸을 대상이 아닌 주체로 회복시켰다. 오랫동안 대상으로 취급되었던 객관적 몸은 고유한 몸인 내가 되었다. 하지만 인간과 자연의 이분법을 해체하는 일은 고유한 몸을 회복하는 것만으로는 부족하다. 몸에서 살로의 이행은 데카르트적 문제를 근원적으로 해결하기 위해 꼭 필요한 과정이다. '살'은 인간과 자연, 또는 사물 간의 존재론적 토대가 되기 때문이다. 살은 인간과 자연 간의 상호세계의 장이다. 몸과 살의 차이를 이해하는 일은 퐁티의 전기철학과 후기철학의 학문적 연속성을 파악하기 위한 중요한 과정이기도 하다. 우리는 이 장에서 그 징검다리를 겸할 뿐 아니라 미완으로 끝난 퐁티 철학의 방향과 가능성을 예측할 수 있는 장을 마련해보려 한다.

01 몸에서 살로

▌당대의 화두가 된 몸, 그 유의미한 논의들

물질과 정신, 몸과 의식은 철학사적 딜레마였다. 이성-주체 중심의 철학에서는 이 문제를 의식 중심으로 해소하려 했지만 성공하지 못했다. 그렇다면 무엇이 문제였을까? 퐁티가 살았던 시대의 지식인들은 현상학적 방법으로 이를 해결하려 했지만, 그들이 현상학적 방법을 유의미하게 이끌어갔던 것은 물질과 몸에 대한 새로운 이해가 필요했기 때문이었다. 여기에서는 그러한 논의들을 퐁티의 몸이론과 더불어 살펴보려 한다.

몸은 나의 몸이 아니라, 내가 몸 자신이다. 우리가 1장에서 살펴본 내용은 나 자신의 회복, 즉 몸의 회복에 관한 것이었다. 살다 보니 몸이 필요했다는 말이 아니라, 잃어버린 몸, 잃어버린 나를 찾는 일이 시급하다는 것을 깨달았다는 뜻이다. 퐁티가 몸을 회복하기 위해 지각의 기본성을 밝히는 것도 이 때문이다. 지각한다는 것은 몸에 대한 이해 없이 불가능하다. 퐁티는 이것을 말하기 위해 《지각의 현상학》에서 감각에 관한 전통적 이해를 조목조목 비판했던 것이다.

잃어버린 나를 찾는 일은 몸을 회복하는 일이다. 이 일은 이원론적 인식론의 문제를 해결하는 일과 함께 이루어져야 한다. 이는 근대가 당면한 시대적 문제이기도 하다. 따라서 현대철학자들은 모두 어떤 의미에서 같은 문제에 직면해 있다고 보아야 한다. 퐁티 외에 대표적인 철학자들로 사르트르 외에도 베르그송을 빼놓을 수 없다. 여기서 간단히 이 철학자들의 몸이론을 살펴볼 것이다. 앞서 우리가 살펴본 퐁티의 몸철학의 의미가 시대적 분위기 또는 흐름과 무관하지 않다는 점을 이해하는 일도 중요하다. 이는 철학의 세계가 추상적 세계 또는 이념적 세계가 아니라 구체적 삶의 세계임을 말하는 것이기도 하다.

베르그송은 당대 프랑스 학계에 깊은 영향을 준 철학자이다. 사르트르나 퐁티 또한 그 영향에서 벗어나기는 힘들다. 베르그송이 의미 있는 이유는 그가《물질과 기억》에서 기억과 더불어 물질과 물질 이미지를 중요한 개념으로 채택하고 있기 때문이다. 베르그송에 따르면 세계는 물질로 가득 차 있다. 이 물질들은 일정한 법칙을 따라 상호작용한다. 몸도 그런 의미에서 물질이며, 이미지이다. 그런데 물질들 가운데 몸은 좀 특별하다. 몸이라는 물질은 다른 물질과 다르기 때문에 다른 이미지를 가진다. 몸 이미지는 다른 이미지에 영향을 준다. 몸 이미지가 활동의 중심이 되어 다른 이미지들을 움직이게 하기 때문이다. 아침에 일어나 세수하고 옷을 챙겨 입은 후 집을 나서다가 문득 스치는 생각들이 있다. '가스 밸브는 잠갔던가? 서재 불은 껐던가? 아… 그리고 자동차 키!!!' 대개의 경우 가스 밸브는 잠겨 있으며, 서재의 불도 꺼져있다. 그리고 대개 자동차 키도 가방 속에 얌전히 들어있다. 이 모든 일은 아침 출근 과정에 반복되는 일이므로 몸은 반복된 행동들을 기억한다. 이러한 기억들은 반복된 몸의 활동에 의한 것이다. 몸의 기억은 이렇게 습관적으로 나타나지만, 그 습관 때문에 우리의 행동이 제약받는 것은 아니다. 습관은 새로운 습관을 만들 수도 있다. 다른 물질과 구별되는 몸은 외부에서 오는 자극과 내부의 운동 내지 의지 사이에 끼어있는 이미지다.

베르그송과 퐁티는 몸을 물질과 정신의 접촉점이라고 말한다는 점에서 공통된다. 우리는 이 접촉점을 물질과 정신의 '매개체'로 이해해서는 안 된다. 퐁티에게 세계는 몸이며, 몸은 물질과 정신의 얽힘으로 이해되기 때문이다. 몸은 '살'로서, 세계와의 접합점 또는 존재론적 토대가 된다.

사르트르의 몸은 퐁티의 몸을 이해하기 위한 전 단계라는 점에서 매우 중요하다. 그러나 사르트르에게 몸은 타자의 시선 아래 놓인다. 사르트르에게 몸은 의식의 차원과 마찬가지로 3차원으로 구분된다. 그에게 있어 의식은 몸이기 때문이다.

몸의 1차원은 '대자-몸'이다. 친구들과 만나 하루 종일 쇼핑몰을 쏘다니면서 느낀 피곤은 내 것이 아니다. 집으로 돌아와 내 발을 보니 물집으로 엉망이 되었다. 그때서야 통증을 느낀다. 그러니까 친구들과 즐거운 시간을 보내는 동안 나는 내 몸을 대상화해 볼 생각을 못 했던 것이다. 내 발이 아파올 때 내 몸은 대상화된 몸으로 이해된다.

몸의 2차원은 대타-몸이다. 몸은 타자와의 관계에서 시선의 대상이 되기 때문이다. 이때 몸은 나에 의해서 혹은 타자에 의해서 대상이 된다. 예를 들어 인상주의자들 가운데 마네의 그림을 한번 보자. 마네의 〈풀밭 위의 점심 식사Le Déjeuner sur L'Herbe〉를 보고 많은 사람들이 불쾌감을 느꼈다고 한다. 왜 그랬을까? 발가벗은 여인이, 분명 감상의 대상이 되어야 할 그녀가 나를 관찰하고 있다는 느낌 때문이다. 나는 그녀 앞에서 하나의 대상이 된다. 나는 타인의 시선을 의식하고 그 시선을 즐기기도 하겠지만, 불쾌감도 느낀다. 내가 그 그림에서 어떤 시선도 의식하지 않았다면, 나는 불쾌감을 느끼지 않을 것이다. 다른 예를 들어 보자. 나와 함께 사는 고양이가 가끔씩 나를 관찰하고 있다는 생각이 들 때가 많다. 그 녀석 앞에서 옷을 갈아입을 때는 살짝 민망하다는 생각이 들기도 한다. 고양이 앞에서 어떤 부끄러움을 느낀다는 것은 고양이를 타자, 즉 다른 주체로 받아들인다는 것을 의미한다. 타자의 시선에서 나는 타자가 된다. 내가 타자가 되는 순간 타자는 주체로서 나를 판단하는 것이다.

타자의 시선 속에서 나는 마치 사물처럼 묶이고, 타자의 시선을 통해 나 자신을 본다. 사물처럼 묶인다는 것은 '실존하는 나'를 평가받고 판단되는 객체로 전락시킨다는 것을 의미한다. 그런 나는 타자로서 또는 즉자적 존재로서의 수치심을 느끼지 않을 수 없다.

몸의 3차원은 '대타-대자-몸'이다. 나는 내 몸을 반성적으로 파악하는데, 이때 몸은 타자에게 포착된 몸, 내가 어찌할 수 없는 나의 몸이다. 나는 몸인 나이지만, 나는 대상화되며 대상화한다. 이런 이중적 의미를 몸의 3차원은 보여준다. 누군가에게 마음을 뺏긴 나는 그가 좋아하는 음악을 검색하고 그가 즐겨 읽는 책을 읽으며 그가 좋아할 것 같은 옷을 입는다. 그에게 마음을 뺏긴 순간 나는 내가 좋아하는 음악과 책, 옷을 잠시 멀리 한다. 그러나 나는 늘 불안하다. 그 사람이 나를 어떻게 볼지 나로서는 알 수 없기 때문이다. 나는 나를 잃고 나를 대상화하고 있을 뿐 아니라, 그러한 나 자신을 스스로 확인하면서 살아간다. 사르트르의 몸이론은 퐁티의 몸이론을 이해하기 위한 전 단계라고 말해도 될 것 같다. 사르트르의 몸이론을 길게 이야기한 것은 퐁티의 몸이론이 사르트르의 몸이론에서 전개되기 때문이다.

에두아르 마네, 〈풀밭 위의 점심 식사〉

베르그송과 사르트르의 몸이론을 살펴본 것은 퐁티의 몸이론과의 차이점을 드러내기 위해서가 아니다. 퐁티의 몸이론이 살 존재론으로 나아갈 수밖에 없는 상황을 이해하기 위해서다. 퐁티가 몸에서 살로 이행할 수밖에 없었던 것은 몸이 여전히 개체적이며, 전체적 통일성으로 나아가기 위한 전 단계이기 때문이다.

퐁티의 관점에서 볼 때 베르그송의 몸의 기억은 몸 습관이다. 사르트르가 '대타-대자-몸' 차원으로 말했다면, 퐁티는 몸을 '보이는 것이면서 보는 것'으로 말한다. 베르그송이 운동을 말한다면 퐁티는 지향성을, 사르트르가 주체로서의 의식과 몸을 말한다면 퐁티는 상호주체를 말하고 있다. 몸과 마음은 하나이면서 둘이다. 몸인 마음은 다른 몸을 바라보며 그 몸을 대상화한다. 그러나 나는 내가 대상화하나 다른 몸, 즉 타자로 인해 나의 대상화를 경험한다. 즉 몸인 나는 몸인 타자를 보고, 몸인 타자는 몸인 나를 본다. 즉 몸인 나는 몸인 타자에게 보이는 존재다. 몸들의 상호교환은 존재론적 토대를 요구한다. 그것이 '살'이다.

상호주체로서 몸과 존재론적 원천으로 살

몸 자신인 나는 몸주체이며, 몸 자신인 당신도 몸주체이다. 그런 점에서 몸주체는 상호주체로 이해되어야 한다. 그러나 주체와 대상의 관계를 벗어나 상호주체가 가능하기 위해선 살로의 이행이 없어서는 안 되겠다. '살' 존재론을 이해하기 위해서는 몸과 몸의 상호교환의 의미를 확인할 필요가 있다.

각 주체 간의 상호교환은 이분법적 구조를 여전히 담지하고 있는 것처럼 보인다. 퐁티는 상호주체성을 말하고 있지만, 교환의 관계에서 주체라고 한다면 주체가 아닌 대상을 전제하기 때문이다. 퐁티의 몸이론은 이런 점에서 여전히 이분법적이라는 비판을 받기도 한다. 퐁티가 받는 이 혐의를 벗기기 위해 우리는 몸과 몸의 상호교환, 즉 나와 타인, 나와 세계의 관계 방식을 이해해야만 한다. 그래야만 나와 타인, 그리고 세계의 드러남을 확인할 수 있다.

먼저 세계와 나의 상호교환과 교차란 무엇을 의미하는지 확인해야 한다. 먼저 그 교차점이 지각장의 중심부가 된다는 사실을 주지해야 할 것 같다. 퐁티는 지각이 지각장 없이 설명될 수 없다고 말한다. 지각장에서 체험은 생겨난다. 그리고 현상학은 그 체험을 그대로 기술해야 한다. 이것이 '지각'의 현상학이다. 현상학은 사물 자체로의 복귀를 제1과제로 삼았다. 학문의 세계는 체험된 세계 위에 세워져야 하기 때문이다. 사실 "철학의 최초의 행위는 객관적 세계의 이면에 있는 체험된 세계로의 복귀일 것이다."[117] 이러한 복귀는 객관적 세계의 편견을 넘어서야 가능하지만, 이는 결코 어려운 일이 아니라고 퐁티는 말한다.

지각에 대한 이해는 퐁티 철학에 입문하는 최초 관문이다. 몸을 이해하는 것은 지각을 이해하는 것이고, 지각을 이해한다는 것은 나의 삶, 그리고 세계를 이해하는 것이다. 이때 세계는 체험된 세계이다. 이미 2부에서 몸지각을 다양한 예로 설명했지만, 다시 한번 언급해보려 한다.

첫 번째, 지각과 지각장에 관한 예이다. 나의 고양이와 보냈던 한때, 사실 그 한때라고 해봐야 별거 아닐 수 있다. 그렇다 하더라도 나는 그 한때를 특정한 시간 흐름 속에서 발견한다. 지난여름 작은 아파트로 이사하던 그때라고 하자. 체험에는 시간과 공간이 배제될 수 없다. 체험하

117 위의 책, p. 111.

는 나는 시간성과 공간성을 한꺼번에 담지한다. 나의 느낌과 체험은 온몸을 통해서다. 체험으로 얻은 그 여름의 기억을 내가 어찌 잊을 수 있을까? 나는 그 체험을 내 모든 감각을 동원해 묘사할 수 있다. 그날의 소리들, 모습들, 냄새들… 이 각각을 묘사할 수 있다. 그러나 이러한 감각들이 분리되었을 때, 그날의 모습을 제대로 재현해낼 수 없다. 그날의 소리들은 내 고양이의 움츠림과 내 눈에서 흐르는 눈물과 몸에 난 땀으로, 실재성을 얻기 때문이다. 이 글을 쓰고 있는 내 앞 고양이의 움츠림은 그날의 움츠림과는 전혀 다르다. 지금의 피곤함은 그날의 피곤함과 차원이 다르다. 지금의 어깨 결림은 그날의 결림과 같지 않다. 내 앞에 여전히 고양이가 있지만, 그날의 고양이와 지금의 고양이는 내게 다른 느낌으로 전해져온다.

두 번째, 우리가 앞서 살폈던 모스조킨의 경우를 떠올려보자. 각각의 장면은 상황 속에서 전혀 다른 느낌을 준다. 그 느낌은 잘못된 느낌이 아니라 상황 속에 펼쳐지는 실재다. 예를 들어 내가 지금 원고를 쓰면서 마시는 예가체프 커피와 비 오는 날 카페에 앉아 마시는 예가체프 커피는 비록 같은 원두를 사용해 같은 솜씨로 내려진 커피라 할지라도 그 맛과 향은 같지 않다. 입안 가득 풍기는 그 맛을 5가지의 미각만으로 설명하는 일이 가능한 일인가? 만화 《신의 물방울》에서 와인은 미각으로 표현되지 않고 다양한 이미지로 표현된다. 그것은 단 하나의 표현을 표준으로 갖고 있지도 않다. 맛의 이미지에 모두 공감하는 순간, 그 맛을 이해하게 된다. 세계는 이렇게 신비롭게 내게 성큼 나타난다.

나는 소리를 보고, 색을 듣는다. 이 표현은 잘못된 것인가? 하지만 우리는 색에서 소리를 듣기도 한다. 파울 클레의 그림들을 떠올려보자. 그의 그림들에서 어떤 이들은 소리를 들을 수 있다. 그뿐만 아니라 우리

각각은 베토벤의 〈월광〉에서 특별하고 개별적인 이미지를 본다. 중등 시절 음악 시간에 클래식 감상 시간을 경험한 이들은 공감할지도 모르겠다. 우리는 음악에서 이미지를 찾아냈다. 그 이미지들은 그 음악을 듣는 우리 각자마다 다른 감정과 이미지로 나타났다. 어떻게 같은 음악을, 같은 장소에서 듣는, 같은 또래의 소녀들이 각자 다른 이미지로 흘러나오는 음악의 선율을 그려낼 수 있는 것일까? 각기 다른 이미지들에서 공통점을 발견할 수 있다는 사실은 실로 놀랍다. 또 우리는 사랑 노래를 부르는 가수의 목소리에서 뜨거움을 느끼기도 할 것이며, 코를 찌르는 향에서 피부를 날카롭게 스치는 어떤 촉감을 느끼기도 할 것이다. 이처럼 각각의 감각은 서로를 넘나들며 존재를 드러낸다. 이 모든 것이 몸으로 알려진다는 사실은 매우 중요하다.

위의 사례들에 대해서 우리가 확인하는 것은 몸이 개별적이며 구체적일 뿐 아니라 고유하다는 사실이다. 또한 몸은 타인과 소통할 수 있는 접촉점이라는 점이다. 타인과 나는 몸을 가지고 있으며, 이 몸으로 세계와 관계 맺는다. 우리가 누군가에게서 편안한 감정을 느끼는 것은 그와 소통의 가능성을 가지고 있다고 생각하기 때문일 것이다. 내 몸과 타인의 접촉점이라고 해서 스킨십을 전제하는 것은 아니다. 그림을 좋아하는 나는 그림 동아리 친구들을 만나고 미술관을 관람하는 것을 좋아한다. 함께 모이는 우리는 자연스럽게 미술 관련 정보들을 공유하기도 하고 함께 그림을 그리기도 한다. 내가 살고 있는 이 세계는 동일성의 지평을 가진다. 여기에서 나는 나의 삶을 살아가는데, 이 세계는 내가 지속해서 만들어간 세계이기도 하다. 이 세계 속에서 함께 하는 사람들은 친밀성으로 공감한다.

나는 내게 다정한 한 친구와 함께 있을 때 매우 편안함을 느낀다 그가 나에 대해 어떤 생각을 하는지 굳이 알려고 하지 않아도 우리는 함께 하는 즐거움을 느낀다. 그의 몸짓이, 그의 목소리가 나의 몸짓, 나의 목소리와 절묘한 조화를 이룬다. 이런 것이 소통이며, 몸이 들려주는 소리이자, 촉감이다. 물론 나는 이런 느낌을 의심할 수 있다. 이러한 다정함과 편안함이 혹시 나만의 착각은 아닐까? 그래서 나는 객관적인 판단이 필요하다. 그러나 중요한 것은 객관적인 판단 이전의 지각이다. 이 이야기는 사랑하는 연인을 사례로 들 때 더욱더 쉽게 이해될 것 같다.

대개의 경우, 사랑하는 두 사람은 사랑이 깊은 쪽에서 더 많은 혼란을 겪는다. 상대에게 깊이 빠져든 자신이 싫어서 사랑의 상황 속에서 자신을 끄집어내고 싶어 한다. 혹 나만 그를 사랑하는 것은 아닐까? 이러한 불안감은 사랑하는 내내 사라지지 않는다. 그럼에도 불구하고 그의 사랑을 의심하지 않는다. 도대체 이런 일이 어떻게 가능한 것일까? 그것은 우리가 살아가는 삶의 세계라는 공통된 지평이 있기 때문이고 그 지평 속에서 우리가 서로의 몸을 만나기 때문이다. 몸주체들이 만나게 되는 존재론적 원천이 바로 살이다.

인식론적 지각은 이러한 만남을 일단 보류한다. 인식론자들은 너와 나를 먼저 분리하고 난 이후에, 그 각각이 어떻게 소통 가능한지 살피려고 한다. 분리 이후에 우리는 어느 쪽에서든 관점을 가질 수밖에 없다. 왜냐하면 우리는 몸을 가지고 있기 때문이다. 몸이 있는 나는 관점을 가지고 그 관점을 주된 입장, 즉 주체적인 입장으로 가진다. 이제 주체인 나는 객체인 타자를 판단하고 평가한다. 분리가 된 후, 주체로서의 나는 객체로서의 타자 혹은 몸을 이해하지 못하게 된다. 기껏해야 유비를 통해 짐작할 뿐이다. 나는 주체로, 타인은 객체로 파악된다. 분리된 나는 결코 객체인 타인을 알 길이 없다.

그러나 퐁티는 타인을 통해서 나를 본다. 타인이 나를 비추기 때문이다. 지각한다는 것은 타인 없이 불가능하다. 누군가를 만나러 갔을 때, 그가 그 장소에 없다. 이 말은 그가 여기에 존재하지 않다는 말이다. 그러나 그가 없음에도 그가 있었다는 흔적은 남아있다. 그의 책상 위의 책으로, 혹은 그가 앉았던 의자 위의 체온으로. 그러니 그의 부재는 그의 존재를 이미 드러내고 있다. 타인을 이해할 수 없다면 나 자신도 이해할 수 없다. 나는 사유하는 정신만으로 알려지는 존재가 아니다. 나를 확인하는 일은 내 몸을 확인하면서다. 거울을 보고 내 몸을 만지면서 나는 살아있음을 확인한다. 그렇다면 우리의 영원한 숙제인 유아론은 극복되는 것인가? 몸은 타자를 내게로 소환해서 나와 소통할 가능성을 열어주는 것인가? 퐁티는 의식의 불투명성을 말하고 있다. 의식이 이성-의식이 아니라 몸-의식이기 때문이다. 그러니 유아론은 문제를 제기할 때마다 우리를 머리 아프게 한다. 너의 마음을 내가 어떻게 알겠는가? 영원한 숙제다. 알고 싶다는 사람에겐 더욱더. 퐁티는 존재론적 토대이자 원천인 살la chair로 유아론의 문제를 완전히 벗어나고자 시도한다. 퐁티의 후기철학은 바로 이 살 개념을 통해 더 구체적으로 전개된다.

02 살은 몸과 어떻게 다른가?

▌몸 회복을 위한 '살'

살은 몸이면서 몸과 같지 않다. 동시에 몸은 살이지만 살과 다르다. 그렇다면 몸과 살은 어떻게 다른가? 살은 몸을 위한, 그리고 지각의 의미를 살려내기 위한 것이다. 살은 몸의 의미를 드러낸다. 퐁티가 무늬는 배경 없이 자신을 드러낼 수 없다고 말한 것과 같은 이치다. 배경은 상황이 될 것이며 상황에 대한 이해는 모든 경험의 총합이다. 이 속에서 모든 의미는 개별성을 지니게 될 것이다. 여기서는 존재가 드러나는 방식을 살피면서 몸 존재가 살을 바탕으로 드러난다는 사실을 확인하게 될 것이다.

퐁티는 현상 자체를 기술하는 것이 철학이 해야 하는 일이자, 진리를 드러내는 일이라고 말한다. 퐁티가 선택한 열쇠는 '몸'이다. 몸은 육화된 정신이다. 몸을 회복한다는 것은 상실된 나를 회복하는 것이다. 몸은 나의 몸이 아니라 '몸 자신'이다. 나는 몸을 통해서 무언가를 하는 것이 아니라 몸인 내가 무언가를 하는 것이다. 살의 이해는 '몸 자신'인 나를 드러내는 일이다.

이는 경험을 설명하는 방식에서 보다 분명해지리라 생각한다. 당신은 한 번도 본적이 없는 것을 상상할 수 있는가? 천사는 어떤가? 다들 마찬가지겠지만, 나는 천사를 한 번도 본적이 없다. 그럼에도 나는 천사를 상상할 수 있다. 상상하는 천사의 모습을 그려보자. 대개는 귀여운 아기천사다. 아기의 모습과 천사의 날개는 우리가 본 적이 있는 것들이다. 그것들의 조합, 그것이 아기천사다. 유니콘과 악마도 이와 다르지 않다. 경험하는 것은 결국 '본다'라는 행위에서 이루어진다. 그래서 그것은 체험이다.

또 다른 예를 들어보자. 에스컬레이터를 타고 백화점의 맨 위층까지 올라갈 때 사람들은 각기 다른 관심사에 따라 지각한다. 어떤 이는 아기의 옷에 시선이 머물렀을 테고 또 어떤 이는 명품 가방에 시선이 머물렀을 것이다. 아기의 옷과 명품 가방은 누구든 볼 수 있는 자리에 진열되어 있겠지만, 사람들은 자신이 보고 싶은 것을 본다. 보고 싶다는 것, 그것은 감정이다. 나의 감정이 향하는 곳에 내게 보이는 무언가가 있다. 경험한다는 것은 체험이다. 그 체험은 내 삶의 한 단면이며, 체험 또한 그러한 삶의 연속성에 있다. 따라서 누군가가 무엇인가를 체험했다면 그 체험이 가능한 이유는 내가 몸 자신이기 때문이다.

지각이 인식의 영역에 머무르지 않고 지각의 원초성을 회복한다는 것은 몸의 회복을 말하는 것과 같다. 이성에 의한 지각은 이차적 지각이며, 우선적인 지각은 몸지각이다. 몸은 체험함으로써 세계와 만난다. 세계와 만나는 지점에서 몸은 세계를 이해하고 자신을 이해한다. 내가 몸 자신이기 때문이다. 몸이 세계를 이해한다는 것은 내가 세계를 이해한다는 것이다. 몸과 세계는 '살'이라는 것으로 통일된다. 살은 물질성을 가지고 있기 때문에 나를 이해할 수 있다는 말은 세계에 대한 이해도 가능하다는 말이 된다. 인간은 현상학자들이 누차 말하듯이 생활세계에 거주하는 자이며, 퐁티에게 있어서는 세계-에로-존재라는 점을 상기할 필요가 있겠다. 이렇게 퐁티는 물질과 정신, 몸과 의식의 딜레마를 해소한다.

그런데 왜 퐁티는 다시 '살'을 말하는 것인가? 세계와 몸은 세계-살과 몸-살로 이해되지만, 세계와 몸이라는 이질적 요소를 가지기도 한다. 나와 타자가 개별적 존재인 것과 마찬가지다. 세계와 몸은 같지 않다. 이질적인 두 세계의 공통된 존재론적 원천이 '살'이다. 퐁티의 몸이론은 살 존재론으로 이행함으로써 후설 이래 현상학이 감당해야 했던 인식론적 흔적을 지워나갈 수 있게 되었다.

몸은 몸주체와 지각론을 말함으로써 인식론을 전개한다. 퐁티가 몸을 기술하는 것에서 멈추지 않고 살 존재론을 말하는 것은 몸주체에서 인식론적 흔적을 지우기 위해서다. 퐁티가 '살'을 말함으로써 《지각의 현상학》에서 중요한 키워드로 제시했던 몸을 비판하려는 것은 아니다. 몸주체는 몸객체로 이해되어온 몸의 회복을 천명하는 개념이었다. 그래서 퐁티는 지각을 설명할 때 이미 '살'의 의미를 드러내었다고 본다.

퐁티의 몸은 인식론적 주체가 아니라 존재론적 주체이고, 지각은 판단하는 인식의 주체가 아니라 감정적 대상이자 주체인 몸이다. 퐁티는 이 의미를 드러내기 위해서 존재론적 원천으로서의 '살'을 말하지 않을 수 없었다. 몸주체는 객체와 차별된다는 의미가 아니라, 객체로서의 몸이 이미 주체라고 말하는 것과 같다. 그래서 퐁티에게 몸주체는 상호주체이다. 따라서 퐁티에게 주체 개념은 여전히 유의미하다. 그러나 그것은 상호교차를 위한 지향적 의미에서 그러하다.

퐁티가 말하는 몸은 근대인식론에서 말하는 객관적 몸에 대비되는 '고유한' 몸이다. 객관적인 몸은 어디에나 있는 몸이지만, 고유한 몸은 특수하고 개별적인 몸이다. 이 몸과 세계의 만남뿐 아니라 몸과 몸의 만남은 어떻게 가능한가? 여기에 '살'의 문제가 드러난다. 몸은 몸지각과 더불어 이해될 수 있다. 지각한다는 것은 삶의 구체적인 한 단면이다. 퐁티가 세잔의 작업을 주목한 이유는 구체적인 것과 보편적인 것 모두를 표현하고자 한 세잔의 작품들이 퐁티의 철학적 사유를 회화적으로 펼쳐놓은 것과 유사하다고 생각했기 때문이다. 퐁티는《지각의 현상학》서문에 다음과 같이 말하고 있다.

> 나는 절대적 원천이며 나의 실존은 나의 이전의 행적에서, 나의 사회적 물리적 환경에서 나오지 않으며, 오히려 그것들을 향해 움직이고 그것들을 유지시킨다. 왜냐하면 내가 되찾기로 선택하는 그 전통 또는 나와의 거리가 무너진 그 지평을 나에 대해서 존재하게 만드는 것은 바로 나이기 때문이다.
>
> 《지각의 현상학》, 15~16쪽.

여기서 '절대적 원천'이라는 말에 주의를 기울여야겠다. 왜냐하면 절대적 원천인 나를 말한다는 것은 마치 절대적 자아를 말하는 것처럼 들릴 수 있기 때문이다. 더욱이 현상학자인 퐁티는, 가능적 근거로 선험적 자아를 말하고 있다. 선험적 자아는 모든 경험적 자아의 가능 근거이다. 그러나 퐁티는 가능 근거로서의 근원적 자아를 말하기를 거부한다. 그에게 원천, 또는 근원적인 것은 원초적인 생생함으로서 '지각'이다.

퐁티가 《지각의 현상학》에서 했던 말의 의미를 〈세잔의 회의〉(1945)를 통해 파악해보려 한다. 이 논문은 퐁티가 《지각의 현상학》을 쓰던 때와 같은 시기에 쓰였다. 우리는 퐁티의 철학이 초기에서 후기까지 같은 문제를 고민하고 그 문제를 몸과 살 개념을 통해 해소하고 있음을 확인할 수 있다. 퐁티는 《지각의 현상학》에서 경험주의와 주지주의가 결국은 한 문제에서 출발한다고 보았다. 그것은 데카르트적 사유의 한 측면이며, 과학적 사유의 틀을 이룬다. 따라서 늘 문제가 되었듯이 인간에 대해서도 생리학과 심리학 사이에서 갈 길을 찾지 못한다. 이러한 경향은 회화에서도 잘 나타난다. 퐁티는 〈세잔의 회의〉에서 회화의 두 양식인 인상주의와 고전주의를 사례로 들고 있다. 인상주의는 지나치게 감각의 순수성을 강조하고, 고전주의는 관념적인 면을 강조한다. 회화에서도 삶의 구체성은 찾아볼 수 없게 되었다. 퐁티가 보기에 세잔이 고심한 것은 전통적인 회화의 이러한 양식이다. 그는 예술에 대해서 다음과 같이 말함으로써 회화의 세계가 처한 문제가 바로 존재론적 문제, 예술과 삶의 문제임을 논증한다.

> "그러므로 풍경화는 나를 통해서 스스로 사유하며, 나는 그것의 의식으로 성립된다"고 세잔은 말하고 있다. 이러한 직관적인 과학보다 더 멀리 자연주의로부터 떨어져 있는 것은 다시 없을 것이다. 예술이란 결코 모방이 아니며 또한 본능적 욕구나 훌륭한 취미에 의해서 만들어진 어

떤 것이 아니다. 그것은 하나의 표현 과정일 뿐이다.

〈세잔의 회의〉, 《의미와 무의미》, 28쪽.

과학적 사유방식의 위험성은 후설이 《위기》에서 강하게 발언했듯이 수학과 과학으로 인한 세계의 '이념화'와 '추상화'에 있다. 단적으로 구체성의 상실이다. 우리는 근원이라는 말의 의미를 너무 쉽게 받아들이는 경향이 있다. 퐁티가 말하고자 하는 근원은 데카르트가 제시한 코기토도, 후설이 가능적 근거로 제시한 선험적 자아도 아니다. 또한 그것은 필연성의 영역에서 한발짝도 나가지 못한 '자연'도 아니다. 퐁티의 근원은 생동하는 원리이자, 꿈틀거리는 생명으로서의 원초성이다. 퐁티가 자연과학에서 비판하는 것은 그것의 추상성에 있다. 추상화된 개념은 생명을 가지지 못하기 때문이다. 자연은 생명 없는 물질이 아니다. 그런 점에서 퐁티의 철학은 몸과 자연을 모두 살리고자 하는 철학이다.

우리가 존재론적 원천인 살의 의미를 살리지 않을 때, 근대가 종종 놓치곤 했던 지각의 근원성을 영영 회복하지 못할 수도 있다. 우리는 과학의 추상성을 받아들이면서도 과학이 우리 삶의 구체성을 드러내는 한 과정이라는 점을 잊어서는 안 될 것이다. 과학의 발달은 기술과 도구의 발달과 함께 해온 인간 진화의 다른 면이다.

그의 후기철학인 살 존재론을 말하기 이전에 《지각의 현상학》과 〈세잔의 회의〉 등에서도 살 개념을 유추해볼 수 있다. 퐁티의 철학에서 가장 중요한 개념이 몸과 지각이라면, 이 개념이 지시하고 있는 세계는 구체적 세계이다. 그 이면에 놓인 예술적 삶은 삶의 구체성에 깊이를 채워주게 된다. 깊이를 가진다는 것, 그것은 세계와 몸 사이의 간극을 메우는 일이다. 이를 지각을 통해 설명해보려 한다.

퐁티는 먼저 지각을 위한 순수감각에 대해서 검토한다. 퐁티에 따르면 순수감각은 추상화된 관념이다. 우리는 붉음이나 파랑을 이야기할 때, 그것의 순수한 색이 있다고 생각한다. 그러나 그 색을 떠올릴 때 우리가 가지는 이미지는 무엇일까? 학창 시절 미술책에서 보았던 색상환을 떠올릴 것인가? 아니면 물감을? 우리는 붉음 자체를 떠올릴 수 없다. 의식이 의식 자체로 드러나지 않듯 붉음은 반드시 무엇의 붉음이며, 파랑은 무엇의 파랑이다. 예를 들자면 붉음은 장미의 붉은빛이며, 저물어가는 노을의 붉음이다. 이때 붉음은 결코 같을 수 없다.

붉음은 그 색이 스며든 대상과 상황 속에서 다른 이미지로 드러난다. 붉은색은 스웨터에서, 밤길의 가로등 아래에서, 그리고 한낮의 태양 아래서 다른 이미지를 가진다. 그럼에도 우리는 그것을 붉음이라고 말하는데, 이때의 붉음은 구체적이고 개별적인 무엇인가를 지시하지 않은 추상이다. 붉음은 스웨터에서, 붉은 노을에서, 심지어 그것을 입고 바라보는 내게서도 나타난다. 나는 붉은 노을로 하늘이 물들듯, 그렇게 붉게 물든다.

오늘의 붉음과 내일의 붉음, 여기서의 붉음과 저기서의 붉음은 같지 않다. 붉음은 지각된 세계에서 펼쳐지는 하나의 사건이자 상황이다. 몸지각은 붉음을 통해 세계와 하나가 된다. 살은 붉음이 물든 질료다. 하늘과 내가 모두 붉게 물들어 붉은 노을 속에서 하나의 세계를 만들어낸다. 그러므로 살은 상황 속에서 교차반복le chiasme되는 차원에 속한다. 내가 살로 되어있다는 것은 이미 내가 세계와 같은 질료임을 말하는 것이다. 이미 물들어있다는 것은 이성으로 파악되기 이전에 이미 세계와 내가 서로 공감하고 있음을 의미한다. 퐁티는 이러한 존재를 '야생적 존재'라고 표현한다. 그러므로 살은 자연이며, 물질이지만, 우리가 편견에 의해서 알았던 그러한 물질과 자연이 아니다. 다시 말해 살은 정신에 대립하는 질료가 아니라 생동하는 질료이다.

퐁티는 살을 '보이는 것과 보이지 않는 것'의 착종이라고 말한다.

에드바르 뭉크, 〈절규〉

살에 대한 이러한 설명은 세계의 깊이를 표현하는 말인데, 우리는 이 말의 의미를 3절에서 더 깊이 다루기로 한다. 여기서는 '지각'과 '감각'의 의미를 좀 더 다룰 것이다. 붉음은 노을로, 스웨터의 따뜻함으로 자신을 드러낸다. 그리고 나는 이 붉은 노을과 스웨터로 나의 붉음을 향한 감정을 표현한다. 지각된 세계는 표현된 세계다. 나의 지각은 세계에 대한 나의 표현이다. 퐁티는 '표현'의 의미를 중요하게 생각했다.

색은 보이지만 보이지 않는 많은 것을 표현한다. 퐁티가 예술가들의 행위에 주목하는 것은 이 때문이다. 특히 회화의 세계는 보이는 것과 보이지 않는 세계를 원초적으로 보여준다. 퐁티는 〈세잔의 회의〉에서 세계를 빈틈없는 덩어리이자 색의 유기체라고 말한다. 빈틈없는 덩어리, 그것은 몸과 살이며, 깊이이자 세월이며, 역사다.

▌이중감각의 문제와 동일한 존재원리로서 '살'

지각은 순수감각을 바탕으로 하지 않는다. 감각은 감각 자체이지, 어떤 대상의 성질이나 인상으로 주어지는 것이 아니다. 문제는 감각이 대상에서 몸주체로 오는 것이 아니라, 접촉의 순간에 온다는 점이다. 여기서는 이중감각의 문제가 어떻게 살이라고 하는 덩어리로 연결되는지 살펴볼 것이다.

살은 하나의 덩어리다. 이 덩어리는 몸과 세계, 몸과 몸이 얽혀서 펼쳐지는 세계다. 살은 물질도 정신도 실체도 아니다. 몸과 몸이 얽혀서 펼쳐지는 세계는 몸살과 세계살이 얽혀서 열리는 세계를 말한다. 살은 몸과 세계 사이에 있는 존재l'Être이자 사이 세계에 의해서 형성되는 살이다. 하나의 세계와 또 다른 하나의 세계가 얽히고 몸과 정신이 얽혀서 존재를 드러낸다. 살은 몸을 떠날 수 없다. 그것은 육화된 의식이자, 스타일이다. 살은 몸과 세계를 연결하는 토대이자 터전이다. 살은 모든 것에 동일한 하나의 터전이다.

퐁티의 초기 지향성 이론은 의식의 지향성이 아니라 몸지향성이다. 퐁티의 몸이 육화된 의식이라는 점에서, 몸지향성은 의식의 지향성이다. 얼핏 보면 퐁티와 후설은 다르지 않아 보인다. 그러나 후설은 퐁티와 다르게 의식을 육화된 의식으로 이해하지 않았다는 점에서 근대를 넘어서지 못했다. 우리는 2부에서 이미 후설의 자아극과 대상극을 확인하였다.

퐁티의 현상학은 지각의 현상학이지만, 몸지각이론이라는 점에서 존재론적이기도 하다. 초기의 현상학이 몸이론이라는 점에서 실존적 현상학이라면, 후기의 살이론은 인간실존의 문제를 넘어 보다 근원적인 것으로 향한다는 점에서 살 존재론이다. 퐁티가 초고 상태로 남긴 《보이는 것과 보이지 않는 것》에 실린 〈교직-교차l'entrelacs-le chiasme〉에 이르면 《지각의 현상학》에서 다루었던 문제들을 더 근원적인 차원에서 바라본다. 그에게 중요한 것은 사실 자체이며, 사실 자체는 몸과 정신, 나와 세계, 그리고 타인과의 관계에서 알려지는 것이다. 적어도 그 관계는 인식론적 차원에서가 아니라 존재론적 차원에서 마치 뫼비우스의 띠처럼 맞물려 있다.

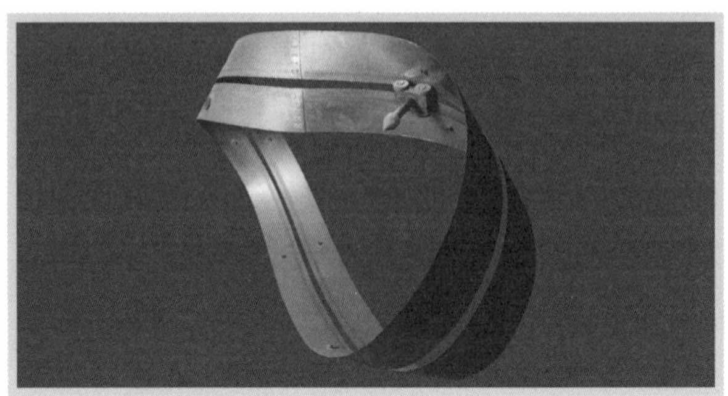

뫼비우스의 띠처럼 얽혀있는 몸지각

퐁티는 《지각의 현상학》에서 몸의 시공간성을 실존으로 이해한다. 퐁티는 몸과 지각의 의미를 같은 맥락에서 풀어내면서 이성주체가 아닌 '몸주체le corps propre'를 제시한다. 그리고 몸주체가 세계와의 관계에서 자신의 존재를 '세계-에로-존재'로 드러낼 때, 몸과 세계가 어떻게 서로를 감싸 안게 되는지 보여주고 있다. 퐁티는 이것을 '지향호l'arc intentionel'라 한다. 이 과정에서 반복되는 습관은 우리에게 특정한 이미지를 형성하게 하는데, 퐁티는 이것을 '몸틀'이라고 말한다.

몸은 이처럼 관계성 속에서 '몸의 공간성la spatialité corporelle', '몸의 시간성la temporalité' 등을 몸살로서 담지하고 있다. 퐁티가 살을 존재l'Être의 근원적인 원소l'élément라고 말하는 것은 이 때문이 아닐까?

이러한 과정들은《보이는 것과 보이지 않는 것》, 특히 마지막 장인 〈교직-교차〉에서는 만짐toucher에 관한 몸의 이중감각을 통해 더 자세히 드러나고 있다. 하지만 우리는 퐁티가 이미《지각의 현상학》에서 이에 대해 언급한 바 있다는 사실을 기억해야 할 것이다. 만지는 것과 보는 것은 하나의 통일성을 이룬다. 이는 봄, 즉 비전의 문제이기도 하다.

우리에게 항상 문제가 되었던 것은 이분법의 문제다. 퐁티가 몸을 이야기하고 그 이후에 다시 살을 이야기하는 것은 살이 현상학적 방법의 마지막 도착점이기 때문이다. 퐁티가 마지막까지 데카르트의《굴절광학》을 품고 있었던 이유는 그 강력한 이분법적 구조와 주체 중심의 사유가 가지는 문제점들이 쉽사리 세계를 벗어나지 못하기 때문이다.

몸의 이중감각, 그 감각을 몸이 품고 그 몸은 다시 세계와의 관계에서 이중감각의 새로운 모습을 형성한다. 이제 만지는 주체는 만져지는 것이 되고, 만져지는 것은 만지는 것이 되면서 상호교차가 일어난다. 마찬가지로 보는 것과 보이는 것은 함께 얽혀서 동일한 원소가 된다. 만진다는 것에서 촉감을, 본다는 것에서 시각을 이야기하지만, 이 감각들은 명확하게 분리되지 않는다. 감각들은 서로의 느낌을 공유한다. 우리는 만질 때 만진다는 느낌만을 가지는 것이 아니다. 우리는 실제로 부드럽거나 거친 어떤 것을 만진다. 그러니까 만지고 있는 것을 만지고 있다. 그리고 그 만짐의 행위를 통해 우리는 부드러움을 보게 된다.

이것이 세계 한가운데에서 일어나고 있는 사실이다. 이중감각의 문제는 더 이상 내 손에서 일어나는 문제가 아니다. 그것은 사물과 내 손의 관계가 된다. 그렇지 않으면 주객의 이중성은 극복되지 않는다. 그러니 단순한 상호교차 또는 교환만으로는 설명이 부족하다. 우리는 비전의 문제를 더 살펴보아야 한다. 《지각의 현상학》에서 표현된 몸은 《보이는 것과 보이지 않는 것》에서 보다 확장된 개념으로 나타난다는 것을 확인하였다. 몸의 이중성은 이제 우주 전체의 이중성이다. 이것을 가능하게 하는 것이 바로 '살'이다. 그래서 이 살은 존재의 원소다.

03 보이는 것과 보이지 않는 것, 이면에 대하여

▌만진다는 것과 본다는 것

퐁티의 미완성 유작 《보이는 것과 보이지 않는 것》은 퐁티의 철학을 열린 철학으로 만들어놓았다. 우리는 이 책에서 무수히 많은 현재성을 발견하기 때문이다. 현재성과 구체성이 펼쳐지는 삶 자체를 복원한다는 것은, 매 순간 열리는 세계를 밝히자는 의미다. 그러니 퐁티의 현상학은 늘 현재적일 수밖에 없고, 늘 새롭게 다가오는 문제들을 대하는 우리의 태도에 관한 것이기도 하다. '보이는 것과 보이지 않는 것'의 문제는 오랜 철학사적 맥락 속에서 반복되어온 문제다. 우리는 보이는 것만이 전부가 아니라는 사실을 너무나 잘 알고 있다. 다만 전통적인 입장에서 보이는 것은 보이지 않는 것을 배후로 가진다는 점에서, 그리고 현상학적 입장에서 보이는 것은 보이지 않는 것을 보이게 한다는 점에서 차이가 있다. 반복해서 말하자면 보이는 많은 것들은 이미 보이지 않는 무언가를 보이게 하는 것이다.

퐁티는 감각의 순수성을 말하지 않는다. 시각은 촉각적인 것일 수 있으며 촉각은 다른 의미에서 시각적인 것이다. 퐁티에게 감각은 공감각이다. 퐁티의 몸지각은 만진다는 것의 의미를 새롭게 한다. 퐁티에게 시각은 공감각적으로 다가오고 그저 보는 행위가 아니라 만지는 행위와도 같다. 그래서 퐁티의 몸지각은 근대의 시각중심적 사유에서 공감각적 사유로의 전환을 이루었다고 보아야 할 것 같다. 그렇다면 어떻게 만진다는 것이 본다는 것과 같은 의미가 될 수 있을 것인가?

지금 내 고양이는 잠들어 있다. 얼핏 쳐다보니 그 녀석이 누워있는 방석이 무척 편해 보인다. 나도 자고 싶다. 나는 단지 바라보았을 뿐인데, 이내 따뜻함과 부드러움을 동시에 느끼고 있는 것이다. 무언가를 본다는 것은 시각의 문제인 것만은 아니다. 물론 나의 이전 경험이 촉감까지 불러일으켰을 수는 있다. 나의 시각은 경험 없이 고양이를 고양이로 인지할 수 있을까? 만짐으로서의 봄을 이야기하는 것은 잘못된 것일까?

시각은 어떤 감각보다도 우선적이었다. 본다는 것은 안다는 것을 의미했다. 그렇다면 촉각은 시각이 없으면 감각될 수 없는 것일까? 몸의 이중감각을 통해서 우리는 이미 촉각이 의미하는 바를 살펴보았다. 그리고 이중감각을 통해 우리는 몸과 몸의 겹침을 확인하였다. 만지는 것, 즉 쓰다듬는 것palpation는 것은 하나의 만남이다. 시선으로 만지고, 만지는 것으로 보는 것, 이것이 존재의 다가감이다.

시각적 경험을 한 번도 가지지 못한 사람은 상대의 눈과 코, 입을 쓰다듬으면서 전체를 가늠한다. 그리고 그는 시각적 경험과는 다른 방식으로 본다. 시각은 우리에게 이미 있는 것을 확인하는 작업이다. 그러나 시선의 정확한 의미는 만짐이다. 마치 시각적 경험을 가지지 못한 사람이 손으로 상대의 얼굴을 세세히 만지듯이, 시선은 상대의 얼굴 하나하나를 쓰다듬어 간다. 그의 시선을 느끼는 내가 시선에서 부드러움을 또는 따가움을 느끼게 되는 이유는 바로 이 때문이 아닐까? 퐁티는 다음과 같이 말하고 있다.

> 결국 존재하는 것ce qu'il y a은 나중에 보는 자에게 제공될 사물 자신들에게 동일하게 있는 사물들이 아니며, 처음엔 비어 있다가 나중에 사물

> 들에게 열리게 될 보는 자가 아니다. 존재하는 것은 우리가 시선으로 어루만짐으로써 더 가까이 다가갈 수 있는 것이 아닌 어떤 것이며, 바로 시선이 감싸고 있고 시선이 자신이 살로 옷을 입히기에 우리가 결코 완전히 '발가벗은' 모습을 보기를 꿈꿀 수 없는 사물들이다. 이러한 과정에서 시선이 사물들을 사물들의 자리에 그대로 있게 하는 것은, 우리가 사물들에 대해 갖는 시각이 사물쪽에서 오는 듯한 것은, 그리고 보여진다 함이 사물들로서는 사물들의 우월한 존재의 격하가 되는 것은 어떻게 된 까닭일까?
>
> 《보이는 것과 보이지 않는 것》, 188쪽.

무엇이 존재하는 것일까? 존재하는 그것은 즉자도 대자도 아니다. 즉자도 대자도 아닌 그것을 말하는 퐁티의 현상학은 애매성의 철학이 아닐 수 없다. 현상학이 의식과 대상의 관계를 지향성으로 설명하고 있지만, 퐁티는 의식과 대상의 문제가 아니라 대상적 존재의 주체성을 말하고 있는 것이다. 퐁티는 의식의 현상학을 넘어 '시선의 만짐'을 통해 존재와 존재 사이의 지향적 관계를 말하고 있다.

사르트르의 현상학이 퐁티의 현상학과 매우 긴밀한 관계 속에 있다는 것을 앞서 확인하였다. 사르트르에 따르면 우리가 의식하는 타인의 '시선'이 바로 타자의 존재다. 한편 퐁티는 시선을 통해 드러난 타자의 몸성을 말한다. 퐁티는 타자의 존재 의미를 이야기하는 것이 아니라 타자와의 직접적인 접촉을 말한다. 이는 퐁티가 '지향호'라고 말하는 것에서 분명히 알 수 있다. 지향성은 직선적이지 않다. 그것은 대립해 있는 타인을 향하는 것이 아니다. 마치 활의 궁처럼, 지향성은 그렇게 존재를 감싸 안는다. 마치 아주 큰 보자기로 물건을 싸듯, 그렇게 끌어안듯 만지는 시선이다.

예를 들어보자. 직선적인 시선과 감싸 안는 시선의 차이는 매우 중요하다. 먼저 직선적인 시선의 경우를 살펴보자. 늦은 밤 부모님께 들키지 않으려고 살금살금 어두운 거실을 가로질러 내 방으로 들어가려던 찰나였다. 아무 소리도 나지 않았지만, 뭔가 나를 향한 따가운 시선을 느낀다. 거실엔 아무도 없다. 하나의 시선은 누구일까? 짐작은 거의 정확하다. 엄마다. 직선적인 시각은 이렇게 한 사람과 또 한 사람의 관계일 뿐이다. 그러나 퐁티의 입장에서 볼 때 직선적인 시선으로 알려지는 것은 표상에 불과하다.

나는 어두운 거실을 살금살금 걸어 들어간다. 현관 문턱을 건너고 거실 한편에 세워진 청소기를 건드리지나 않을까 노심초사하고, 실수로라도 거실의 물건을 떨어뜨려서 소란스러운 소리를 내지 않으려 한다. 나는 그저 시선을 받는 대상이 아니라, 살금살금 내방을 향해 들어가는 나이며, 결국에 엄마에게 들킨 나 자신이다. 이렇게 나라는 존재는 전체적 상황 속에서 비로소 드러난다. 엄마의 시선에 나의 그 모든 행동은 한 번에 드러나 버렸다. 결국 본다는 것은 바로 이렇게 한 존재의 세밀한 부분까지 만져서 그 존재 의미를 확인하는 것을 의미한다. 반면 나 또한 그 상황 속의 일부이며, 또는 다른 사물적 존재들과 함께 엄마를 바라보는 시선이다.

사르트르의 시선은 타인을 사물화한다. 그 시선에 사로잡히는 그 순간이 나는 싫을 것이다. 이 싫음을 사르트르는 수치심으로 이해한다. 타인은 시선 속에 나를 잡아 가두고 소유하기 때문이다. 그러나 퐁티에게서 봄은 사르트르의 시선과 분명히 다르다. 퐁티의 말을 직접 인용한 후 좀 더 자세히 살펴보도록 하자.

> 결국 보는 자와 보이는 것의 고유한 연관성까지 개입시키지 않아도,

> 시각이란 시선에 의한 촉각이기 때문에, 우리는 시각 역시 시각이 우리에게 밝혀주는 존재의 질서에 등재되어야 함을 알고 있으며, 또한 바라보는 자는 (이 사람이) 바라보는 세계에 대한 이방인일 수 없어야 함을 안다. 내가 보자마자 (시각이라는 단어의 이중 의미가 그 점을 잘 보여주고 있듯이) 시각은 하나의 보조적 시각이나 다른 시각이라는 안감이 덧대어지기 마련이다. 요컨대 밖으로부터 보여진 나 자신, 예를 들어 내가 보이는 것의 한가운데 자리 잡고, 어떤 장소로부터 그것을 바라보고 있을 때의 나 자신을 다른 사람이 보고 있을 때의 나 자신 말이다. 보는 자와 보이는 것의 이러한 동일성이 어디까지 가는지, 우리가 그에 대한 충분한 경험을 가지고 있는지, 아니면 결여된 것이 있는지, 있다면 그것은 무엇인지에 대한 검토는 미루어두자. 지금으로서는 보는 자가 보이는 것을 소유할 수 있는 것은 단지 자신이 보이는 것에 의해 소유될 때에만, 자신이 보이는 것에 속할 때에만, 자신이 원칙적으로 시선과 사물들의 접속에 의해 지시된 바에 따라, 보이는 것들 가운데 하나인 (보는 자) 자신이 기이한 역전에 의해, 보이는 것들을 볼 수 있는 힘을 가질 때만이라는 점을 확인하는 것으로 충분하다.
>
> 《보이는 것과 보이지 않는 것》, 193쪽.

보는 자le voyant와 보이는 것들les visibles의 관계는 시선에 의한 쓰다듬음이며, 이중감각이다. 이 말은 나는 늘 보는 자라는 것을 확정하는 말이 아니다. 나는 보는 자이지만, 보이는 것일 수 있다. 이렇게 해서 주체는 상호주체가 된다. 이때 상호주체는 다른 자의 봄과 겹친다. 세잔의 그림은 아주 좋은 예가 될 것 같다. 원근법을 배운 우리는 세잔의 정물화를 처음 접할 때 낯선 느낌을 받기 때문에 매우 당황한다. 테이블보는 곧 쏟아질 것 같고, 사과들은 어느 것 하나 조화롭지 못하다. 마치 따로따로 그려진 사물들을 화폭 위에 붙여놓은 것 같다. 그러나 세잔의 의도를 생각해보면 우리는 정물화의 입체성을 확인할 수 있을 것이다.

하나의 사과는 오른쪽 위편에서, 또 다른 하나의 사과는 왼쪽과 아래쪽에서, 이렇게 하나의 화폭 속에 그려진 다양한 관점과 시선들은 다양한 존재들이며, 이 존재들은 서로를 감싸 안으며 세계를 펼쳐낸다. 양자 간의 동일성l'identité 여부에 따라 세계의 전체성이 확보될 수 있다는 사실은 매우 새롭다. 보이는 것과 보이는 것, 이 양자는 동일성을 확보하는 가운데 상호주체가 될 수 있다. 따라서 양자 간의 지위는 동일하다. 그래서 이는 더 이상 소유하는 관계도, 대립하는 관계도, 갈등하는 관계도 아니다. 그리고 양자 간의 관계는 다시 다자간의 관계로 세계를 확장한다.

▌회화에서 보이는 것과 보이지 않는 것

'보이는 것과 보이지 않는 것'의 의미를 이해하려면, 어쩌면 그의 유작보다 세잔의 작업을 탐구하는 것이 더 쉬울지도 모르겠다. 그러나 퐁티가 세잔의 회화를 쉬운 예로 제시하는 것은 아닐 것이다. 세잔이 화가로서 세상을 표현하는 방식과 의도는 퐁티의 그것과 너무도 유사하기 때문이다. 평면 위에 묘사되는 사물은 추상일 수밖에 없다. 어떻게 추상이 아닌 구체를 얻을 수 있으며, 원이 아닌 구를 그려낼 수 있을 것인가? 이 모든 것을 한 번에 포착할 수 있는 방법은 무엇일까?

나의 시선은 한 존재를 단번에 포착할 수 있다. 그것은 관념에 의해서가 아니라 실재적인 의미에서다. 내 앞에 서 있는 내 친구는 보이는 그 한 면이 아닌 측면의 모습, 뒷모습까지도 이미 포착된다는 말이다. 세잔의 회화에는 이러한 존재와 세계의 전체성이 포착된다는 점에서 퐁티의 사유와 맞닿는다. 세계의 깊이, 살의 두께épaisseur de chair. 이 말들을 나는 같은 의미로 받아들이고자 한다.

폴 세잔, 〈사과바구니가 있는 정물〉

퐁티는 전기철학에서 이미 깊이의 의미를 밝히고 있다. 깊이는 몸성이자 시간성이자 공간성으로 이해되어야 한다. 그렇게 이해된 몸은 또 하나의 세계이다. 깊이를 말하는 것은 몸이 어떻게 세계가 될 수 있는가를 말하기 위해서다. 깊이를 가진다는 것은 직접적인 접촉 또는 밀착의 가능성을 말함과 동시에 거리생김을 말하는 것이다. 원근법에 따른 깊이를 어떻게 묘사하는지 생각해보자. 깊이건 거리건 원근법은 그것을 수학적 비례로 표현한다. 이 비례를 물리적 거리라고 생각하는 것은 추상에 지나지 않는다. 그렇게 볼 때, 근대는 깊이를 표현하였지만, 그것은 또 다른 너비일 뿐이다. 마네의 〈피리부는 소년〉을 생각해보자. 피리부는 소년은 그림자를 가지고 있다. 이 그림자는 소년이 몸을 가진 존재라는 것을, 화폭은 깊이를 가진 공간이라는 것을 보여준다. 그러나 〈피리부는 소년〉은 깊이가 없는 면이다. 사실상 깊이는 보이지 않는 것이다. 보이지 않는 것을 보이게 하는 것, 이것이 존재의 포착이다.

몸성과 세계의 의미를 우리는 깊이를 통해서 확인한다. 이 깊이는 구심점을 가진 덩어리이자 두께다. 즉 살덩어리이다. 그래서 깊이는 두께의 다른 표현이다. 깊이에는 사실상 물리적 거리가 없다. 물리적 거리란 한 극단과 다른 극단 사이의 거리지만, 두께에는 그러한 극단이 없다. 내가 보이는 이유는 두께를 가지고 있기 때문이다. 두께를 가지고 있다는 사실은 다른 어떤 신체에게 보여진다는 것을 의미한다. 다시 말해 신체의 물체성la corporéité de la chose은 보이는 것의 운명, 즉 보여질 수밖에 없는 이유가 된다.[118] 우리는 깊이를 통해 살이 추상적 관념이 아니라 실제의 살임을 다시 확인한다. 살의 물질성은 가시성을 지닌다. 반면 깊이 또는 두께는 비가시성을 지닌다. 살은 두께를 가진다. 이것이 '보이는 것과 보이지 않는 것'의 의미다. 다시 말해 덩어리로서의 살은 보이는 것이며 보이지 않는 것이다.

세잔의 사과를 다시 떠올려보자. 세잔이 표현한 사과는 면으로 표현된 색이다. 색은 사과 덩어리를 표현하고 있다. 세잔의 깊이는 푸른색으로 더해지며, 붉은색으로, 사과의 살로 드러나고 있다. 퐁티가 세잔에게서 자신의 철학을 발견하는 것은 바로 여기에서다.

퐁티는 이 문제를 〈세잔의 회의〉에서 언급하고 있을 뿐 아니라 《눈과 마음》에서 본격적으로 논의하고 있다.

> 이 수수께끼 같은 교환체계가 나타나는 순간, 회화의 모든 문제들이 생겨난다. 회화의 문제들이 몸의 수수께끼를 예증해주고, 몸의 수수께끼가 회화의 문제들을 정당화한다. 사물들과 내 몸이 똑같은 재질로 되어 있으므로, 내 몸의 시지각은 어떤 식으로든 사물들 안에서 생겨나야

118 메를로-퐁티, 《보이는 것과 보이지 않는 것》, p. 194 참조.

한다. 다시 말해, 사물들의 공공연한 가시성은 은밀한 가시성을 내 몸 안에 안감처럼 대야 한다. '자연은 내면에 있다'는 세잔의 말도 그래서 나온다.

《눈과 마음》, 43~44쪽.

화가의 세계는 보이는 세계요, 보이는 세계 외는 아무것도 아니요, 거의 미친 세계다. 왜냐하면 이 세계가 부분적일 뿐임에도 완벽하기 때문이다.

《눈과 마음》, 53쪽.

화가와 보이는 세계 사이에는 불가피하게도 역할의 역전이 일어난다. 그토록 많은 화가가 사물들이 자기를 본다고 말한 것은 그 때문이다. 앙드레 마르샹도 클레와 비슷한 말을 했다. "숲에서 나는 여러 번에 걸쳐 이런 느낌을 받았다. 내가 숲을 바라보는 것이 아니었다. 나무가 나를 바라보았고 나무가 나에게 말을 했다 … 나는 그저 귀를 기울였다 … 화가는 우주에 관통돼야 하지 우주를 관통하길 원해서는 안 된다. 나는 그렇다고 생각한다 … 나는 깊이 잠기기를, 깊이 묻히기를 기다린다. 내가 그림을 그리는 이유는 거기서 빠져나오기 위해서인 것 같다.

《눈과 마음》, 61쪽.

이처럼 《눈과 마음》에서 언급한 마르샹의 말을 우리는 〈세잔의 회의〉에서도 볼 수 있다. 이제 보이기만 하던 것들은 가시성을 얻게 되고 보는 자는 물체성을 얻는다. 살은 색으로 나타나야 하고 그 색은 사물로 나타난다. 그것은 보이는 것이어야 한다.

▎퐁티의 살 존재론

퐁티의 살 존재론은《눈과 마음》그리고《보이는 것과 보이지 않는 것》에서 그 의미를 드러내고 있는 개념이다. 퐁티의 살 존재론은 현상학적 색채를 버리게 하는데, 그렇다고 퐁티가 현상학을 포기한다고 이해해서는 안 된다. 현상학은 본질을 드러내는 방법론이고, 살 존재론은 본질, 또는 사실 자체가 드러나는 존재론적 원천이기 때문이다.

우리는 먼저 물질, 또는 물체에 대해 말해두어야 한다. 물체는 입체적이다. 즉 물체는 한 측면만 가지지 않는다. 그런데 우리는 어떻게 물체를 전체적으로 조망할 수 있는가? 몸을 가진 나는 한 번에 모든 면을 다 볼 수는 없다. 그런데도 어떻게 나는 어떤 집을 보면서 그 집 전체를 조망하는가?

새집으로 이사 가기를 원하는 내가 낯선 지방의 낯선 거리에서 낯선 집을 보았다고 가정하자. 나는 집 앞에서 옆으로, 그리고 뒤뜰로 나가 집 주위를 돌아보면서 집 전면을 훑어본다. 이렇게 하는 이유는 내가 서 있는 시점에서는 그 집을 한꺼번에 조망할 수 없기 때문이다. 그러나 나는 그 집을 돌아보지 않더라도 그 집에 측면과 뒷면이 있다는 것을 이미 알고 있다. 이처럼 내가 집의 전면에 대해 알 수 있는 것은 과거의 경험이 기억에 남아서인가? 그게 아니라면 이것은 어떻게 가능한가?

보이는 것은 보이지 않는 것을 품는다. 이 말은 세계와 내가 모두 살이라는 것을 의미한다. 존재의 살은 일종의 열개裂開 / une sorte de déhiscene, 즉 꽃망울이 터지듯 열어가는 일종의 터짐이다. 살은 계산되거나 예측된 것이 아니라, 삶의 역사이며 몸이 여는 세계이다. 나와 세계는 존재의 살인 까닭에 실존이자 본질이다. 퐁티는 이것을 '보이는 것'들의 가시성으로 설명하고 있는 것이다. 존재는 멀리서 볼 때 전체이지만, 그것은 모두 개별적이다. 봄날 벚꽃들은 화사한 빛으로

온 나라를 물들인다. 꽃송이들은 꽃 무더기를 이루고 있는데, 그 아름다움에 반해 향기를 맡고 다가가서 보면 분홍빛 꽃잎은 각자의 모양으로 자신을 드러내고 있다. 어떤 꽃잎은 조금 시들었고 이제 막 꽃잎을 열고 있기도 한다. 이렇게 보이는 것들은 보이지 않는 것들을 품고서 거리두기와 근접을 반복한다. 보이는 것들은 전체적 통일성을 이루지만, 동일성을 지향하지는 않는다. 그것은 매 순간 다르며 매 순간 통일된다. 퐁티가 살 존재론에서 말하고자 하는 것은 바로 이러한 열개의 순간들이다.

여기서 우리는 동일성과 차이성을 확인한다. 동일성이라는 보편적 논리에 매몰되지 않고 차이성을 확보하는 것은 중요하다. 어쩌면 이 문제가 근대인식론이 처해있는 가장 근원적인 문제가 아닐까. 모든 살은 나의 살이면서 너의 살이다. 같으면서도 같지 않은 것, 이것이 동일성과 차이성이다. 그래야만 존재의 원소라는 개념에도 접근할 수 있다. 퐁티는 살을 지칭하기 위해서는 원소élément라는 고대철학의 용어를 쓸 수밖에 없다고 밝히고 있다.[119]

퐁티는 살에 대해서 또 다음과 같이 말하고 있다.

> 우리가 말하고자 하는 것은 살을 가진 존재는 여러 면들이나 여러 얼굴을 가진 깊이들의 존재, 잠재성의 존재, 어떤 부재의 현전화로서, 존재의 원형이라는 점이요, 우리의 몸, 요컨대 감각되는 감각하는 자는 이 원형의 매우 탁월한 변이이긴 하지만, 몸의 구성적 역설은 이미 모든 보이는 것 가운데 들어있다는 점이다.
>
> 《보이는 것과 보이지 않는 것》, 195쪽.

119 위의 책, p. 200 참조.

'모든 봄에는 근본적으로 나르시시즘이 있다.' 내가 붉은 노을을 볼 때, 나는 붉음으로 물든다고 앞에서 말한 바 있다. 나의 고양이를 바라볼 때, 내 안에는 고양이로 가득하다. 나와 고양이가 하나가 된다는 말이다. 그러나 내 고양이는 어떤 고양이인가? 길고 하얗고 복슬복슬한 털이 난 꼬리를 가지고 있다. 또 그 고양이는 핑크빛 젤리 발바닥을 가지고 있다. 나는 나의 고양이의 모든 것이다.

내가 아름다운 집을 바라본다. 바라보는 행위, 그리고 그 행위로 드러난 집은 나로 하여금 보게 만드는 것이다. 전통적으로 보는 자는 보는 행위를 주도하는 의식을 가진 자다. 이때 의식은 능동적이다. 그러나 보는 자의 능동성은 곧 수동성으로 변한다. 집은 나로 인해 보이는 것인 동시에 나는 집에 의해 드러나는 존재이기 때문이다. 집을 보는 나는 하나의 집이 되었다. 만일 집을 보는 내가 '사유하는 나'라면, 그 집은 하나의 보이게 된 것, 또는 지각된 것일 테다. 그 집을 보는 내가 몸주체 또는 몸의식이라면, 그 집은 내게 보이는 대상이지만, 동시에 나는 그 집으로 인해 드러난다. 그 집이 없었다면 집을 보는 나는 없었을 것이다. 우리는 타자를 통해 나의 존재를 확인하게 된다. 따라서 보는 자는 익명의 가시성이며, 우리 모두는 봄 일반이다.

여기에 이르면 우리는 확연히 퐁티가 전통철학에서 벗어나 있음을 발견한다. 주체와 대상은 완전하게 그 위치를 바꾸고 있다. 그러면서 한꺼번에 봄과 보여짐이 작동한다. 퐁티가 전기철학에서 고유한 몸의 속성을 통해 주객의 이분법을 넘어서려 했다면, 후기철학에서는 살 개념을 통해 주객의 교차를 설명함으로써 이분법의 한계를 완전히 넘어서고 있다. 이제 더 이상 자아와 타자 사이의 물리적 거리는 없다. 거리는 깊이와 두께로 밀착되어 있다.

살은 존재의 원천이다. 그것은 사물을 넘어서 있다. 존재자의 미립

자 같은 그런 의미가 아니다. 모든 보이는 것들은 나의 몸이자 사물이며, 사실적으로 존재하는 것들이다. 그렇다고 보이는 것들은 관념도, 이미지도 아니다. 모든 보이는 것들이 내 마음속에 들어온 어떤 이미지, 즉 심리적 자료들이라면, 그것이 무엇인지 말할 수 없다. 그것은 각각의 감각자료들의 총합이 아니다. 또한 정신적인 표상도 아니다.

퐁티가 '회화'와 회화의 '색'에 집착한 것은 색이 중요한 매개일 뿐 아니라, 살을 구체적으로 가시화하기 때문이다. 색을 입힌다는 것은 껍질 또는 옷을 입힌다는 것을 의미하지 않는다. 그림을 그릴 때 사물이 사물성을 지니게 되는 것은 색이 입혀지기 때문이다. 색이 사라지면 사물성도 사라진다. 퐁티가 죽는 순간까지 고심하며 데카르트의《굴절광학》을 읽었던 것도 이 때문이 아닐까.

> 빨간 옷은 지붕의 벽돌, 건널목지기의 깃발, 혁명의 깃발, 엑스 부근이나 마다가스카르의 어떤 땅들을 망라하는 붉은 사물의 장 가운데 찍힌 구두점이지만, 또한 여인들의 옷과 함께 교수들, 주교들, 차장검사들의 옷을 거느린 붉은 옷들의 장에, 그리고 장신구들과 유니폼의 장에 찍힌 구두점이다. 그리고 빨강은 문자 그대로 그것이 들어 있는 군락에 따라 동일하지 않다. 그 안에 몰려드는 것이 1917년 혁명의 순수한 본질인지, 영원한 여성적인 것의 순수 본질인지, 민중의 고발자의 순수 본질인지, 아니면 25년 전 샹젤리제의 어느 술집을 휩쓴 기마병 차림의 집시들의 순수 본질인지에 따라 동일한 빨강이 아니다. 어떤 빨강은 상상적 세계의 깊은 곳에서 발굴한 화석이기도 하다. 이러한 온갖 관여점들을 고려하게 되면 … 결국 색깔이나 사물이기보다는 사물들과 색깔들 사이의 차이, 유색 존재랄까 가시성이랄 것의 순간적인 결정이라는 점을 깨달을 수 있다. 우리들은 이른바 색깔들과 가시적인 것들 사이에서 그것들

에 안을 덧대서 그것들을 뒷받침하며 부양하는 직물을 발견할 것이며, 이 직물은 사물이 아니라 사물들의 가능성이고 잠재성이며 살이라는 것을 발견할 것이다.

《보이는 것과 보이지 않는 것》, 190쪽.

이 인용문에서 우리가 발견하는 것은《지각의 현상학》에서 퐁티가 말하고자 했던 감정지각이다. 여기서 우리는 퐁티가 몸에서 살로 자신의 사유를 이동시키면서 했던 작업이 궁극적으로 도달하고자 했던 것을 발견하게 된다. 전통적으로 색과 선은 껍데기이자 경계라고 생각했다. 그러나 색은 사물의 깊이이자 두께다. 그것은 질감이며 만져짐이다. 퐁티가 세잔의 '사과'에서 발견한 것이 바로 색이 나타내는 두께이자 세계의 깊이였던 것처럼.

퐁티가 초기철학에서 객관적 몸이 아니라 현상적 몸, 즉 고유한 몸을 말하기 위해 넘어서야 했던 것은 근대의 이분법, 주관과 객관의 구분이었다. 그러나 그는 몸에 머무르지 않고 '살'을 말한다. 살 존재론을 구상하는 단계에서 퐁티가 가졌던 기본적인 태도는 자기반성과 비판이다. 결국 우리는 끊임없는 과정 속에 살고 있음을 부정할 수 없다는 것이다. 고유한 몸은 몸주체로서 근대적 이원론을 극복하지만, 다시 세계와의 관계에서 '살'이 되지 않으면 안 된다. 왜냐하면 몸주체는 자연-대상과의 관계에서 여전히 한 우위를 점하고 있기 때문이다. 몸의 상호주체성은 결국 그의 철학을 '살'로 나아가게 한다. 몸과 살은 같으면서도 다르다. 몸과 살이 육화된 의식이라는 점에서 같다. 몸성은 보는 자와 보이는 것의 얽힘과 교차의 관계로서 자신을 드러낸다. 이러한 이중적 관계를 퐁티는 살이라고 말하는 것이다. 몸에서 살로의 이행은 현상학이 인식론적 차원에서 존재론적 차원으로 변화하는 것을 의미한다. 그러므로 퐁티는 살 개념을 통해 존재론적 토대를 밝혀냄으로써 현상이 가상에 그치지 않고 현실성을 지닐 수 있는 가능성을 제공한다.

퐁티의 철학을 '몸과 살의 철학'이라고 말하지만 그 몸이 의미하는 바를 생각할 때, 애매성의 철학이라고 불리는 것만큼 적절한 것이 있을까. 전통적으로 철학은 진리를 추구해왔고, 현상학의 첫 출발도 명증적인 진리를 목표로 하였다. 그런데 아이러니하게도 퐁티의 철학이 애매성의 철학이라니! 애매하다는 것은 이것인 것 같기도 하고 저것인 것 같기도 한 상태를 말한다. 퐁티에게는 존재하는 모든 것이 이것이기도 하고 저것이기도 하다. 그래서 사람들은 너무나도 뻔한 물음을 조심스럽게 묻는다. "도대체 몸이 뭡니까? 왜 몸이 애매합니까?"

우리의 몸은 사물인가? 이 물음에 대한 답은 '아니오'이길 바라지만, 근대철학자들은 몸을 사물처럼 대했다. 특히 데카르트는 영혼이 없다면 몸이란 것은 그저 자동기계에 지나지 않는다고 말한다. 그는 인간을 제외한 동물들은 영혼이 없는 존재이며, 동물들의 움직임은 자동기계와 다를 바 없다고 주장한다. 그러니 데카르트에게 몸은 사물처럼 분석되고 분해되고 판단되고 교체되고 제거될 수 있다. 팔을 다쳤다면 그 다친 팔의 문제만 해결하면 될 일이다. 시력에 문제가 생겼다면 눈이 문제다. 내가 어디를 다치거나 어디가 아프다면, 바로 그곳의 문제점을 해결하면 될 일이었다. 그렇게 해결될 일이었다면 몸의 문제는 심각하게 제기되지 않았을지도 모른다. 환각지는 우리의 몸이 그렇게 간단하게 사유될 수 없다는 것을 보여주는 좋은 사례였다.

나의 몸은 마치 아메바의 위족처럼, 또는 정신이 확장되는 것처럼 무한히 확장될 수 있다. 이제 몸은 이중성을 띤다. 대상이면서 주체다. 그래서 몸은 객관적인 몸이 아니라 몸주체로서의 고유한 몸이다. 그러니 몸은 분석되거나 객관화될 수 없으며, 의식은 내용이 담기지 않은 순수한 상태로 있을 수 없다. 근대가 쉽게 저지르는 실수인, 의식으로 몸을 말한다거나 몸으로 의식을 말한다는 식으로 설명해서는 안 된다.

퐁티가 말하고자 하는 몸은 적어도 근대가 명확하게 구분하였던 정신에 대립하는 몸이 아니라는 의미다. 그렇다면 이 몸은 대체 어떤 몸이란 말인가? 몸은 의식이고 의식은 몸이다. 몸과 의식의 경계가 없다. 그러니 몸과 의식은 애매할 수밖에 없다. 몸은 적어도 근대가 명확하게 구분하였던 정신에 대립하는 몸이 아니라는 의미다. 몸은 대상으로 파악되면서 동시에 대상을 파악하는 주관성으로서의 몸이다.

그래서 다시 내게 주어진 질문은 "도대체 퐁티가 말하는 지각은 무엇입니까?"였다. 몸을 이해하기 위해서는 지각을 말하지 않을 수 없기 때문이다. 이는 매우 중요한데, 지각한다는 것은 무엇인가를 안다는 것, 즉 인식의 영역이다. 인식한다는 것은 판단하는 것이며, 결국 지각은 앎, 즉 이성적 판단의 영역에 속하게 된다. 앎의 가장 기본적인 단계가 경험이라는 것을 누구나 알고 있다. 그런데 이 경험은 어떻게 가능한가에 대해 우리는 알면서도 모른 척해온 것은 아닐까? 경험한다는 것의 의미를 생각해보자. 나는 길을 걷고, 영화를 보며, 춤을 추고, 사람을 만난다. 이 모든 행위는 몸 없이 불가능하다. 이 경험들은 내게 새로운 사실을 알게 해준다. 그러나 이 경험들에는 언제나 첫인상, 첫 느낌 같은 것이 있다. 처음 내게 알려진 것들은 이성에 의해서 참, 거짓 등으로 판단된다. 변하지 않는 무엇을 '참'된 것으로 규정하기를 좋아하는 우리는 온몸으로 처음 받아들였던 것이 아니라 그 첫 느낌, 첫인상이 모두

지워지고 난 후의 추상만을 남긴다. 지각은 몸지각을 넘어 이성적 영역으로 진입한 후의 앎이라는 편견으로 남게 된다. 지각한다는 것은 결국 몸에 대한 이해이다. 그러니 몸을 이해하기 위해서 지각을 말하지 않을 수 없다.

퐁티가 지각의 원초성 혹은 기본성을 밝히려는 것도 이 때문이다. 인식과 판단의 영역으로 넘어간 지각은 너무 많은 것을 놓쳐버렸다. 퐁티는 지각이 놓친 많은 것을 다시 제자리로 돌려놓기를 바랐다. 숲에는 나무들로 가득하다. 우리는 그 숲을 경험한 적이 있고, 나무들로 가득한 숲에 대한 경험은 사실이다. 그러나 잘 말하지 않는 것들이 있다. 예를 들어 숲에서 들려오는 이야기들이다. 이 이야기들은 너무도 구체적이지만, 누구에게나 똑같이 들리지는 않는다. 이러한 구체적인 장면들에 대한 이야기는 흥미로울 수는 있지만, 객관적인 것으로 취급하려 하지는 않는다. 근대적 사유는 객관성을 확보하는 대신에 신비를 잃어버렸다. 이 신비란 보이는 것의 이면인 보이지 않는 것이며, 세계의 전체성이다.

퐁티의 몸과 지각의 문제는 근대적 사유의 틀 자체를 흔들어놓았고, 명료성과 정밀성의 학문을 애매성과 엄밀성의 학문으로 바꾸어 놓았다. 결국 이 문제는 사실성의 문제라고 말할 수밖에 없다. 사실적이고 구체적인 삶과 존재하는 모든 것은 추상화되고 이념화됨으로써 존재의 본질이 훼손되었던 것은 아닐까? 우리가 간과해서는 안 되는 사실은 철학의 추상성과 이념이 삶의 구체성에서 비롯된다는 점이다.

그러나 어느 순간 철학은 구체적 삶의 장을 마치 무가치한 것인 양 무관심 속에 버려두었다. 이렇게 구체적 삶의 회복이 존재의 진리에 다가가는 일임을 새삼스럽게 확인하였지만, 퐁티 연구자인 나조차도 퐁티의 삶에 대해 깊이 알아볼 생각을 별로 하지 않았다. 그의 철학이 그의 삶이라고 단순히 받아들이다가 오히려 그의 삶에 대해 지나치게 무관심했던 것은 아닐까.

퐁티가 삶의 구체성을 회복하기 위해 객관적인 몸에서 고유한 몸으로 철학적 전회를 시도하였듯, 퐁티가 살았던 시대와 삶을 자세하게 탐구하기 시작한 것은 내게는 하나의 전회였다. 그의 사유 궤적을 살펴봄으로써 발견한 건 퐁티의 개념과 사유의 외피만이 아니라 그 속에 들어있는 알맹이의 크기였다. 퐁티의 삶에 대한 탐구는 잃어버린 세계를 찾아나선 퐁티의 철학과 철학적 사유의 결을 이해하기 위한 방편이자 최선의 선택이었던 셈이다. 이제야 철학자 퐁티에게 제대로 된 관심을 보인 것 같아 미안한 마음이 든다.

과학 기술이 인간의 비인간화를 가속화할지도 모른다는 현상학자들의 우려가 떠오른다. 그러나 현상학이 비판한 것은 삶을 추상화시키는 과학의 태도이다. 퐁티가 현상학을 본질 연구의 학문이라고 말하고, 현상학이 사실성에서 출발해야 한다고 주장하는 것을 떠올려보자. 더불어 인간은 도구적 존재이며, 기술 없이 인간의 삶을 이해할 수 없다는 것을 생각해보자. 기술의 발달로 인해 등장한 기술적 인간과 기술적 삶은 우리의 구체적인 삶의 모습일 수 있다. 기술의 발달이 인간을 비인간화한다고 우려할 게 아니라, 오히려 인간과 비인간의 경계를 지우고 있다는 점을 주지할 필요가 있다. 우리는 역사 속에서 경계 지워진 인간과 비인간의 관계를 새롭게 이해해야 한다. 인간에 대한 새로운 이해는 새로운 인간 유형, 즉 포스트휴먼의 등장을 기대하게 한다.

특히 1990년대 이후 포스트모더니즘 담론이 형성되면서 몸은 새로운 화두로 떠올랐다. 퐁티의 철학은 몸과 지각에 대한 새로운 해석을 남겼다는 점에서 철학사적 의미가 매우 크다. 전통적 인간 개념은 실존주의자들에게 비판을 받았고, 실존주의는 인간에 대한 새로운 이해 방식을 제시했다. 그러나 지금은 인간에 대한 새로운 이해 방식이 아니라, 새로운 인간의 등장으로 인한 인간 확장이 문제가 되고 있다. 이 새로운 인간은 인간을 중심으로 한 인간의 확장이 아니라 인간과 세계 간의 관계 속에서 형성되는 새로운 인간이다. 따라서 그 인간은 기존의 인간 개념을 확장한다. 여기에는 그동안 우리가 비인간이라고 규정한 모든 존재들도 포함된다. 그러한 존재들과의 관계에서 인간의 모습이 어떻게 변해갈지 아무도 모른다.

마셜 매클루언은 "미디어는 인간의 확장"이라고 말한 바 있다. 그는 미디어가 인간 삶을 변화시키고 있는 상황을 이야기하고 있는 것이다. 만일 우리가 미디어를 인간 능력의 강화 도구로 생각한다면, 이러한 사고는 여전히 인간중심주의적 사고의 발로일 것이다. 미디어가 하나의 도구에 불과하게 된다면, 인간은 결국 인간 자신을 도구화하는 지경에 이를 가능성도 배제할 수 없다. 왜냐하면 기술은 인간을 기술적 인간으로 변형시키고 있으며, 인간 능력의 강화가 몸의 강화, 즉 사이보그화를 진행하고 있기 때문이다. 또한 비인간 존재, 예를 들어 인공지능 로봇의 등장은 인간의 위대한 능력을 드러내는 것이면서 새로운 공포가 되기도 한다. 그러나 인간과 비인간의 경계가 허물어진다면, 바꾸어 말해 인간중심적 사고를 버린다면, 인간이 비인간적 존재에 의해 지배될지도 모른다는 두려움은 사실상 존재하지 않게 된다.

퐁티의 철학은 데카르트적 인간에 대한 비판에서 시작되고 있음을 확인하였다. 데카르트적 인간은 사유하는 존재, 이성주체로서의 인간이다. 반면 퐁티적 인간은 행위하는 인간, 즉 몸주체로서의 인간이다. 퐁티의 몸에서 살로의 이행은 인간과 세계의 관계를 보여주고 있다. 퐁티가 말한 몸주체는 전통철학에서 견지되어온 이성 중심의 인간중심주의와 구별된다. 퐁티는 인간과 세계의 관계 속에서의 한 축을 몸주체로 이해하고 있으며, 몸주체를 또 다른 한 축으로 이해하고 있다. 이러한 관계는 인간을 넘어 비인간 존재에까지 연결 짓는 네트워크를 형성한다. 몸주체는 다른 주체와 함께 자신을 드러내는, 존재론적 원천인 살을 필요로 한다. 살은 세계의 원천이다. 따라서 살은 세계살이자 몸살이다. 살 존재론을 이해하기 위해 우리는 퐁티의 게슈탈트장이 의미하는 바를 다시 생각해볼 필요가 있다. 무늬가 드러나기 위해 바탕이 존재해야 한다. 아름다운 정원을 노니는 나비에 주목할 때 나비는 정원의 아름다운 무늬가 될 테지만, 정원의 수선화에 시선이 간다면 나비는 어느새 바탕이 될 것이다. 이처럼 무늬와 바탕은 회화적 세계에서 존재론적 원천으로서의 살을 필요로 한다. 예를 들자면 살은 캔버스와 같은 것이다. 존재론적 원천인 살은 각각의 무늬를 만들어내며 세계를 열어간다. 따라서 살은 존재의 얽힘이다. 기술시대가 살 존재론의 구체적인 한 양상이라고 할 때, 우리는 다시 퐁티의 철학이 가지는 현대적 의미를 생각해 볼 수 있다.

오랫동안 책을 읽고 글을 써왔지만, 여전히 글쓰기는 어렵다. 특히 이렇게 일반독자도 이해할 수 있도록 쉽고 명료하게 쓰는 것은 내겐 더더욱 어려웠다. 이 책을 쓰면서 사실 나 또한 많은 걸 새롭게 배운 것 같다. 최고의 사고 훈련은 글쓰기란 말이 있듯이 글을 쓰면서 명료하지 않은 것을 새롭게 나 자신에게 묻고, 고민하고, 다시 쓰는 순간을 반복해야만 했다. 그런 과정에서 이미 알고 있다고 생각한 것들을 표현해내지 못하는 나 자신을 발견했고 내게 명료하지 않았던 것들이 얼마나 많았는지를 생각하기도 했다. 부족한 글쓰기를 통해 내 생각의 빈틈을 발견하고 그 틈을 메우려 노력했다. 얼마나 성공했는지는 잘 모르겠다. 이는 이 글을 읽게 될 독자가 판단해줄 일이다.

부 록

메를로-퐁티 연보
메를로-퐁티의 주요 저술
참고문헌

| 메를로-퐁티 연보 |

1908 3월 14일 샤랑트-마리팀주, 로슈포르-쉬르-메르의 가톨릭 집안에서 태어남.
고등학교 때 파리로 옮겨 루이 르 그랑 고등학교를 다님.

1913 아버지 사망.

1924 고등사범학교 입시준비반에 들어감.

1926 파리 윌름가의 고등사범학교 입학.
사르트르, 니장, 그리고 레비-스트로스와 만남.

1927 소르본 대학의 학생이던 보부아르와 만남.

1929 첫사랑 라쿠엥의 죽음.

1929 소르본 대학에서 행해진 후설의 강연을 들음.

1930 철학교수자격시험 통과. 군 입대.

1931 병역을 마친 뒤 리세와 고등사범학교에서 철학 강의.
형태 심리학, 행동주의 심리학, 정신분석학, 생리학 연구.

1933 지각의 문제에 관심을 둠. 이를 위해 후설의 현상학과 형태 심리학을 연구.

1939 루뱅 대학 방문. 후설의 유작《유럽학문의 위기와 현상학》에 관심을 둠. 이를 계기로 루뱅의 후설 자료보관실을 방문하여 미출간 원고들을 섭렵함.
귀르비치의 후설, 셸러, 하이데거 강의를 들으며 현상학을 접함.

1940 롱위 지역에 육군사관으로 배치.

전쟁 후 카르노 고등학교에서 근무. 레지스탕스 활동 참여.

1942 프랑스 대학 출판사에서 《행동의 구조》 출간.

1945 《지각의 현상학》 출간.

리옹 대학교수로 임용.

1945 사르트르, 보부아르 등과 《현대지》 창간.

1947 《휴머니즘과 폭력》 출간.

1948 《의미와 무의미》 출간.

1949 소르본 대학 대학교수 임용. 아동심리학 및 교육학을 가르침.

1952 사르트르와 결별. 《현대》지에서 나옴.

베르그송의 뒤를 이어 콜레주 드 프랑스의 철학과 학과장직 계승.

베르그송의 업적을 기린 취임연설을 함. 이 연설은 1953년에 〈철학의 찬양〉이라는 제목으로 출간.

1953 12월 어머니 사망.

1955 《변증법의 모험》 출간.

1960 《기호》 출간.

1961 5월 심장마비로 사망.

시신은 2010년에 사망한 아내와 어머니와 함께 페르라셰즈 묘지에 있는 가족묘에 안치.

1961 유작 《눈과 마음》 출간.

1964 미완성 유고 《보이는 것과 보이지 않는 것》 출간.

《행동의 구조*La structure du comportement*》(1942)

이 책의 목적은 "의식과 자연의 관계를 이해하는 것"[121]이다. 퐁티는 행동주의 심리학과 게슈탈트 심리학을 검토함으로써 심리학의 과학화가 초래하는 문제점, 예를 들어 경험주의적 심리학과 생리학의 문제점을 지적하고, 새로운 심리학의 가능성을 조망한다. 인간에 대한 그의 관심은 형태심리학을 통해 드러나기 시작해서 '지각의 본성'에 대한 탐구로 이어진다. 《행동의 구조》의 해제를 쓴 알퐁스 드 와렌스A. De Waelhens는 퐁티 현상학의 독창적인 부분을 '애매성의 철학'이라는 말로 표현하고 있으며, 이 책 2판 서문을 쓴 루카치는 퐁티의 철학을 '제3의 길'이라고 표현한다. 이들의 표현에서 짐작할 수 있듯이 퐁티가 근대학문의 이분법적 사유를 전제로 한 과학적이고 분석적인 정밀함을 넘어 '본질'의 의미에 새롭게 다가가려고 시도하고 있음을 알 수 있다. 퐁티가 인간을 의식으로도, 자연으로도 표현하지 않고 하이데거의 개념을 빌려와 '세계-에로-존재'라고 표현하는 것에 주의를 기울여야 할 것이다. 이를 위해 신체와 지각의 이해는 가장 기본적인 단계가 된다. 세계는 순수하지 않으며, 세계의 안과 밖은 그 경계를 확인할 수 없다. 그렇기 때문에 우리는 지각의 장을 통해 나와 타인, 세계를 이해할 수밖에 없다.

121 메를로-퐁티, 김용권 옮김, 《행동의 구조》, 동문선, 2008, p. 27.

《지각의 현상학*Phénoménologie de la perception*》(1945)

퐁티는 현상학을 지각의 근원성, 다시 말해 신체적 주체라는 개념에서 접근한다. 그리고 이 책의 서문인 '현상학이란 무엇인가'를 통해 자신의 철학적 방법이 현상학임을 명시적으로 밝히고 있다. 그는 이 책에서 현상학적 흐름의 역사적 필연성을 제시하고 있으면서도 현상학이 그 과제를 완수하지 못하고 여전히 과정 속에 있는 이유를 밝히고 있다. 다시 말해 현상학은 역사적 필연성이 제기되어 시작되었지만, 여전히 새롭게 정립될 필요가 있다는 것이다. 퐁티는 후기 후설과, 후기 후설을 계승한 하이데거의 철학에서 자신의 현상학을 시작한다. 퐁티가 주목하는 개념은 후설의 생활세계와 하이데거의 세계-내-존재이다. 퐁티에 따르면 후설은 스스로 모순에 처해 있으며, 하이데거는 그러한 모순을 그대로 이어받았다. 퐁티는《지각의 현상학》서문에서 "현상학이란 무엇인가"라는 근원적인 질문을 던지면서 후설이 제기한 현상학적 개념들, 즉 본질, 지향성, 환원 등의 문제를 검토하고, 현상학은 다시 시작되어야 한다고 주장한다. 현상학이 근대학문의 비판에서 출발하듯, 퐁티는 근대학문의 문제들을 검토한다. 특히 그는 지각을 새롭게 해석하면서 자신의 철학적 지평을 확립하고자 한다.

《지각의 현상학》은 서론에 근대철학에서 지각이 가지고 있는 문제점을 밝혀내고 있다. 1부에서는 근대철학이 '신체'를 이해하는 방식의 문제점을 말하면서 우리의 신체가 고유한 신체임을 해명해낸다. 2부에서는 신체가 자신을 확장하는 과정과 모습을 '세계'의 층위를 제시하면서 설명한다. 3부에서는 세계와의 관계 속에서 인간은 세계-에로-존재임을 보여주며, 이때 인간은 조건 지어진 세계 속에서 스스로 확장할 수 있는 자유로운 존재임을 보여준다. 특히《지각의 현상학》의 〈자유〉의 장에서는 퐁티가 사르트르와의 관계 속에 지속적으로 보여주었던 철학적 태도를 잘 드러내고 있다. 《지각의 현상학》은 《행동의 구조》와 명확한 차이가 있는데, 《행동의 구조》가 "심리학의 과학적 실험이 인간의 행동을 객관적 물상으로 파악하는 것의 불충분함과 미진함을 알리고 있"[122]는 것이라면, 《지각의 현상학》은 "인간의 자연적인 경험과 그 경험이 안고 있는 의미 작용을 해명한 것"[123]이다.

《휴머니즘과 폭력*Humanisme et Terreur: Essai sur Le Probleme Communiste*》(1947)

이 책은 퐁티의 정치철학에 관한 에세이 모음이다. 퐁티는 사르트르와 함께 1945년 10월 《현대》지를 창간하였는데, 공산주의의 문제에 관한 에세이들을 《현대》지 1945년 10월과 11월, 1947년 1월호에 걸쳐 연재하였다. 1947년에 퐁티는 그 동안의 정치평론을 수정하고 보완한 후, 〈크로츠키의 이성주의〉 등의 새로운 글을 추가하여 단행본을 출간하였다. 퐁티는 이 책에서 마르크스주의의 이상을 꿈꾸었다. 그러나 그는 이론과 실천, 즉 정치철학과 정치적 행동 사이에서 어떤 것을 선택해야 하는지 고민하지는 않는다. 그는 이 책에서도 현상과 본질 사이에서 "힘겨운 평형을 유지하면서 끝없이 새로 시작하는"[124] 자세를 보여주고 있다.

《의미와 무의미*Sens et non-sens*》(1948)

이 책은 1945년에서 1947년 사이에 작성된 논문들을 모아 1948년에 출판한 논문집이다. 이 논문들은 퐁티의 초기 사유의 결과물에 속한다.

---

122 김형효, 〈행동의 심리학에 대한 진단〉, 《메를로-퐁티와 애매성의 철학》, 철학과 현실사, 1999, p. 27.

123 같은 책, p. 27.

124 메를로-퐁티, 《휴머니즘과 폭력》의 옮긴이 서문, p. 10.

이 책은 3부로 구성되어 있으며, 그의 사상 전반의 내용들이 포함되어 있다. 《의미와 무의미》의 옮긴이(권혁면)는 이 책을 다음과 같이 정돈한다. "제1부인 '예술' 편에서는 《지각의 현상학》에서 전개되었던 '지각' 개념에 주목하며, 세잔의 지각 세계에 대한 풍부한 해석, 보부아르의 소설, 사르트르, 그리고 예술 형식으로서의 영화의 만남을 제공한다. 제2부 '사상' 편에서는 어떻게 지각의 현상학의 범주가 행동 과학의 부산물로서 이해될 수 있는가, 그리고 어떻게 지각에 근거한 존재 방식이 기존 철학의 한계와 현대철학에 대한 비판을 제시하는지를 보여준다. 제3부 '정치' 편에서는 전후 프랑스 지식인들이 당면했던 정치적 딜레마, 즉 자유주의와 공산주의의 양대 세력의 이데올로기에 대해 규명"[125] 한다.

《변증법의 모험*Les Aventures de la dialectique*》(1955)

이 책은 퐁티가 1952년 사르트르와 정치적 입장 차이로 결별한 이후, 정치 문제에 대한 자신의 입장을 서술한 책이다. 퐁티는 한국전쟁 이후 마르크스주의의 이데올로기화를 경험하고, 당시 마르크스주의의 문제점을 비판적으로 검토한다. 퐁티에 따르면 혁명은 이데올로기가 아닌 행동을 통해 수행되어야 하는 것이다. 그는 이 책을 통해 비공산주의로의 전향을 설명하지만, 그가 《지각의 현상학》의 〈자유〉의 장에서 보여주었던 태도와 견주어볼 때, 커다란 변화가 있는 것은 아니다.

《보이는 것과 보이지 않는 것*Le visible et l'invisible*》(1964)

이 책은 그가 사망하기 전에 썼던 원고를 모아 출간한 유고작이다. 클로

---

125 메를로-퐁티, 《의미와 무의미》의 옮긴이의 말, pp. 6~7.

드 르포르가 그의 사후 미확정 원고와 연구노트를 정리하고 편집하여 책으로 편찬했다. 이 책에서 퐁티는 '자연'의 문제를 깊이 사유하면서 '살 존재론'을 이야기한다. 퐁티는 미처 연구를 마치지 못하고 사망했다. 그런 까닭에 그의 철학은 미완성으로 남아버렸다.

연구자들은 이 책에서 퐁티의 초기 입장에 대한 근본적 반성을 찾아볼 수 있다고 말한다. 퐁티는 다음과 같이 말하고 있다.

> (철학자는 끊임없이) 더없이 탄탄한 개념들도 다시 보고 다시 정의해야 할 입장에 있으며, 새로운 개념들을 창출하고 이 개념들을 지적하기 위한 새로운 단어들을 만들어야 하고, 오성의 진정한 개혁을 시도해야 할 위치에 있다.
>
> 《보이는 것과 보이지 않는 것》, 17쪽.

퐁티의 연구는 초기 몸 현상학에서 살 존재론으로 이행하지만, 이 이행은 초기 연구에 대한 자기비판이라기보다는 확장으로 이해될 수 있다. 즉 퐁티의 지각의 현상학에서 다루는 몸의 문제는 그의 미완성 원고를 통해 몸-살 존재론으로 확장된다.

| 참고문헌 |

김대영, 《정치 평론과 민주적 공론장: 쾨슬러, 오웰, 리프만에 관한 비교연구》, 서울대학교 대학원 박사논문, 2002

김형효, 《메를로-퐁티와 애매성의 철학》, 철학과현실사, 1999

김홍우, 《현상학과 정치철학》, 문학과지성사, 1999

드 보부아르, 시몬느(전성자 옮김), 《나의 처녀시절》, 현대여성교양대전집 24권, 1981

라빌 주니어, 알버트(김성동 옮김), 《메를로-퐁티, 사회철학과 예술철학》, 철학과현실사, 1996

라캉, 자크 마리 에밀(맹정현 옮김), 《자크 라캉 세미나 11 – 정신분석의 4가지 근본개념》, 새물결, 2008

레비, 베르나르 앙리(변광배 옮김), 《사르트르 평전》, 을유문화사, 2010

메를로-퐁티, 모리스(권혁면 옮김), 《의미와 무의미》, 서광사, 1984

메를로-퐁티, 모리스(김용권 옮김), 《행동의 구조》, 동문선, 2008

메를로-퐁티, 모리스(김정아 옮김), 《눈과 마음》, 마음산책, 2008

메를로-퐁티, 모리스(김화자 옮김), 《간접적 언어와 침묵의 목소리》, 책세상, 2005

메를로-퐁티, 모리스(남수인, 최의영 옮김), 《보이는 것과 보이지 않는 것》, 동문선, 2004

메를로-퐁티, 모리스(류의근 옮김), 《지각의 현상학》, 문학과 지성사, 2002

메를로-퐁티, 모리스(박현모, 유영산, 이병택 옮김), 《휴머니즘과 폭력》, 문학과지성사, 2004

베이크웰, 사라(조영 옮김), 《살구 칵테일을 마시는 철학자들》, 이론과실천, 2017

사르트르, 장 폴(윤정임 역), 《시대의 초상 – 사르트르가 만난 전환기 사람들》, 생각의나무, 2009

사르트르, 장 폴(정소성 옮김), 《존재와 무》, 동서문화사, 2009
윤정임, 〈사르트르와 메를로-퐁티 -《현대》지를 중심으로〉, 《인문과학》 제98집, 2013
정명환 외 3명, 《프랑스지식인들과 한국전쟁》, 민음사, 2004
카, 에드워드 핼릿(최영보 옮김), 《나폴레옹에서 스탈린까지》, 고려대출판부, 1991
토드, 올리비에(김진식 옮김), 《카뮈: 부조리와 반항의 정신》, 책세상, 2000
한국프랑스철학회, 《현대 프랑스 철학사》, 창비, 2015
후설, 에드문트(이종훈 옮김), 《유럽학문의 위기와 선험적 현상학》, 이론과실천, 1993
후설, 에드문트(이종훈 옮김), 《현상학의 이념, 엄밀한 학으로서의 철학》, 서광사, 1987
후설, 에드문트(최경호 옮김), 《순수현상학과 현상학적 철학의 이념들1》, 한길사, 2009

Bakewell, Sarah, *At the Existentialist café*, London; VINTAGE, 2017
Duportail, Guy-Félix, *Les institutions du la vie; Merleau-Ponty et Lacan*, Millon, 2008

Maurice Merleau-Ponty

몸과 살의 철학자 메를로-퐁티

초판 1쇄 발행 | 2019년 2월 28일

지은이 | 심귀연
펴낸이 | 이은성
편 집 | 백수연
디자인 | 백지선
펴낸곳 | 필로소픽

주 소 | 서울시 동작구 상도동 206 가동 1층
전 화 | (02) 883-9774
팩 스 | (02) 883-3496
이메일 | philosophik@hanmail.net
등록번호 | 제 379-2006-000010호

ISBN 979-11-5783-134-0 93100

필로소픽은 푸른커뮤니케이션의 출판 브랜드입니다.

이 도서의 국립중앙도서관 출판시도서목록(CIP)은 서지정보유통지원시스템 홈페이지(seoji.nl.go.kr)와
국가자료공동목록시스템(www.nl.go.kr/kolisnet)에서 이용하실 수 있습니다. (CIP제어번호: CIP2018043030)